Fürst, Helbig, Schmitt

Kinder- und Jugendliteratur

Theorie und Praxis

1. Auflage

Bestellnummer 1104

Bildungsverlag EINS - Kieser

www.bildungsverlag1.de

Gehlen, Kieser und Stam sind unter dem Dach des Bildungsverlages EINS zusammengeführt.

Bildungsverlag EINS
Sieglarer Straße 2, 53842 Troisdorf

ISBN 3-8242-**1104**-1

© Copyright 2000: Bildungsverlag EINS GmbH · Troisdorf
Das Werk und seine Teile sind urheberrechtlich geschützt. Jede Verwertung in anderen als den gesetzlich zugelassenen Fällen bedarf deshalb der vorherigen schriftlichen Einwilligung des Verlages.

Inhaltsverzeichnis Seite

Vorwort 7

Lyrik – die Faszination der Worte 11

1.	Was ist Lyrik?	13
2.	Kinderkunstlyrik und Kindervolkslyrik – vom Dichten und Umdichten	14
2.1	Die Kinderkunstlyrik – das erlebte Wort	14
2.2	Kindervolkslyrik – vom Spiel mit den Worten	18
3.	Der Einsatz von Kinderlyrik – mit Goethe, Guggenmoos und Krüss auf Du und Du	19
3.1	Erste Zuwendungspiele	21
3.2	Kniereiter	23
3.3	Fingerspiele	25
3.4	Malspiele	27
3.5	Rätsel	27
3.6	Gedichte	29
3.7	Zungenbrecher	34
3.8	Hosentaschenabzählreime	34
3.9	Schöner Unsinn	35
4	Praktische Umsetzung – Fingerspiele	35

Märchen – Einblick in magische Welten 39

1.	Was ist ein Märchen?	41
1.1	Abgrenzung zu anderen Erzählgattungen	41
1.2	Märchen, die Seele der Völker	41
2.	Volks- und Kunstmärchen – vom Überliefern und Erfinden	42
2.1	Volksmärchen	42
2.1.1	Die Handschrift der Brüder Grimm	43
2.1.2	Weitere Märchensammler	44
2.2	Kunstmärchen	44
2.2.1	Merkmale des Kunstmärchens	45
2.2.2	Die Handschrift von Novalis, Brentano, Hauff und Andersen	45
3.	Moderne Märchen	47
4.	Märchensprache: Worte, die Bilder zaubern	49
5.	Märchen ein Leben lang	50
5.1	Märchen – eine Frage des Alters?	50
5.2	Märchen – eine Lebenshilfe	51
5.3	Rollenverteilung im Märchen	53
5.4	Märchen – ein Für und ein Wider	54
6.	Märchen erleben	54
6.1	Anforderung an die pädagogische Fachkraft	55
6.2	Auswahlkriterien	55
6.3	Unterschiedliche Vermittlungsmethoden	56
7.	Praktische Umsetzung	58
7.1	Legemärchen: Dornröschen zum Anschauen	58
7.2	Baummärchen: Das Märchen vom begabten Baumeister	59
7.3	Bewegungsmärchen: Die Befreiung der Prinzessin	62
7.4	Assoziationsmärchen: Hannah und das Geheimnis des kleinen Schächtelchens	64
7.5	Außereuropäische Märchen	66

Inhalt

Bilderbuch – das Fenster zur Welt ... 68

- 1. Was ist ein Bilderbuch? ... 69
- 1.1 Das Bilderbuch als Kinderbuch ... 70
- 1.2 Bilderbuch ist nicht gleich Bilderbuch ... 71
- 2. Die Bedeutung des Bilderbuches für das Kind – die sichtbare Welt ... 72
- 2.1 Das Bilderbuch als Spielzeug ... 72
- 2.2 Das Bilderbuch als Mittel zur Bildung – Schauen macht schlau? ... 73
- 2.2.1 Das Bilderbuch als umwelterklärende und umweltverstehende Hilfe warum ist die Banane krumm? ... 73
- 2.2.2 Das Bilderbuch als Hilfe zur Bewältigung der Realität das Buch als Tor zur Welt? ... 74
- 2.2.3 Das Bilderbuch als Hilfe bei der Übernahme von Normen und Werten Trude Trau Dich? ... 74
- 2.2.4 Das Bilderbuch zur Förderung der Denkfähigkeit und Sprachleistung – Lesen macht schlau? ... 75
- 2.2.5 Das Bildbuch fördert die Ansprechbarkeit der Gefühle – vom Mitfiebern ... 75
- 2.2.6 Das Bilderbuch als Hilfe bei der Entwicklung von Formgefühl und Formverstehen – ist Barbie schön? ... 76
- 3. Formen und Themenbereiche von Bilderbüchern ... 76
- 3.1 Elementarbilderbuch ... 76
- 3.2 Szenenbilderbuch ... 77
- 3.3 Wirklichkeitsnahe Bilderbuchgeschichten ... 78
- 3.4 Fantastische Bilderbuchgeschichten ... 79
- 3.5 Sachbilderbuch ... 80
- 3.6 Märchenbilderbuch ... 80
- 3.7 Religiöse Bilderbuchgeschichten ... 81
- 4. Allgemeine Anforderungen an ein Bilderbuch ... 82
- 4.1 Äußere Gestaltung ... 82
- 4.2 Inhaltliche Aspekte ... 84
- 4.3 Möglichkeiten zur Bilderbuchanalyse ... 85
- 5. Vermittlung von Bilderbüchern ... 86
- 5.1 Individuelle Auswahl ... 86
- 5.2 Vermittlungstechniken ... 89
- 5.3 Die Bilderbuchecke ... 92
- 6. Praktische Umsetzung ... 93

Das Erstlesebuch – ich kann jetzt alleine lesen ... 97

- 1. Lesen wird nicht erst in der Schule gelernt – Voraussetzungen zum Lesen lernen ... 98
- 2. Überlegungen zur psychosozialen Situation der Erstleser ... 100
- 3. So lernen Kinder lesen ... 102
- 4. Anforderungen an geeignete Kinderbücher für Erstleser ... 103
- 4.1 Äußere Gestaltung eines Erstlesebuches ... 103
- 4.2 Innere Gestaltung eines Erstlesebuches ... 104
- 4.3 Textqualität ... 106
- 4.4 Handlung ... 107
- 5. Praktische Umsetzung von Erstlesebüchern Anwendungsbeispiel: »Die Eisenbahn-Oma« von Paul Maar ... 107
- 5.1 Überlegungen zur Zielgruppe ... 107

5.2	Inhaltsbeschreibung des Erstlesebuches »Die Eisenbahn-Oma« von Paul Maar	108
5.3	Didaktische Überlegungen zum Einsatz des Erstlesebuches	109
5.4	Methodische Überlegungen zur Einführung und Vertiefung des Erstlesebuches	109

Kindergeschichte – in der Kürze liegt die Würze 111

Kinderbücher – das größte aller (Lese-)Abenteuer 115

1.	Bedeutung des Lesens für die Entwicklung der Kinder	117
2.	Kinderbücher in Ihren verschiedenen Erscheinungsformen	118
2.1	Das Sachbuch für Kinder	118
2.2	Realistische Kinderbücher	121
2.3	Fantastische Kinderbücher	122
2.4	Das Tierbuch	124
2.5	Klassiker im Kinderbuch	125
3.	Kriterien für die Auswahl von Kinderbüchern	127
4.	Lesepädagogische Ideen und Umsetzungsmöglichkeiten von Kinderbüchern	128

Jugendbuch – zwischen Fantasie und Wirklichkeit 133

1.	Was ist ein Jugendbuch?	134
1.1	Das problemorientierte Jugendbuch	135
1.1.1	Das historisch orientierte Jugendbuch	135
1.1.2	Das sozial orientierte Jugendbuch	136
1.1.3	Das entwicklungsorientierte Jugendbuch	137
2.	Kriterien zur Beurteilung eines Jugendbuches	142
3.	Einsatzmöglichkeiten von Jugendbüchern in der sozialpädagogischen Praxis	143

Jugendsachbuch – die Welt die mich umgibt 145

1.	Was ist ein Jugendsachbuch?	145
1.1	Formale Unterscheidungskriterien	145
1.2	Überblick über Themenbereiche des Jugendsachbuches	146
2.	Beurteilungskriterien	147
3.	Einsatzmöglichkeiten in der sozialpädagogischen Praxis	147

Das Abenteuerbuch – in der Welt des Außergewöhnlichen 148

1.	Was ist ein Abenteuerbuch?	148
1.1	Merkmale des Abenteuerbuches	148
1.2	Systematisierung und Einteilung des Abenteuerbuches	150
1.3	Inhaltliche Kategorien	150
1.3.1	Robinsonaden	150
1.3.2	Seefahrergeschichten	150
1.3.3	Völkerkundlich- geografische Abenteuergeschichten	150
1.3.4	Das historisch orientierte Abenteuerbuch	151
1.3.5	Indianergeschichten	151
1.3.6	Utopische Abenteuergeschichten	151
1.3.7	Fantastische Abenteuergeschichten	152
1.3.8	Detektivgeschichten	152
2.	Bedeutung der Abenteuerliteratur	153
3.	Gefahren der Abenteuerliteratur	153

Inhalt

Mädchenbuch – ein Buch, wirklich nur für Mädchen! — 154
1. Was ist ein Mädchenbuch? — 155
2. Das traditionelle Backfischbuch – was Mädchen wissen wollen — 157
3. Das konventionelle Backfischbuch – Kinder, Küche, Kirche? — 157
4. Das emanzipatorische Mädchenbuch — 159

Comics – umstrittene Literatur in Bildern — 161
1. Begriff und Definition von Comics — 162
2. Entstehung und Weiterentwicklung der Comics — 163
3. Gestaltungselemente von Comics — 164
3.1 Formale Bildgestaltungsmerkmale — 164
3.2 Inhaltliche Merkmale des Comic — 166
4. Kindercomic-Arten: ein Überblick — 168
5. Kriterien für die Beurteilung von Comics — 170
6. Pädagogischer Umgang mit Comics — 171
7. Comics in der sozialpädagogischen Praxis — 173

Kinder- und Jugendzeitschriften – meine eigene Zeitschrift! — 176
1. Begriff der Kinder- und Jugendzeitschriften — 177
2. Geschichte der Kinder- und Jugendzeitschrift — 178
3. Die Kinderzeitschrift — 178
3.1 Überblick über den Kinderzeitschriftenmarkt — 178
3.2 Bedeutung und Funktion von Kinderzeitschriften — 180
4. Jugendzeitschriften — 181
4.1 Überblick über den Jugendzeitschriftenmarkt — 181
4.2 Bedeutung und Funktion von Jugendzeitschriften — 182
5. Beurteilung von Kinder- und Jugendzeitschriften — 183
6. Sozialpädagogischer Einsatz von Kinder- und Jugendzeitschriften — 185

Literatur — 187
Stichwortverzeichnis — 188
Bildquellenverzeichnis — 190

Die Autorinnen

Iris Andrea Fürst, Erzieherin und Diplom Sozialpädagogin (FH), seit 1980 in der Kinder- und Jugendarbeit tätig. Ab 1990 zunächst stundenweise, dann ab 1993 nach Erziehungsurlaub Lehrerin in der Berufsfachschule für Kinderpflege sowie im Berufskolleg Sozialpädagogik mit den Schwerpunkten Kinder- und Jugendliteratur, Medienpädagogik, Erziehungslehre, sowie Methodik und Didaktik der Sozialpädagogik.

Elke Helbig, geb. 1962 in München, Ausbildung zur staatlich anerkannten Erzieherin. Berufliche Erfahrungen in verschiedenen sozialpädagogischen Einrichtungen, Studium der Sozialpädagogik, Diplom Sozialpädagogin (FH), mehrere Semester Studium der Erziehungswissenschaften, langjährige Lehrtätigkeit an Fachschulen für Sozialpädagogik.

Vera Schmitt, geb. 1960 in Karlsruhe, Ausbildung zur staatlich anerkannten Erzieherin, Studium an der Fachhochschule für Sozialwesen staatl. anerkannte Dipl. Sozialpädagogin (FH), seit 1989 Lehrerin an berufsbildenden Schulen; Schwerpunkte sind der fächerverbindende Projektunterricht in der Berufsfachschule für Kinderpflege und die Betreuung der Schülerinnen in der sozialpädagogischen Praxis.

Vorwort

Das vorliegende Buch »Kinder- und Jugendliteratur« wendet sich an
- Leser, die sich in einer pädagogischen Ausbildung befinden,
- pädagogische Fachkräfte
- und an Literatur interessierte Eltern und Erziehende.

Mit diesem Buch werden sowohl theoretische als auch praktische Grundlagen im Bereich der Kinder- und Jugendliteratur geschaffen.

Die Lehrpläne der Fachschulen (Fachakademien) für Sozialpädagogik und der Fachschulen für Kinderpflege der einzelnen Bundesländer finden ihre Berücksichtigung. Dabei wurde besonders auf eine fächerverbindende praktische Handlungsorientierung geachtet, durch die Lernende Kompetenzen im literarischen Bereich erwerben sollen.

Ein wichtiges Anliegen der Autorinnen ist es, der Freude und dem Spaß im Umgang mit Literatur neue Wege und Möglichkeiten zu eröffnen. Dabei werden keine Rezepte vermittelt. Dem Literaturgenuss der Kinder und der Erwachsenen werden neue Impulse gesetzt, die anregen und neugierig machen sollen sich mit Literatur auseinander zu setzen. Deshalb bildet eine praktische ganzheitliche Umsetzung der Literatur einen Schwerpunkt des Buches.

Hinweise zum Umgang mit dem Buch:

Das vorliegende Buch zeigt eine enge Verknüpfung zwischen eigenen literarischen Erfahrungen, theoretischen Grundkenntnissen und praktischer Umsetzung mit Kindern und Jugendlichen auf.

Zu jedem Kapitel wird jeweils eine Einführung angeboten, der folgende Absichten zugrunde liegen:
- Motivation und Annäherung an die jeweiligen literarischen Themen,
- Anknüpfen an die eigenen Erfahrungen und persönlichen Bezüge zum jeweiligen literarischen Thema,
- Einstiegsmöglichkeiten in literarische Bereiche, die auch für eine Umsetzung in der sozialpädagogischen Praxis geeignet sind.

Durch diese unterschiedlichen Zugänge werden Gespräche angeregt, so dass ein intensiver Austausch über bisherige Literaturerfahrungen stattfinden kann. Dem schließt sich eine Begriffsklärung und theoretische Darstellung der jeweiligen Literaturgattung an.

Die Situation des Kindes ist Ausgangspunkt aller literaturpädagogischen Überlegungen. In jedem Kapitel finden zum einen die entwicklungspsychologische Grundkenntnisse Eingang in die theoretische Auseinandersetzung mit Literatur, zum anderen wird auf die oft ganz unterschiedlichen individuellen Situationen des einzelnen Kindes hingewiesen. Beobachtungsaufgaben und Eigenreflexionen vertiefen die Informationsvermittlung.

Aus der pädagogische Bedeutung der jeweiligen Literaturthemen heraus werden notwendige Beurteilungs- und Auswahlkriterien für geeignete Kinder- und Jugendliteratur entwickelt.

Die Faszination von literarischen Begegnungen zu entdecken und vertiefen, soll das Ziel der literaturpädagogischen Auseinandersetzungen sein. Jeweils am Ende der Kapitel finden sich zahlreiche praxisorientierte Anregungen um mit Kindern unterschiedlichsten Alters Literatur zu erleben. Sie sollen motivieren Literatur selbst einzusetzen und mit Kindern und Jugendlichen gemeinsam Literatur zu genießen.

Anregungen, Aufgaben, eigene Überlegungen und Erkundungen sind im Buch mit diesem Symbol (Lupe) gekennzeichnet und sollen eine aktive Auseinandersetzung mit den Inhalten ermöglichen.

Hinweise für die Unterrichtsgestaltung:

Für die Unterrichtsgestaltung werden spezielle Methodenvorschläge angeboten, die eine aktive Auseinandersetzung mit den Inhalten ermöglichen:

1. Medienbiografie als Einstieg in das Unterrichtsfach

Diese Methode macht eine Annäherung an die Literaturvielfalt und an die eigenen Literaturerfahrungen möglich und bietet damit einen Überblick über die Inhalte des Faches.

Jeder notiert für sich seine Lieblingsfiguren aus der Kinder- und Jugendliteratur: also aus Kinder- und Jugendbüchern, Zeitschriften, Comics, Märchen, Gedichten. Dazu überlegt sich jeder für sich, warum diese Figuren Lieblingsfiguren sind.

In einer Kleingruppe werden die Lieblingsfiguren dann vorgestellt und besprochen, was die Faszination dieser literarischen Figuren für jeden selbst ausgemacht hat. Jede Kleingruppe sucht sich nun fünf Lieblingsfiguren aus und lässt diese pantomimisch lebendig werden, wobei die anderen Kleingruppen versuchen diese Figur zu erraten.

In der Gesamtgruppe kann ein Auswertungsgespräch folgen und die Inhalte des Faches vorgestellt werden.

2. Karuselldiskussion

Bei dieser Methode werden alle Beteiligten gleichzeitig aktiviert und kommen alle miteinander ins Gespräch. Dies bietet sich insbesondere bei einer kontrovers geführten Diskussion an:

- Jeder liest zuerst den vorbereiteten Fragenkatalog, der die Diskussionsgrundlage bildet, durch.
- Dann sucht sich jeder zuerst eine Frage aus, die ihn selbst interessiert.
- Die Gruppe soll nun zu gleichen Teilen einen Innenkreis und einen Außenkreis bilden, so dass jeder Teilnehmer einen Gegenüber hat.
- Die Teilnehmer des Außenkreise stellen die ausgewählte Frage an ihr Gegenüber im Innenkreis. Dieser antwortet ca. eine Minute lang. Beobachtet wird die Diskussion und der Zeitverlauf von einem Karuselldiskussionbegleiter.
- Anschließend dreht sich das »Karusell« um eine Position, d.h. die Person des Außenkreises wechselt ihr Gegenüber nach rechts. Der Innenkreis stellt nun eine

Vorwort

Frage an den Außenkreis, wobei der Austausch wiederholt eine Minute lang dauern kann.
- Der Wechsel kann beliebig oft erfolgen. Jedoch sollte auf die hohe Lautstärke und damit das Konzentrationsvermögen Rücksicht genommen werden.

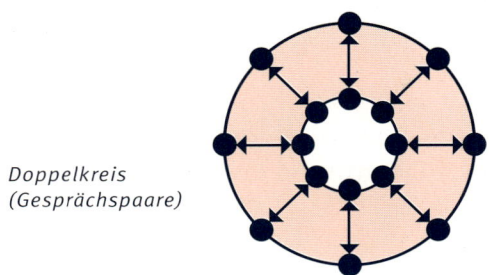

Doppelkreis (Gesprächspaare)

3. Mensch, red mit mir! (Idee Martin Wägele)

Material: Jeder Mitspieler benötigt eine Spielfigur; jede Spielgruppe (bis zu sechs Personen) benötigt einen Würfel, ein DIN A3 großes Papier und verschiedenfarbige Filzstifte.

Runde 1: Jeder Spieler würfelt der Reihe nach, dabei werden die gewürfelten Augen in Spielfelder auf das Papier übertragen. Am Ende der Augenzahl notiert der Spieler eine selbst ausgedachte Frage zu einem gestellten Thema (z.B. alte Menschen/junge Menschen). Dies wird solange weitergeführt bis kein Platz auf dem Papier mehr frei ist und man entweder zurück zum Startfeld gelangt oder eine Zielposition aufmalt und vereinbart.

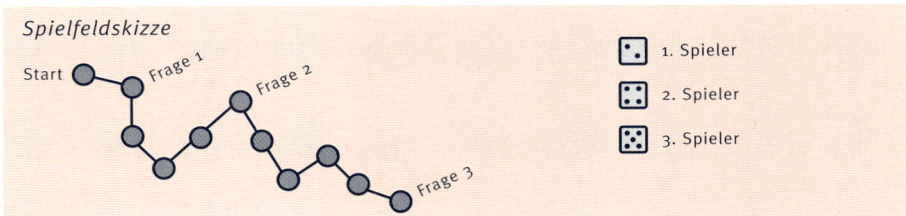

Runde 2: Jeder Spieler beginnt bei Start und rückt je nach gewürfelter Zahl vorwärts. Gelangt er auf eine notierte Frage, so muss er diese beantworten, gelangt er auf ein leeres Spielfeld, so muss er sich eine neue Frage zum vereinbarten Thema ausdenken.

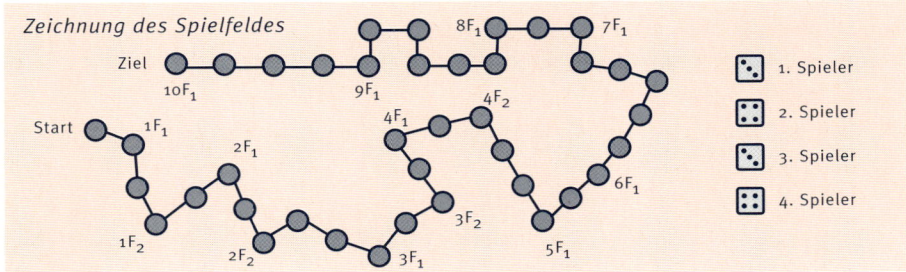

Runde 3: Es wird nur noch geantwortet, wenn auf dem entsprechenden Feld eine Frage ist – oder die Spielerunde kommt so miteinander ins Gespräch, dass das Spielfeld gar nicht mehr notwendig ist.

4. Handlungsorientierter Unterricht in der Kinder- und Jugendliteratur

Die Lernziele dieser Unterrichtsform liegen zum Einen in der Wiederholung und Vertiefung von bereits vermittelten Inhalten, zum Anderen verbessert er die Teamfähigkeit der Klasse.

Vorgehensweise:

1. Die Schüler erhalten ausreichend Zeit sich in einen bereits bekannten Unterrichtsinhalt – Lyrik, Arten von Bilderbüchern, Comic – einzulesen.

2. Die Lehrkraft stellt den Lernenden nun 20 Begriffe vor, die im Zusammenhang mit dem entsprechenden Thema gelernt wurden. Aufgabe der Lernenden ist es, sich soviel Begriffe wie möglich zu merken. Zunächst werden die Begriffe vorgelesen (auditive Aufnahme) und die Schüler erhalten etwas Zeit zum Speichern. Nach dieser kurzen Pause zeigt die Lehrkraft den Schülern die Begriffe, die auf jeweils einer Karteikarte vermerkt sind (visuell), nach einer erneuten kurzen Pause werden die Karteikarten in der Klasse herumgegeben, um sie nun kinästhetisch wahrzunehmen.

3. Nun werden in Einzelarbeit soviel Begriffe wie möglich notiert.

4. Die Schüler schliessen sich zu 3er Gruppen zusammen, um fehlende Begriffe zusammenzutragen. Die Begriffe, die ohne Reihenfolge vorgetragen wurden, können nun in Sachbereiche zusammengefasst werden. Die Schüler strukturieren auf diese Weise den Themenbereich.

5. Ein Abgeordneter der Gruppe benennt und erläutert die Begriffe, die zusammengetragen wurden.

Abschließend erhalten die Schüler die Gelegenheit eine Infokartei einzurichten. Auf der Rückseite der Karteikarten werden Definitionen, Erklärungen, Erläuterungen und Querverbindungen notiert. Jeder in der Klasse erhält Zugang zur Info-Kartei.
Eine Erweiterung wäre es, diese Infokartei bei Klassenarbeiten zur Verfügung zu stellen. Jeder Schüler kann einmal nach vorne kommen und sich einen Begriff samt Information auf der Rückseite durchlesen.
    Da jeder Einzelne für die Ausführungen auf der Rückseite der Kartei selbst verantwortlich ist, entsteht der Anspruch, die Ausführungen richtig und vollständig zu erstellen.

Lyrik – die Faszination der Worte

Sonne, Mond und Sterne
schenke ich dir gerne.
Erde, Frieden, Lachen
musst du selber machen.

(Peter Maiwald)

Lyrik – die Faszination der Worte

Lyrik in der Kindheit und Jugend beinhaltet sicher nicht das sture Erlernen und Rezitieren von Gedichten, sondern meint im Wesentlichen die Freude am gesprochenen Wort, am Spiel mit den Worten und am Zusammensein mit anderen Menschen.

- Hoppe, hoppe Reiter ...
- Ene mene miste ...
- Fischers Fritze fischt frische Fische ...
- Heile, heile Segen ...
- Steigt ein Büblein auf den Baum ...
- Geschenkt ist geschenkt.
- Empompi, coloni colonasta empompi
- Dunkel wars, der Mond schien helle ...
- Die Kuh flog übers Schwalbennest

 Erinnern Sie sich an Sprüche aus Ihrer Kindheit?
Sammeln Sie die Verse, Lieder und Reime auf Karten und tragen Sie den Mitschülern eine Auswahl ihrer Lieblingsverse vor.
Beschreiben Sie Situationen, in denen Sie Kontakt mit diesen lyrischen Formen hatten.
Bewahren Sie die Kärtchen auf!

Lyrik – die Faszination der Worte

1. Was ist Lyrik?

Dichtung setzt sich aus Epik (erzählende Dichtkunst, wie z.B. Roman, Novelle, Kurzgeschichte), Dramatik (auf eine Inszenierung abgezielte Dichtung, wie z.B. Komödie, Tragödie) und Lyrik (gesangsmäßige Dichtung, wie z.B. Gedicht, Sonett) zusammen. Der Begriff Lyrik bezeichnet eine Gattung der Dichtkunst, in der subjektives Erleben, Gefühle und Stimmungen mit den Formmitteln von Reim, Rhythmus und Metrik ausgedrückt werden.

Wir fassen unter der Bezeichnung Kinderlyrik sowohl Kinderlieder als auch die verschiedensten Formen von Kindergedichten zusammen. Viele Lieder und Gedichte, aber auch Gebete, die heute noch unsere Kindheit begleiten, wurden von Sammlern wie Clemens Brentano und Achim von Arnim im 19. Jahrhundert – unter dem Stern der Romantik – zusammengetragen. Ähnlich wie die Märchen unterlagen sie einem Wandlungsprozess und viele der alten lyrischen Texte, die in »Des Knaben Wunderhorn« gesammelt sind, wurden im Laufe der Zeit der aktuellen Entwicklung angepasst und umgedichtet.

Das Beherrschen der verschiedenen lyrischen Elemente ermöglicht soziale Kompetenz, Integration und Anerkennung, vermittelt Zugehörigkeitsgefühle aber auch Abgrenzung und gibt Sicherheit. Reime fördern die Sprachmelodie und den Sprechrhythmus. Kinder entwickeln mit Hilfe von Reimen eine ausdrucksstarke und schwungvolle Sprache. In der Pädagogik eingesetzt, stellen sie emotionale Nähe her, fördern die Integration stiller, aber auch auffälliger Kinder.

2. Kinderkunstlyrik und Kindervolkslyrik
– vom Dichten und Umdichten

Innerhalb der Kinderlyrik unterscheidet man zwischen **Kinderkunstlyrik** und **Kindervolkslyrik.**

2.1 Die Kinderkunstlyrik – Das erlebte Wort

Die Kinderkunstlyrik bezeichnet die von Erwachsenen für Kinder gedichteten Reime und Lieder.

Insbesondere die alten Lieder und Reime enthalten moralische und pädagogische Appelle an die Kinder. In Reimform, eingängig und leicht zu merken, internalisierten Kinder herrschende Wert- und Normvorstellungen sowie Rollenzuweisungen. Sie erfuhren Wissenswertes aus ihrer Umgebung und erlebten stellvertretend, was mit jenen »bösen« Kindern geschah, die sich nicht an die Verhaltensregeln hielten.

Wenn die Sonn mit hellem Schein
schaut so in dein Bett hinein,
Büblein, spring geschwind heraus
sticht dir sonst die Augen aus.

Wer einmal lügt, dem glaubt man nicht
auch wenn er dann die Wahrheit spricht.

Morgen, morgen, nur nicht heute
sagen alle faulen Leute.

Ein Himmel ohne Sonn
Ein Garten ohne Bronn,
Ein Baum ohne Frucht
Ein Mädchen ohne Zucht
Ein Süpplein ohne Brocken
Ein Turm ohne Glocken,
Ein Soldat ohne Wehr:
Sind alle nicht weit her.

Lyrik – die Faszination der Worte

Der Besen, der Besen
was macht man damit?
Man kehrt damit die Stuben.
Die Rute, die Rute,
Was macht man damit?
Man klopft damit die Buben.
Warum nicht die Mädchen?
Das wär eine Schand,
die folgen schon von selber
und spinnen Gewand.

Ringel, ringel, Rosen
die Buben tragen Hosen
die Mädchen tragen Röckelchen
und fallen all ins Eckelchen!

Wer nicht kommt zur rechten Zeit.
der muss haben, was übrig bleibt.

Kinderkunstlyrik zeichnet sich aus durch:

- Themenkonstanz
- Sinnhaftigkeit
- logischen Aufbau des Textes
- Belehrungscharakter
- pädagogische Intention des Autors

Moderne Kinderkunstlyrik zeichnet sich ebenfalls durch diese Merkmale aus, hat sich allerdings den veränderten Normen und Werten angepasst. Im Vordergrund steht nicht der erhobene Zeigefinger, der Verhaltensregeln indoktriniert, sondern der Appell an das kindliche Gefühl.

Auslöser dieser Entwicklung ist unter anderem das veränderte Bild vom Kind, aber auch politische und gesellschaftliche Ereignisse in den 60er und 70er Jahren. Technisierte und medialisierte Umwelt, steigende Mobilität und »Weltbürgertum« beeinflussen moderne Dichter. Auch sprachlich versuchen sich viele moderne Dichter der Sprache und der Sinnenfreude der Kinder anzupassen.

Neuere Dichtkunst bezieht sich stark auf soziale Aspekte, thematisiert das Miteinander und versucht durch Reime und Lieder Kinder in ihrem Selbstverständnis zu stärken, ihnen Mut zuzusprechen.

In den letzten Jahren entstanden viele Texte

- zur Integration von Ausländern
- zur Emanzipation von Kindern
- zur Stärkung von Mädchen
- zur Suchtprophylaxe
- als meditativer Gegenpol zu unserer immer hektischer und unüberschaubar werdende Umwelt

Honig, Milch und Knäckebrot
manche Kinder sind in Not.
Zucker, Ei und Früchtequark,
macht nur manche Kinder stark.
Götterspeise, Leibgericht
kennen manche Kinder nicht
Wurst und Käse, Vollkornbrot
manche Kinder sind schon tot.

(Jürgen Spohn)

Trau dich, trau dich!
Auch wenn es daneben geht.
Trau dich, Trau dich!
Es ist nie zu spät.
Wer's nicht selber ausprobiert,
der wird leichter angeschmiert.
Trau dich, trau dich!
Dann hast du was kapiert.

Trau dich, trau dich!
Auch wenn du erst fünfe bist.
Trau dich, trau dich!
Auch Große machen Mist.
Glaub nicht alles was du hörst,
wenn du sie mit Fragen störst.
Trau dich, trau dich!
Bis du was erfährst.

Trau dich, trau dich!
Andern geht's genauso schlecht.
Trau dich, trau dich!
Kämpft um euer Recht!
Tretet füreinander ein,
dann könnt ihr bald viele sein.
Trau dich, trau dich!
Du bist nicht allein.

(Volker Ludwig)

Lyrik – die Faszination der Worte

Ein Holländerkind,
ein Negerkind,
ein Chinesenkind
drücken beim Spielen
die Hände in Lehm.
Nun geh hin und sag;
welche Hand ist von wem?

(Hans Baumann)

Wir

Ich bin ich und du bist du.
Wenn ich rede, hörst du zu.
Wenn du sprichst, dann bin ich still,
weil ich dich verstehen will.
Wenn Du fällst, helf ich dir auf,
und du fängst mich, wenn ich lauf'.
Wenn du kickst, steh ich im Tor,
pfeif ich Angriff, schießt du vor.
Spielst Du pong, dann spiel ich ping,
und du trommelst, wenn ich sing'.
Allein kann keiner diese Sachen,
zusammen können wir viel machen.
Ich mit dir und du mit mir – das sind wir.

(Irmela Brender)

Fünf Freunde im KaDeWe

Fünf Freunde wollten klauen ziehn
ins KaDeWe am Tauntzien.
Der Dummkopf hat sich's ausgedacht,
die Schussel dann nicht nachgedacht.
Der Funkturm sollte Schmiere stehen
und Ringo zum Verkäufer gehn.
Den Griff sollt Pico tun zuletzt,
schön hat er da die vier versetzt:
»Ich klau nicht, bloss weil ihr es wollt,
und troll mich jetzt, auch wenn ihr grollt.

aus Pousset: Fingerspiele und andere Kinkerlitzchen

Lyrik – die Faszination der Worte

2.2 Kindervolkslyrik – vom Spiel mit den Worten

Kinder nehmen die für sie gedichteten Reime und Lieder nicht immer an. Die Gründe hierfür liegen zum Teil in fehlendem Verständnis für die verwendeten Motive, aber auch unbekannten Wörtern und Begriffen. So wird aus dem Samariter ein »zahmer Ritter« aus der Textzeile »in Betlehems Stall« »im Bettle im Stall« oder aus dem »Glück im Zug nach Osnabrück« »ich fand mein Glück im Zug nach Oskarbrück« Die Kinder dichten Reime so um, dass sie in ihre Vorstellungs- und Erfahrungswelt passen. Ein weiterer Grund für die Abwandlung und Umdichtung bestehender Reime ist in der Lust des Kindes an der Sprache zu finden. Kinder experimentieren mit Sprache, untersuchen spielerisch deren Funktion und sind immer voller Hoffnung, ihr einen neuen Aspekt abzugewinnen. Ihr zunehmender Sinn für Humor, aber auch die Freude an einfachen Lautmalereien führen zu völlig neuen Texten und schönem Unsinn. Entsprechend ihrer geistigen und emotionalen Entwicklung entstehen immer neue Themenbereiche. Zeitgleich mit dem Interesse am eigenen Körper und an dem der anderen entdecken Kinder die Freude an erotischen, aber auch zotigen Versen.

Viele Reime der Kindervolkslyrik werden von Generation zu Generation weitergegeben.

Da oben auf dem Berge
da steht ein Gerüst
da werden die Mädchen
automatisch geküßt
Eine kleine Micky Maus
zieht sich mal die Hose aus,
zieht sie wieder an
und du bist dran!

Oh pretty Belinda
Die XX kriegt Kinder
oh, was ein Theater
der XY wird Vater

Catherina Valente
hat 'n Arsch wie ne Ente
hat 'n Arsch wie ne Kuh
und raus bist du!

Auch politische oder gesellschaftliche Veränderungen nehmen Kinder in ihr Repertoire auf und versuchen auf diese Weise Eindrücke zu verarbeiten. Im Gegensatz zu Kinderkunstlyrik liegt hier jedoch keine sozialkritische Absicht zugrunde.

John F. Kennedy
kaut Kaugummi.
Spuckt ihn wieder aus
und du bist raus!

Lyrik – die Faszination der Worte

Typische Merkmale der **Kindervolkslyrik** sind:

- der häufig fehlende Textzusammenhang
- die Sprunghaftigkeit in den Themen
- der leiernde Singsang

Die Sprache der Kindervolkslyrik besteht oft nur aus klanglichen und rhythmischen Elementen.

> Itzen, Ditzen, Silberschnitzen
> itzen ditzen daus und du bist raus.

Diese kindertypischen Merkmale wurden von Autoren wie Janosch, aber auch Guggenmoos und Krüss aufgenommen. Es entstand also ein Bereich der Kinderkunstlyrik, der sämtliche spezifischen Merkmale der Kindervolkslyrik aufweist.

> Hokuspokus, Kokosnuss
> Hexenzwirn und Löwenfuß
> Eulenschwanz und Nudelmann
> der XY ist dran
>
> (Janosch)

Untersuchen Sie die von Ihnen gesammelten Verse hinsichtlich ihrer Zugehörigkeit zur Kinderkunstlyrik oder zur Kindervolkslyrik. Überprüfen Sie weiterhin, welche Verse wahrscheinlich von Erwachsenen für Kinder gedichtet wurden, dann aber dem kindlichen Wandlungsprozess unterlagen.

3. Der Einsatz von Kinderlyrik
– mit Goethe, Guggenmoos und Krüss auf Du und Du

Zur Kinderlyrik zählen neben den Liedern auch Trost- und Schmuseverse, Reime, Segenssprüche, Kniereiter, Fingerspiele, Rätsel, Zungenbrecher, schöner Unsinn und Malverse. Kinderlyrik bietet einen ständigen Anreiz zum gemeinsamen Spielen, Singen und Sprechen.

Das zunehmende Beherrschen von Sprache ist für Kinder ein Weg in die Selbständigkeit und Unabhängigkeit. Es besteht eine direkte Verbindung zwischen Sprachkompetenz und kognitiver Entwicklung. Sprachstrukturen bedingen Denkstrukturen. Erfahrungen werden innerhalb dieser Strukturen geordnet, reflektiert und generalisiert. Das Beherrschen von Sprache ermöglicht den Aufbau sozialer Beziehungen.

Lyrik – die Faszination der Worte

Wesentliche Ziele der Spracherziehung liegen also darin, den Kindern

- den Umgang mit sich selbst zu erleichtern: *Gefühle erkennen, artikulieren und kontrollieren; reden und schweigen, eigene Standpunkte und Meinungen formulieren; Vorurteile korrigieren*

- den Umgang mit anderen Menschen zu ermöglichen: *andere Menschen ansprechen; Gestik und Mimik deuten; empathisches Vermögen aufbauen; eigene Meinungen begründen; Konflikte verbal lösen*

- Sachen und Sachverhalte nahezubringen: *Dinge benennen und in Begriffssysteme einordnen; beschreiben und vergleichen; Zusammenhänge, Verhältnisse und Beziehungen, Ursache und Wirkung verstehen und auch anderen erläutern; Handlungsfolgen erkennen*

Im Vordergrund der Sprachförderung steht das Wecken der Sprechfreude. Das Spielen mit der Sprache und die dazugehörende Freude daran ist die Grundlage für alle sprachfördernden Konzepte.

Zur Sprache zählt der Aufbau eines **Wortschatzes**, das Üben der **Artikulation**, der Umgang mit **Grammatik** und die Entwicklung der **Kommunikation**. Durch Sprachspiele im Kindesalter werden die wesentlichen Bereiche der Sprache gefördert.

- **Wortschatz:** Der Umfang des kindlichen Wortschatzes ist abhängig von der Häufigkeit und Eindrücklichkeit der Umweltbegegnungen und Anregungen. Daraus folgert, dass gerade in der kompensatorischen Arbeit eines Kindergartens viele Sachbegegnungen ermöglicht werden müssen, die das Kind ganzheitlich erfahren und »besprechen« kann.

- **Artikulation:** Normalerweise erwirbt ein gesundes Kind innerhalb der ersten drei Lebensjahre die grundlegende Fähigkeit, Einzellaute und Lautkombinationen der Muttersprache richtig zu artikulieren und als bedeutungstragende Elemente zu erkennen und zu gebrauchen. Auslöser ist die Notwendigkeit, sich verständlich zu machen, aber auch das Bedürfnis sich mit der Bezugsperson zu identifizieren. Der Erwerb der Artikulationsfähigkeit kann durch »schlechte Vorbilder« aber auch durch Bequemlichkeit des Kindes bis ins siebte Lebensjahr verzögert sein. Langsames rhythmisches Sprechen und Singen von Gedichten und Liedern in Verbindung mit Gestikulation oder Körperbewegung, sowie die Gelegenheit von Zungen- und Lippengymnastik bei Lautmalereien und Liederspielen unterstützen ein Kind in seiner Artikulationsfähigkeit.

- **Grammatik:** Kinder erlernen nicht nur Wörter, sondern auch die Regeln nach denen Wörter aneinandergereiht werden müssen um ihr Verhältnis zu anderen Objekten, Zeit und Raum auszudrücken. Da sprachliche Regeln ein Abbild der Logik unseres Denkens sind, läßt Dysgrammatismus die Schlußfolgerung zu, dass Denk- und Abstraktionsvermögen vermindert oder noch nicht ausreichend entwickelt sind.

Dem Kind muss also zunächst einmal ein ausreichendes Repertoire an Satzmustern zur Verfügung gestellt werden, die es nach einigen Wiederholungen abwandeln und neu zusammensetzen kann. Spielerisch geschieht dies durch Fingerspiele, Lieder und Gedichte.

- **Kommunikation:** Sprache allein zu beherrschen reicht für unser soziales Leben nicht aus, vielmehr muss Sprache als erfolgreiches Kommunikationsmittel eingesetzt werden. Hierzu gehört die Fähigkeit, den Ansprechpartner aber auch die Situation in der man sich befindet, einschätzen zu können und den richtigen »Ton« zu treffen. Auch hier bietet die Kinderlyrik geeignete Übungsfelder, in denen Kinder nicht zuletzt auch die Erfahrung machen können, wie lustvoll verbale Auseinandersetzung sein kann.

Im Gegensatz zur Satzbildungsfähigkeit und zur Artikulation ist die Kommunikationsfähigkeit, ebenso wie der Wortschatz ein Bereich, dessen Entwicklung noch weit in das Erwachsenenalter reicht. Hier bestimmen frühkindliche Lernerfahrungen Qualität und Quantität des später Erreichbaren.

Die Themen der Kinderlyrik sind äußerst vielfältig und beziehen alle Elemente menschlichen Lebens und Erlebens ein. Zum gezielten Einsatz in der Pädagogik eignen sich Themenbereiche, die der unmittelbaren und erlebbaren Umwelt der Kinder entstammen. Dazu wird vom Erziehenden sensibles und sorgfältiges Umgehen mit den Inhalten erwartet. Die Texte müssen auf Übertragbarkeit und Verstehbarkeit überprüft werden.

Der Einsatz von Kindervolkslyrik erfolgt häufig spontan und findet seine Anwendung in der gegebenen Situation. Kinderkunstlyrik erfordert aufgrund ihrer pädagogischen Intention häufig eine Einstimmung auf das Thema.

3.1 Erste Zuwendungsspiele

Neben der Befriedigung der physiologischen Grundbedürfnisse hat eine Bezugsperson auch die Aufgabe die psychischen Bedürfnisse eines Säuglings nach Wärme, Geborgenheit und Zuwendung zu befriedigen. Es geht zunächst nicht darum, kognitive Fähigkeiten zu fördern; die Beschäftigung mit dem Kleinkind vermittelt ihm außer Sicherheit und Vertrauen auch Wertschätzung und Liebe. Verbale und taktile Zuwendung hilft dem Kind beim Spannungsabbau, hilft ihm, sich selbst und seine Stärken wahrzunehmen und damit Selbstbewußtsein aber auch Selbstvertrauen zu entwickeln. Das erste Spielzeug des Kindes ist der eigene Körper, die eigene Stimme. Über die taktile Wahrnehmung erfährt das Kind seine Umwelt.

Eine Schnecke, eine Schnecke krabbelt rauf, krabbelt rauf,
krabbelt wieder runter, krabbelt wieder runter,
kitzelt auf dem Bauch, kitzelt auf dem Bauch

Text aus: »Zehn kleine Krabbelfinger« Kösel Verlag
Melodie nach »Bruder Jakob«

Lyrik – die Faszination der Worte

Kommt ein Mäuschen
baut ein Häuschen
kommt eine Mücke
baut eine Brücke
kommt ein Floh
und der macht so

Klitzekleines Zwerglein
ging mal auf ein Berglein
rutschte aus
ging nach Haus –
und die Geschichte ist aus

Kommt ein Bärchen – streichelt dein Härchen
kommt ein kleiner Hase – stupst dir auf die Nase
kommt ein kleines Mäuschen – krabbelt in dein Häuschen
kommt ein kleiner Floh – und der macht so

Erste Kitzel und Schmuseverse sind spontan einsetzbar und benötigen keine Vorbereitung. Gelegenheiten ergeben sich im Tagesablauf von ganz allein.

BEIM WICKELN

Strampelbrüder, Strampelschwestern
Guten Morgen ihr Beine   *mit beiden Beinen des Kindes spielen*
Wir heißt ihr denn?   *ein Bein schütteln*
Ich heiße Hampel   *verstellt antworten*
und ich heiße Strampel   *ebenso*
Und hier ist das Hampelfüßchen   *einen nackten Fuß streicheln*
und dort das Strampelfüßchen   *ebenso*
Hampel und Strampel
gehen auf eine große Reise   *Beine abwechselnd beugen*
Hampel läuft wacklig
und Strampel läuft zackig

Lyrik – die Faszination der Worte

Herr Links und Frau Rechts

Herr Links und Frau Rechts   *erst das linke, dann das rechte Bein schütteln*
die taten nichts Schlechts.
Auf zum Tanze Herr links   *das linke Bein anwinkeln und strecken*
mit Frau Rechts gestern gings   *mit dem rechten ebenso*
Erst tanzten sie so   *Beine kreuzen, linkes Bein oben*
dann kreuzten sie, oh   *nun rechtes Bein oben*
und warfen dann froh   *mit beiden Beinen*
beide Beine zum Po   *radfahren*

aus: Pousset: Fingerspiele und andere Kinkerlitzchen

ZUM TROST

Heile, heile Kätzchen,
's Kätzchen hat vier Tätzchen
's Kätzchen hat nen langen Schwanz
bald ist alles wieder ganz.

Heile, heile Segen,
morgen gibt es Regen.
Heile, heile, Leukoplast,
in hundert Jahr'n du nix mehr hast.

Heile, heile Segen
morgen gibt es Regen
übermorgen Schnee
tut's schon nicht mehr weh

(unbekannt)

3.2 Kniereiter

Mit der fortschreitenden motorischen Entwicklung finden auch Kniereiterspiele Anwendung. Diese Spiele entsprechen dem kindlichen Bedürfnis nach Bewegung und der Freude am Wiedererkennen von Handlungsabläufen. Viele Kniereiter sind in ihrem Ablauf innerhalb kürzester Zeit so ritualisiert, dass das Kind eine Abweichung nur unwillig hinnimmt. Vor Erwartung strahlend, wartet das Kind darauf, dass der Reiter nun endlich "plumps" macht, das Tempo sich beschleunigt und das Ganze von vorne beginnt.

Einem kleinen Kind stehen zunächst seine fünf Sinne als Erkenntnisinstrumente zur Verfügung. Es nimmt seine Umwelt wahr, indem es sich in ihr bewegt und handelt.

Lyrik – die Faszination der Worte

Den Teddy nimmt es nicht nur wahr, indem es ihn sieht und den dazugehörenden Begriff hört, sondern indem es ihn sieht, fühlt, riecht und durch das Zimmer wirft. Diese ganzheitliche Erfassung der Umwelt ist für ein Kind vorherrschend.

Kniereiter und erste Bewegungsspiele fördern die kognitiven, kreativen und motorischen Fähigkeiten, sowie die kinästhetische Wahrnehmung.

Komm, du kleiner Racker
komm auf meinen Schoß,
recke deine Arme hoch
dann bist du riesengroß.
Recke deine Arme hoch
dann bist du riesengroß.

Still, du kleiner Racker
kuschele dich ein,
drücke dich ganz fest an mich,
dann bist du nicht allein.
Drücke dich ganz fest an mich
dann bist du nicht allein.

Rutsch, du kleiner Racker,
rutsch von meinem Knie,
lauf mir nicht so schnell davon,
sonst fange ich dich nie.
Lauf mir nicht so schnell davon,
sonst fange ich dich nie.

Der folgende Kniereiter lässt sich neben dem einfachen Vortragen sehr gut instrumentalisieren. Es eignen sich dazu einfachste Instrumente. Die Kleinkinder erleben erste Rhythmisierung.

Bim bam bommel, die Katze schlägt die Trommel
viele kleine Mäuslein tanzen in der Reihe,
viele kleine Mäuslein tanzen in der Reihe
und die große Erde donnerte dabei,
und die große Erde donnerte dabei.

Didel dadel didel, der Esel streicht die Fidel
viele kleine Mäuslein tanzen in der Reihe,
viele kleine Mäuslein tanzen in der Reihe
und die große Erde donnerte dabei,
und die große Erde donnerte dabei.

Hierbei sitzt das Kind dem Erzähler gegenüber, gemeinsam werden die Bewegungen ausgeführt und bei »und die große Erde..« deutet das Kind mit dem Oberkörper und den Armen einen Kreis.

3.3 Fingerspiele

Es sagte einmal die kleine Hand zur großen Hand:
Du, große Hand, ich brauche dich,
weil ich bei dir geborgen bin.
Ich spüre dich, wenn ich wach werde,
wenn ich Hunger habe und du mich fütterst,
wenn ich meine ersten Schritte versuche
und du mich hältst,
wenn ich zu dir kommen kann, weil ich Angst habe.
Ich bitte dich, bleib in meiner Nähe und halte mich.

Und es sagte die große Hand zur kleinen Hand:
Du, kleine Hand, ich brauche dich.
Das spüre ich, weil ich für dich sorgen darf,
weil ich mit dir spielen und lachen kann,
weil ich mit dir
wunderbare Dinge entdecke,
weil ich deine Wärme fühle
und dich lieb habe,
weil du ein Teil von mir bist.
Ich bitte dich, bleib in meiner Nähe
und halte mich.

(Gerhard Kiefel)

Kinder begreifen ihre Umwelt. Alles wird befühlt, betastet, mit den Händen bewegt. Der Zusammenhang zwischen **Hand** und **Verstand** scheint offensichtlich. Maria Montessori sieht die Hand als wichtigstes Instrument zur Erfassung der Umwelt. Rudolf Steiner wies bereits am Anfang dieses Jahrhunderts darauf hin, dass die Bewegungen der Hände an der Bildung des Sprachzentrums mitwirken. Im 19. Jahrhundert bereits entwickelte Friedrich Fröbel »Gaben«, die das Kind zum Begreifen und Erfassen auffordern, um dem Ziel eines »denkenden, fühlenden und **hand**elnden Menschen« nahe zu kommen.

Alle Dinge mit den Zehen zu verstehen
mit den Fingern zu begreifen
ist das erste hier auf Erden.
Worte werden bald erblühen
und Gedanken werden reifen.

aus: Alfred Bauer: Die Finger tanzen

Fingerspiele werden zu den psychomotorischen Spielen gezählt. Diese Spiele zielen auf den Zusammenhang zwischen der Entwicklung der Motorik und des psychischen Apparates, also den Gefühlen, dem Denken und dem Sozialverhalten ab.

Zusammenfassend kann gesagt werden, dass allgemeine Ziele und Bedeutungen des Fingerspieles zunächst einmal im Bereich der **Sprachförderung** liegen. Die Kinder erweitern ihren Wortschatz, üben Artikulation und Satzbau, erkennen die Sprache als Kommunikationsmittel und beginnen Gefühle und Bedürfnisse zu verbalisieren. Die Schulung der **Fein- und Grobmotorik** geht mit der Koordination von Sprache und Bewegung einher. Beim Erfinden und Ausführen zugehöriger Bewegungsformen übt das Kind sein **Assoziationsvermögen** und wird zu **kreativem Tun und Denken** angeregt. Das Erlernen von Texten fördert die **Konzentrations- und Merkfähigkeit**. Die Wiedergabe innerhalb der Gruppe stärkt das **Ansehen**. Je nach Inhalt eines Fingerspiels erfolgt eine **Wissenserweiterung**.

Der Einsatz von Fingerspielen hat auch eine **soziale Komponente**. Das Spielen eines Fingerspieles erfordert Rücksichtnahme und Einordnung in die Gruppe. Das einzelne Kind erlebt die Position des Führenden, lässt sich aber auch führen. Die Kinder erleben die Freude am gemeinsamen Tun, stehen in Kontakt zu anderen Kindern und freuen sich am Ergebnis.

Auswahlkriterien für Fingerspiele sind:

- Alter und Entwicklungsstand der Kinder
- pädagogische Vertretbarkeit des Inhaltes;
  Gedichte, die Rollen fixieren oder diskriminieren,
  sollten keinen Einsatz finden
- Verständlichkeit;
  das Einführen eines Fingerspieles über Tiere auf dem Bauernhof wird sinnentleert, wenn die Kinder keinen Zusammenhang herstellen können. Insbesondere für Stadtkinder und deren Erziehende bedeutet dies, dass ein solches Fingerspiel einer intensiven und anschaulichen Vor- und Nachbereitung bedarf.
- aktuelles Thema in der Gruppe
- Bezug zur Jahreszeit, allgemeine Natur- und Umweltvorgänge

Ein Fingerspiel sollte zunächst immer geschlossen vorgetragen werden, d.h. eine Unterbrechung des Textes bzw. innerhalb von Strophen ist zu vermeiden, um eine Irritation der Kinder auszuschließen. Voraussetzung hierfür ist es natürlich das Finger-

Lyrik – die Faszination der Worte

spiel auswendig zu können. Das Fingerspiel wird zunächst als Ganzes, ohne begleitende Bewegungen vorgetragen. Anschließend wird der Inhalt mit den Kindern rekonstruiert. Sinnvoll erweist sich die Übernahme einzelner Textpassagen in einer sinnvollen Reihenfolge. Die pädagogische Fachkraft wird strukturierend lenken. Gemeinsam können nun, Zeile für Zeile wiederholend, mögliche Bewegungen vorgeschlagen, ausprobiert und festgelegt werden. Eine Orientierung an den Vorschlägen der Kinder ist für den sozialen Zielbereich sehr wichtig. Nun kann ein erstes gemeinsames Sprechen des Fingerspiels folgen. Methodisch kann die pädagogische Fachkraft das letzte Wort einer Zeile oder Schlüsselbegriffe von den Kindern allein sprechen lassen.
Möglich ist auch, dass die pädagogische Fachkraft Text und Bewegung den Kindern vorstellt.

Zur weiteren Motivation und Anschauung eignen sich verschiedene Requisiten, etwa ein zusammengeknülltes Chiffontuch in den Kinderhänden, das sich beim Öffnen der Hand wie eine Blüte entfaltet; Fingerpüppchen oder Farbe zum Bemalen der Hände. Manche Fingerspiele eignen sich auch zum Tischtheater oder lassen bereits in der Einführung ein kleines Theaterstück zu. So kann man z. B. im Herbst Mäuse aus gehälfteten Pappelblättern herstellen an einem Tonpapierstreifen befestigen und hinter einem grünen oder braunen Tuch trippeln lassen und dann mit Büroklammern feststecken. (z. B. »Das ist Papa Maus, sieht wie alle Mäuse aus«...)

3.4 Malspiele

Das Begleiten des Zeichnens durch ein Gedicht fasziniert jedes Kind. *»Punkt, Punkt, Komma, Strich...«* aber auch das *»Haus vom Nikolaus«* sind vielen Kindergenerationen bekannt. Neben der Freude am Gestalteten findet eine Förderung der kognitiven Fähigkeiten statt.

3.5 Rätsel

Um sich vor bösen Mächten zu schützen, haben Menschen zu allen Zeiten Gedanken, Meinungen, Wünsche und Vorsätze in Rätsel gekleidet. In Kriegszeiten hatten Rätsel die Funktion Geheimnisse zu verstecken. Das schlaue Stellen von Rätseln, aber auch das Erraten, zeugte von Weisheit, Schlagfertigkeit und Bildung, aber auch guter Gesinnung eines Menschen. Der Stoff für Rätsel entstammte meist der unmittelbaren Umgebung des Menschen. Pflanzen und Tiere wurden häufig vermenschlicht. Rätsel können in die verschiedensten literarischen Formen gekleidet sein: in Märchen, Spielliedern, in Versen und in Streitgedichten. Erste Rätselsammlungen gab es bereits im frühen Mittelalter. Volkstümliche Rätsel, die mündlich weitergegeben wurden, sind als Zeugnisse volkstümlicher Poesie erhalten.

Für Kinder wurden die bekannten Rätsel verändert, aber auch neue erfunden. Kinderrätsel sind meist geradlinig aufgebaut und geben eindeutige Merkmale des zu Erratenden an.

> Es ist weiß und rund und frisch
> man sieht es oft auf dem Frühstückstisch.

Lyrik – die Faszination der Worte

Ihr setzt mich im Winter
zusammen nur aus Schnee,
wenn dann die liebe Sonnen kommt,
tut mir das Herze weh.

Viele Rätsel verraten ihre Lösung bereits im Text, oder liegen im letzten Reimwort eines Verses. Sie sind gerade für jüngere Kinder gut geeignet.

Sie steht am Himmel hell und schön,
die Menschen wie geblendet stehn.
Sie wärmen sich, welch eine Wonne
durchs Fenster dringt die warme ...

Was macht tick tack in einer Tour
Sag es geschwind, es ist die ...

Ich bin kleiner als ein Mäuschen,
doch trag ich mein eignes Häuschen.
Es ist schön rund, hat keine Ecke,
du kennst mich wohl, ich bin die ...

Was ist das?
Hängt an der Wand und
gibt jedem die Hand?

Ältere Kinder mögen Rätsel, die höhere kognitive und assoziative Anforderungen stellen. Zum Lösen solcher Rätsel ist ein großer Erfahrungsschatz notwendig. Hierzu zählen nicht zuletzt auch die Scherzfragen.

- Wer hat einen Kamm und kämmt sich nicht?
- Wer geht jeden Tag aus und bleibt doch zu Haus?
- Wer hat Federn und fliegt nicht, Beine und geht nicht?
- Welche Meisen können nicht singen?

In der Arbeit mit Kindern ist das situationsgerechte Anbieten der Rätsel von Vorteil. Bei einem Waldspaziergang kann man nach einem »Wald ohne Laub« fragen, beim Spielen im Hof das Spiel »Ich sehe was, was du nicht siehst« initiieren.

Lyrik – die Faszination der Worte

Zur Einführung von Rätseln in einer Kindergruppe bieten sich zunächst einfache Rätselfragen an.

> **H**at eine Schnauze, keinen Mund
> ihr habt Recht, es ist ein …

Wiederholungen sind sehr wichtig. Beim Rätselraten sollten die Kinder dazu angehalten werden, die Gegenstände die sie erraten haben, genau zu beschreiben. Der Wiedererkennungseffekt wird gesteigert und die Kinder zu schwierigeren Rätseln motiviert, wenn sie sich bereits als kompetent erwiesen haben.

Um das bildhafte Erraten zu fördern empfiehlt es sich, einige schwerere Rätsel mit Vorschul- oder Schulkindern zu erarbeiten.

> **I**ch hab ein Loch und mach ein Loch
> und geh durch das was ich mach noch
> kaum bin ich durch, schlepp ich im Nu
> noch meine lange Schleppe hinzu
>
> *(Nadel)*

Rätsel, die im Stuhlkreis innerhalb einer heterogenen Gruppe eingesetzt werden, müssen allen Entwicklungsstufen gerecht sein. Es sollte schwere und leichte Rätsel geben. Günstig ist es, Rätsel in einem Rätselsack oder einem Rätselbuch anzubieten. Rätsel sollten entsprechend ihrem Schwierigkeitsgrad gekennzeichnet sein und zwar so, dass diese Kennzeichnung auch von den Kindern nachzuvollziehen ist. So können die Kärtchen für die jüngeren Kinder gelb, für die mittleren blau und rot für die ältesten in der Gruppe gekennzeichnet sein. Die Kinder, die nicht angesprochen sind, sollen der Zielgruppe den Vortritt lassen und die Lösung nicht herausrufen.

3.6 Gedichte

Kindergedichte aus den vorhergehenden Jahrhunderten sind häufig massiver Kritik ausgesetzt. Man unterstellt ihnen Sehnsucht nach einer heilen Welt und verfälschte Erinnerungen an eine glückliche Kindheit, sowie die Mär von der reinen Kinderseele. In gestelzten Sätzen und gezwungener Reimform halten sie Unanständiges und Konfliktbeladenes von der Kinderseele fern und ergehen sich in der Hoffnung auf Erneuerung. Trotzdem erfreuen sich gerade Gedichte von Goethe, *»Das Hexen-Einmal-Eins«* und den Sammlungen von Brentano und von Arnim *»Loblied«* und *»Das buckliche Männlein«* ebenso wie die Geschichte der *»Wurzelkinder«* von Sybille von Olfers wieder großer Beliebtheit.

Kindergedichte der Gegenwart orientieren sich weit mehr als ihre Vorgänger am Kind und dessen Erlebnishorizont. Dichter wie Janosch, Guggenmoos und Krüss haben sich von belehrenden und erzieherischen Zwängen befreit und schildern in ihren Gedichten die Welt aus der Sicht des Kindes, verbunden mit den Charakteristika moderner Lyrik. Viele Gedichte unterstützen das Kind dabei, sich eigene Eindrücke bewußt zu machen und Erlebnisse zu vertiefen. Das Spektrum moderner Kindergedichte reicht von einfachen gereimten Versen bis hin zu kurzen fantasievollen Geschichten in Reimform oder freiem Rhythmus.

- **Kinder können Gedichte auswendig lernen:** Einstimmung auf Feste wie Ostern oder Weihnachten, Rituale beim Zubettgehen; Spiel- und Sozialregeln

Wenn man nach dem Zähneputzen
abends noch was Süßes isst,
hat das Putzen keinen Nutzen,
weil das Süße Löcher frisst.
(Britta Cornelius)

Rabulan der Riese,
isst so gern Gemüse
Er sagt: »Gemüse ist gesund!«
und verzehrt aus diesem Grund
täglich einen Haselstrauch
und ein Fuder Rüben auch
einen Kürbis obendrein;
denn er will bei Kräften sein.
Bei Ferdinand und Lieschen
tun's Äpfel, Salat und Radieschen!
(Josef Guggenmoos)

Loblied
Kein Tierlein ist auf Erden
Dir, lieber Gott zu klein,
Du liesst sie alle werden
und alle sind sie dein
......
(Brentano)

Geschenkt ist geschenkt
wiederholen ist gestohlen

- **Kinder können Gedichte** als Begleitung bei den verschiedensten Tätigkeiten umsetzen: Lautmalereien, Sachgedichte

Was die Waschmaschine sagt

Wischiwaschi
wäschewaschen
wischiwaschi wumm
Oben waschen
unten waschen
rundherum

Hemden waschen, Hosen waschen
Tischtuch mit den Rosen waschen
wischiwaschi
wäschewaschen
wischiwaschiwumm
und die vielen Hosentaschen
drehn wir um....
(Friedl Hofbauer)

Lyrik – die Faszination der Worte

Das Feuer

Hörst du wie die Flammen flüstern,
Knicken knacken, krachen, knistern.
Wie das Feuer rauscht und saust,
Brodelt, brutzelt, brennt und braust.

Siehst du wie die Flammen lecken,
Züngeln und die Zungen blecken,
wie das Feuer tanzt und zuckt,
Trockne Hölzer schlingt und schluckt?

Riechst du, wie die Flammen rauchen,
Brenzlig, brutzlig, brandig schmauchen,
Wie das Feuer, rot und schwarz,
Duftet, schmeckt nach Pech und Harz?

Fühlst du, wie die Flammen schwärmen,
Glut aushauchen, wohlig wärmen,
wie das Feuer, flackrig - wild
Dich in warme Wellen hüllt?

Hörst du, wie es leiser knackt?
Siehst du, wie es matter flackt?
Riechst du, wie der Rauch verzieht
Fühlst du, wie die Wärme flieht?

Kleiner wird der Feuersbraus:
Ein letztes Knistern, ein feines Flüstern,
Ein schwaches Züngeln; ein dünnes Ringeln –
AUS

(James Krüss)

Wir machen ein Spässchen
und seifen das Näschen:
Stirn, Wangen und Mund
Kalt Wasser ist gesund!

(Unbekannt)

Lyrik – die Faszination der Worte

- Kinder können Gedichte erzählen oder mitspielen:

Der Fernsehwurm

Kennst Du den Fernsehwurm?
Der sitzt im Bildschirmhaus.
Er schläft zumeist den ganzen Tag
und schlüpft am Abend aus.

Du hast ihn sicher schon gesehen –
er flirrt und flitzt und blitzt,
wenn du (sollst du nicht schlafen gehen?)
noch vor dem Bildschirm sitzt.

Er flimmert und kracht,
er blinzelt und lacht –
er räkelt sich, er schlängelt sich,
er stengelt sich und zwängelt sich –
gib acht! –
in deinen Kopf hinein.
Dort sitzt er und blitzt er
und spuckt in jeden Zwischenraum
Zischelsilberschaum.

Er sitzt nicht nur, er blitzt nicht nur,
keine Spur,
er zuckt, er ruckt, er guckt, er spuckt –
dann rumort er und bohrt er
sich einen dunklen Gang
in deinen schönsten Traum.

(Friedl Hofbauer)

Was denkt die Maus am Donnerstag

Was denkt die Maus am Donnerstag,
am Donnerstag,
am Donnerstag?

Dasselbe wie an jedem Tag,
an jedem Tag,
an jedem Tag.

Was denkt die Maus an jedem Tag,
am Dienstag, Mittwoch, Donnerstag
und jeden Tag,
und jeden Tag?

O hätte ich ein Wurstebrot
mit ganz viel Wurst'
und wenig Brot!
O fände ich, zu meinem Glück,
ein riesengroßes Schinkenstück!
Das gäbe Saft,
das gäbe Kraft!
Da wäre ich bald nicht mehr Mäuschenklein,
da würd' ich bald groß wie ein Ochse sein.
Doch wäre ich erst so groß wie ein Stier,
dann würde ein tapferer Held aus mir.
Das wäre herrlich,
das wäre recht-
und der Katze,
der Katze
ginge es schlecht!

(Josef Guggenmoos)

Lyrik – die Faszination der Worte

3.7 Zungenbrecher

Das Beherrschen von Zungenbrechern verschafft einem Kind soziales Ansehen. Bis dahin ist es ein weiter Weg, bei dem vor allem die Geschicklichkeit der Zungen- und Lippenmuskulatur geübt wird. Inhaltlich faszinieren sie hauptsächlich durch das Aneinanderreihen von phonetisch ähnlichen Worten.

Hinter Hermann Hannes Haus,
hängen hundert Hemden raus.
Hundert Hemden hängen raus,
hinter Herrmann Hannes Haus.

Blaukraut bleibt Blaukraut
und Brautkleid bleibt Brautkleid.

Es klapperten die Klapperschlangen,
bis ihre Klappern schlapper klangen.

Nachbars Hund heisst Kunterbunt
Kunterbunt heisst Nachbars Hund.

Kleine Kinder können keinen
Kirschkern knacken.

Es lagen zwei zischende Schlangen
zwischen zwei spitzigen Steinen
und zischten dazwischen.

3.8 Hosentaschenabzählreime

Abzählreime werden zu einer Zeit interessant, in der ein Kind ein starkes Gerechtigkeitsempfinden entwickelt. Zeitgleich erwirbt es allmählich die Fähigkeit Bedürfnisse aufschieben zu können. Soziale Integration entsteht durch Rücknahme aber auch Durchsetzung der eigenen Interessen. Hosentaschenabzählreime lassen Kinder das Gefühl erleben, zufällig ausgewählt zu sein und Freude darüber zu empfinden; aber auch zufällig nicht gewählt worden zu sein und dadurch nicht unter der Zurücksetzung zu leiden.

Backenzahn und grüner Kater
Katzenschwanz und Eulenvater
Bimmelbahn und Negerkuss
du bist der, der suchen muß

Eins Zwei Drei, Herr Polizisten,
eine alte Seifenkiste
hundert Sachen Affenzahn
Affenkiste, Seifenzahn

Opa ist blau
Oma ist schlau
Schit am Bein
und du mußt sein

Ene mene Schnickschnack
Opa geht im Zickzack
Schnaps gesoffen
Hund getroffen
WEG

Lyrik – die Faszination der Worte

3.9 Schöner Unsinn

Reime von »schönem Unsinn« entsprechen in erster Linie der Freude des Kindes am Sprechen, Fabulieren und Fantasieren. Mit Hingabe rezitieren Kinder das Gedicht von der Kuh, die übers Schwalbennest flog oder dem Auto, das blitzeschnelle langsam um die runde Ecke fuhr.

Es war einmal ein Mann;
der hatte einen Schwamm.

Der Schwamm war ihm zu nass,
da ging er auf die Gass.

Die Gass war ihm zu kalt,
da ging er in den Wald.

Der Wald war ihm zu grün,
da ging er nach Berlin.

Berlin war ihm zu voll,
da ging er nach Tirol.

Tirol war ihm zu klein,
da ging er wieder heim.

Daheim wars ihm zu nett,
da legt er sich ins Bett.

Im Bett war eine Maus,
und die Geschicht' ist aus.

(Unbekannt)

Sammeln Sie die verschiedensten Kindergedichte, sowie Ihre eigenen Karteikarten vom Anfang dieses Kapitels und ordnen Sie diese den verschiedenen Formen der Kinderlyrik zu!

4. Praktische Umsetzung – Fingerspiele

Vögel im Futterhaus

Text:	Bewegungsvorschlag:
Schaue ich zum Fenster raus	Hand an die Stirn legen und schauen
sehe ich ein Futterhaus.	mit beiden Händen ein Haus zeigen
Fünf Vöglein fliegen herbei.	Finger flattern lassen, oder mit beiden Händen Flügelschlag andeuten
Das erste ist ein Meislein,	Daumen zeigen
das zweite ein Zeislein,	Zeigefinger zeigen
das dritte ist ein Amselkind,	Mittelfinger hochhalten
das vierte ist ein Fink,	Ringfinger hochhalten
das fünfte ist ein Spatz	kleinen Finger hochhalten
da machen alle Vöglein Platz.	mit den Händen eine ausladende Bewegung machen.

Lyrik – die Faszination der Worte

Didaktische Vorüberlegungen:

Im Herbst, wenn es kälter wird, ziehen viele Vögel nach Süden. Dort bleiben sie, bis es wieder Frühling wird. Neben den Zugvögeln aus nördlicheren Ländern sind im Winter bei uns nur wenige einheimische Vögel zu beobachten. Bei leichtem Frost ohne Schnee finden die Vögel noch ausreichend Nahrung. Samen, Früchte oder Insekteneier sind vorhanden und machen eine zusätzliche Fütterung unnötig. Das Zufüttern ist nicht ungefährlich. Vögel vertragen die von uns angebotene Nahrung oft nicht, auch eine zu lange Fütterung ins Frühjahr hinein kann für viele Vögel verheerend enden, da Altvögel ihre Jungen dann mit Sonnenblumenkernen statt mit Raupen füttern. Eine verantwortungsvolle Sorge für die einheimischen Singvögel beinhaltet genaue Information über die Zusammensetzung der Vogelnahrung.

Einbindung in den Jahresablauf und vorbereitende Tätigkeiten:

Bereits im Sommer sollten Erziehende mit den Kindern die Vögel in der näheren Umgebung beobachten und die Vogelarten bestimmen. Zur Vertiefung eignen sich Texte aber auch Fotografien dieser Vögel und Kopien, die die Kinder selbst, ihren Beobachtungen entsprechend, bemalen können. Besonderes Augenmerk sollte auf der Futtersuche der Vögel liegen. Bereits jetzt kann man mit den Kindern einen Futtervorrat für die Vögel anlegen. Hierzu sammelt und trocknet man Beeren und Früchte aus der Umgebung. Interessant sind sicherlich Ketten aus Hagebutten. Im Herbst sollten Futterhäuschen mit den Kindern hergestellt werden um dann im Garten des Kindergartens ihren Platz zu finden. Ein Besuch in einem Zoogeschäft und der gemeinsame Einkauf verschiedener Futterarten runden die Vorbereitungen ab. Die Kinder füllen Walnußschalen mit dem Inhalt von Meisenbeuteln und hängen diese bei Minusgraden dann an die Häuschen. Wichtig ist hierbei die Übernahme von Verantwortung für eine sinnvolle Fütterung der Vögel.

Beispiel für ganzheitliche Umsetzung:

Im Frühjahr bieten sich Angebote aus den verschiedensten Bereichen der Kindergartenarbeit zur Vermittlung von Naturvorgängen an. Die Kinder bereiten ein Beet vor, säen Samen ein oder haben bereits im vorhergehenden Herbst Blumenzwiebeln eingesetzt. Der Einsatz eines Saespruches vertieft die Arbeit mit den Händen.

> Wir säen, wir säen das Körnlein fein
> und legen es sacht in die Erde hinein
> nun wollen wirs gießen, dann wird es bald sprießen…

Lyrik – die Faszination der Worte

In der Rhythmik erleben die Kinder Wachstum durch eigene körperliche Bewegung und musikalische Begleitung:

Drunten in der dunklen Erde sitzen wir und warten still
bis sich etwas rühren werde, etwas sich bewegen will.
Und dann wachsen wir und strecken
uns bis hoch zum Lich hinauf.
Droben an der warmen Sonne
gehen alle Knospen auf...

Ein Fingerspiel rundet diesen Themenbereich ab:

Die Knospe	*Bewegungsvorschlag*
Schaut ein Knöspchen aus der Erde	*Linke Hand als Erde waagrecht halten, den Zeigefinger der rechten Hand zwischen Zeigefinger und Mittelfinger von unten nach oben schieben*
ob es nicht bald Frühling werde; wächst und wächst ein ganzes Stück Sonne warm vom Himmel scheint	*linke Hand mit gespreizten Fingern über Knospe halten*
Regen über'm Knöspchen weint	*Finger zappeln lassen*
Knöspchen wird bald grün und dick	*rechte Hand einschließlich des Daumens an den Kuppen zusammenlegen*

 Lyrik – die Faszination der Worte

Seine Blätter öffnets dann. *Hand langsam öffnen*
Fröhlich fängts zu blühen an.
Frühling ist es,
welch ein Glück.

Innerhalb dieses Themenbereiches finden auch viele Bilderbücher Einsatz. »Die Wurzelkinder« von Sybille von Olfers bieten Magisches für die Kinderseele und Praktisches für gemeinsames Werken und spielen.

 Märchen – EinBlick in magische Welten

Märchen haben sicher auch Ihre Kindheit und Jugend begleitet. Welche Märchen haben sich ihnen besonders gut eingeprägt?
Überlegen Sie, wie lange es her ist, dass Sie ein Märchen gelesen haben. Können Märchen Sie heute noch in ihren Bann ziehen?

 Suchen Sie in diesem Bild die verschiedenen Märchen heraus. Benennen Sie Titel und soweit bekannt den Verfasser oder Sammler.
Geben Sie eine kurze Inhaltsangabe des Märchens, das Sie in Ihrer Kindheit am meisten fasziniert hat.

Märchen – EinBlick in magische Welten

1. Was ist ein Märchen?

Der Begriff »Märchen« ist eine Verkleinerung des alten Wortes »Mär«. Diesen Ausdruck findet man bestenfalls noch in alten Kirchenliedern, die von der »guten Mär« künden. Mär ist also gleichbedeutend mit »Kunde« oder »Nachricht«. Später verlor das Wort den Sinn und bezeichnete zunächst französische Feengeschichten. Heute verstehen wir unter Märchen kurze fantasievolle Geschichten voll wunderbarer Begebenheiten. Märchen spielen in einer Zeit, »in der das Wünschen noch etwas geholfen hat« und an einem Ort, »irgendwo hinter den sieben Bergen«.

1.1 Abgrenzung zu anderen Erzählgattungen

Sagen wurden ursprünglich von Mund zu Mund weitergegeben. Auch sie wissen von wunderbaren und gruseligen Dingen zu berichten, nennen aber Namen der Personen, ihren Beruf oder ihre Herkunft und sie kennen Ort und Stelle an denen sich das Erzählte abgespielt haben soll. Der Sage liegt meist eine tatsächliche Begebenheit zugrunde, die aber im Lauf der Zeit durch die Fantasie der Erzähler zu einer märchenartigen Geschichte geworden ist.

Legenden erzählen uns vom Leben eines Heiligen oder berichten in märchenartiger Form über religiöse Erlebnisse anderer Menschen.

Den Begriff »**Mythen**« verwenden wir heute für Erzählungen, die uns aus alter Zeit überliefert wurden und von Göttern und deren Taten berichten. Durch diese Erzählungen versuchten die Menschen früher, sich philosophische Fragen nach dem Woher und Warum der Menschheit und den Zusammenhängen von Naturereignissen zu erschließen.

Fabeln sind Erzählungen mit belehrendem Charakter, in denen Tiere wie Menschen sprechen, denken und handeln.

1.2 Märchen, die Seele der Völker – Entstehung der Märchen

Märchen sind überall auf der Welt zu Hause. Jede Kultur entwickelte eine Vielzahl von Volksmärchen. Trotz etlichen Unterscheidungsmerkmalen zwischen europäischen und außereuropäischen Märchen lässt sich eine Übereinstimmung bei den Märchenmotiven finden.

Wilhelm Busch erklärte motivisch ähnliche Märchen vieler Kulturen folgendermaßen: »Es gibt Zustände, die so einfach und natürlich sind, dass sie überall wiederkehren, so wie es Gedanken gibt, die sich von selbst einfinden. Es konnten sich daher in den verschiedenen Ländern dieselben oder sehr ähnliche Märchen unabhängig voneinander erzeugen«.

Carl Gustav Jung beschrieb die Lehre vom kollektiven Unterbewusstsein und den Archetypen. Er verweist auf den unbewussten, vor jeder persönlichen Erfahrung liegenden Besitz der Menschen, durch den ihrem Erleben und Tun Richtpunkte gesetzt wurden. Gemeint sind Bilder, die sich im Verlauf der Menschheitsentwicklung als Fazit unzähliger Erlebnisse herausgebildet haben.

Märchen werden häufig als eine auf einfache Strukturen reduzierte Wirklichkeit bezeichnet.

Viele Historiker deuten die Entstehung der Märchenkultur als Signal der Hoffnung. Angehörige der Unterschicht hofften auf wundersame, verdiente Befreiung aus der Unterdrückung. Andere sahen darin Reste alter Götter- und Heldensagen.

Die Vorliebe für das Erzählen und Hören von Märchen scheint allen Menschen auf der Welt gemein zu sein. Stetige Wiederholungen der Motive vermitteln ein Gefühl von Sicherheit, ebenso, wie die sich nicht veränderten Werte im alten Volksmärchen persönliche Erfahrungen bestätigen und bekräftigen. Das Erzählen in der Gemeinschaft schafft Solidarität, sorgt für Entspannung, befriedigt aber auch die Neugierde des Einzelnen.

2. Volks- und Kunstmärchen – vom Überliefern und Erfinden

2.1 Volksmärchen

Volksmärchen wurden in Spinnstuben, am Feuer und bei verschiedenen gesellschaftlichen Ereignissen von Generation zu Generation weitergegeben. Typische Wesensmerkmale europäischer Volksmärchen sind:

- **Eindimensionalität**: Im Volksmärchen berühren sich die diesseitige und die jenseitige Welt, ohne dass hierzu, wie bei den Sagen Raum- oder Zeitgrenzen überwunden werden müssen. Sie treten nicht als voneinander getrennte Bereiche auf, sondern gehen ganz selbstverständlich ineinander über und ergeben zusammen eine Welt.
- **Flächenhaftigkeit**: Im Volksmärchen sind Zeit und Raum nicht benannt. Die Zeit ist bedeutungslos. Die Märchen besitzen keine Vergangenheit und keine Zukunft, ihr einziger Bezug ist die Gegenwart. Der Märcheninhalt hat keine Umwelt, Orte werden nicht benannt. Personen werden nicht detailliert beschrieben, ihre Innenwelt nicht beleuchtet.
- **Polarisation**: Die Figuren treten als Extreme auf, über diese Kontraste werden die Helden markiert.
- **Isolation**: Die Figuren eines Märchens gehen von ihrer sozialen Bezugsgruppe isoliert durch die Welt und werden am Ende hierfür belohnt.
- **Allverbundenheit**: Dieser Begriff deutet an, dass die Figur zwar allein die gestellte Aufgabe bewältigen muss, jedoch nicht ohne Hilfe ist. Die Isolation der Helden ist Grundlage ihrer Entwicklung, Reifung und Kontaktfähigkeit.

Da Märchen zunächst mündlich weitergegeben wurden, kann man viele Merkmale und Besonderheiten unter dem Gesichtspunkt der **Einprägsamkeit** betrachten. Der Erzähler setzt ohne Umschweife ein, unterbreitet Entscheidendes bereits in den ersten Sätzen und schreitet von Begebenheit zu Begebenheit. Die Dreiteilung ist gestalterisches Mittel, die Verwendung rhythmischer Sätze, magischer Formeln und die Symbolisierung von Handlungsabläufen durch Zahlenwerte hatten neben der inhaltlichen Aussage die Funktion einer Gedächtnisstütze.

Volksmärchen verbindet man in unserem Kulturkreis fast immer mit den Grimm'schen Kinder- und Hausmärchen. Tatsächlich waren die Brüder Wilhelm (1786 – 1859) und Jacob (1785 – 1863) Grimm die ersten deutschsprachigen Märchensammler. Ihrem Sammeltrieb lag zunächst ein wissenschaftliches Interesse an germanischen Mythen zugrunde. Eine weitere Motivation waren auch gesellschaftliche Veränderungen zu Beginn des 19. Jahrhunderts. Die zunehmende Auflösung familiärer Strukturen in diesem Jahrhundert führte dazu, dass der Brauch des Märchenerzählens allmählich an Bedeutung verlor und Märchenwissen nur noch in den Köpfen weniger Erzähler verankert war. Das fixierte Märchengut sollte nach den Vorstellungen der Brüder Grimm dem Volk zurückgegeben werden. Die ursprüngliche Absicht, das Erzählgut lediglich in seiner Urform zu sammeln und zu fixieren konnte nicht umgesetzt werden, da häufig nur Märchenfragmente die Sammler erreichten. Die Brüder Grimm schrieben im Laufe der Jahre viele Märchen um, verfeinerten und schmückten die Inhalte aus, wobei sie aber den Märchenmotiven und Märchentypen des Volkes treu blieben. Tatsache ist also, dass die Grimm'schen Märchen nicht Originalaufzeichnungen volkstümlichen Erzählgutes sind, sondern eindeutig Merkmale und Eigenarten der Brüder Grimm aufzeigen.

2.1.1 Die Handschrift der Brüder Grimm

Volksmärchen, insbesondere die der Brüder Grimm, sind an vielen stilistischen Merkmalen zu erkennen.

Erzählstil:

- Märchen beginnen und enden mit einer **undifferenzierten Zeitangabe**. Ausgedrückt wird dies häufig durch den Passus: »*Es war einmal*« und »... *und wenn sie nicht gestorben sind...*«. Diese mangelnde Festlegung auf die Zeit lässt beim Leser eine individuelle Aktualisierung zu. Der Ausgang eines Volksmärchen hinterläßt beim Zuhörer häufig das Gefühl, eine befriedigende und beglückende Lösung gefunden zu haben.
- Auch die Verwendung **kurzer Hauptsätze** und der **wörtlichen Rede** sind prägnante Kennzeichen der Brüder Grimm. Diese Stilmittel vermitteln Lebendigkeit, beschleunigen die Märchenhandlung, verzögern nicht durch langatmige Beschreibungen und sorgen für eine größere Einprägsamkeit.
- Charakteristisch ist die häufige Verwendung von **Doppelausdrücken,** wie. Gold und Silber, Hab und Gut, Speis und Trank. Aschenputtel erbat Hilfe vom Baum durch die Worte: »*Bäumchen, Bäumchen, ich rüttle dich und schüttle dich, wirf Gold und Silber über mich.*«
- **Verkleinerungen** sorgen für eine positive Zeichnung der Märchenfiguren und schmälern bedrohliche Mächte im Märchen. Hänsel und Gretel kamen an ein *Hexenhäuschen*, das tapfere *Schneiderlein* schlug Siebene auf einen Streich und Schneewittchen schlief im *Bettchen* der sieben Zwerge.
- Um den Spannungsbogen zu erhalten sind in den meisten Märchen **Steigerungen** enthalten. Die Märchenhelden müssen noch einmal eine Aufgabe erfüllen, noch einmal einer Versuchung widerstehen, noch einmal leiden.

Märchenfiguren:
- Die Personen im Märchen sind **flächenhaft** beschrieben. Gefühle und Gedanken werden nur angedeutet, sie sind an den Handlungen der Figuren erkennbar. Der Held eines Märchens wird durch eine besondere Eigenschaft oder Stellung hervorgehoben. Häufig handelt es sich um das jüngste, schönste oder vermeintlich dümmste Kind einer Familie.
- Die kontrastreiche Darstellung der verschiedenen Charaktere im Märchen, arm und reich, gut und böse, hässlich und schön sowie die auf einfache Strukturen reduzierte Wirklichkeit machen das Geschehen transparent und nachvollziehbar.

Märchenmotive:
- Es müssen **übernatürliche Aufgaben** gelöst werden, wie das Spinnen von Stroh zu Gold.
- **Erkennen und Befreien verzauberter und verwunschener Lebenspartner** und Geschwister in »*Jorinde und Joringel*« oder den »*Sieben Raben*«.
- Die **Erlösung von Prinzessinnen** zum Beispiel in »*Die Kristallkugel*« ist markantes Motiv eines Verwandlungsmärchens.
- Nach diesem oft unfreiwilligem passivem Verharren oder der aktiven Wandlung **erfährt der Held bzw. die Heldin eine neue Gestalt, Daseinsform und Position.**

2.1.2 Weitere Märchensammler

Während im ausgehenden 18. Jahrhundert eine allgemeine Abneigung gegen Märchen vorherrschte und diese »Arme-Leute-Geschichten« nur noch als sogenannte »Ammenmärchen« akzeptiert wurden, belebte das 19. Jahrhundert mit seinem Hang zur Romantik dieses Genre neu. Ludwig Bechstein schrieb in dieser Zeit der Romantik die Märchen des Volkes um und schmückte sie mit Wunderbarem in Hülle und Fülle aus. Da für Bechstein jedes Märchen ein Kindermärchen war, schenkte er der pädagogisch- ethischen und moralischen Tendenz besondere Beachtung. In seinem Märchen von »*Hänsel und Gretel*« erhebt er den pädagogischen Zeigefinger. »... sie wurden sehr wohlhabende Leute, aber sie spendeten von ihrem Segen viel den Armen und taten viel Gutes, weil sie immer daran dachten, wie bitter es gewesen war, da sie selber noch arm waren und betteln mussten.« Trotz der Wunder und geheimnisvollen Gestalten können die Märchen von Bechstein aufgrund ihrer Übermarkierung des Bösen und Grausamen auf eine fast reale Ebene gestellt werden.

In fast allen Gebieten Deutschlands und den angrenzenden Ländern begannen zu dieser Zeit Märchensammler mit dem Fixieren von mündlichem Erzählgut des Volkes.

2.2 Kunstmärchen

Kunstmärchen sind die Erfindungen einzelner Autoren. Eine Unterscheidung von Volks- und Kunstmärchen ist nicht einfach durch die Vorstellung zu begründen, dass Volksmärchen unmittelbar vom Volke stammen und Kunstmärchen die Werke von Dichtern sind.

Hinter jedem Volksmärchen steht auch ein persönlicher Verfasser, der nicht mehr benannt werden kann. Kunstmärchen sind von ihrem Stoff her an Volksmärchen angelehnt.

2.2.1 Merkmale des Kunstmärchens

Kunstmärchen unterscheiden sich von Volksmärchen zumeist dadurch, dass:
- im Kunstmärchen die Weltanschauung des Künstlers deutlich wird
- Kunstmärchen den momentanen Werten und dem Zeitgeschmack unterliegen
- im Kunstmärchen subjektive Kunst- und Gestaltungsmittel zu finden sind
- Kunstmärchen häufig mit viel Ironie und Satire ausgestattet sind
- im Kunstmärchen Botschaften an den Leser herangetragen werden, die für jüngere Kinder nicht zugänglich sind.

2.2.2 Die Handschrift von Novalis, Brentano, Hauff und Andersen

In der Romantik und im Biedermeier wurden viele Märchen verfasst, die nicht für Kinder gedacht waren. Die bekanntesten Autoren sind Theodor Storm, Johann Wolfgang v. Goethe und natürlich Wilhelm Hauff.

Zu den Romantikern zählten auch Novalis und Tieck. Ihre Intention war es philosophische Gedanken märchenhaft zu verpacken und dadurch zu verklären. Sie waren nicht für das gemeine Volk geschrieben, sondern für einen intellektuellen Kreis, der die Satire und Poesie interpretieren konnte.

Es gibt allerdings auch Erzählungen, die sich an das Volksmärchen anlehnen und den kindlichen Rezipienten sehr wohl zu fesseln vermögen.
Dazu gehören:
- Charles Perrault (1628–1703) ist der Begründer der sogenannten »Feenmärchen«, denn in fast allen seinen Märchen gibt es böse und gute Feen. In *»Der gestiefelte Kater«* übernimmt die Titelfigur die Funktion der guten Fee.
- Clemens Brentano (1778–1842) überzeugte durch seine einfache Märchensprache. Natürlichkeit, Fantasie und Witz wurden ihm auch durch die Brüder Grimm bestätigt.
- Ernst Kreidolf könnte als Nachfahre der Romantik erwähnt werden. Seine *»Wiesenzwerge«* sind auch für Kindergartenkinder geeignet und zeichnen sich durch Humor und der Zuneigung zu allem Lebendigen aus.

Die Autoren der Kunstmärchen sind im Volk nicht immer bekannt, wohl aber ihre Werke. Wer kennt nicht *»Die Prinzessin auf der Erbse«* oder *»Des Kaisers neue Kleider«* von Hans-Christian Andersen?

- H.-C. Andersen (1805–1875) verfasste zunächst Märchen, deren Erzählstil und Naivität an das Volksmärchen anknüpften. Er benutzte ein »unbestimmtes Irgendwo« und die Eingangsformel »Es war einmal...«. Zu diesen Märchen zählt *»Die Prinzessin auf der Erbse«* und *»Das Feuerzeug«*. Seine Märchenfiguren sind jedoch beseelt und eingebettet in die Natur.
Später entstanden Märchen mit sehr viel mehr Tiefgang, deren Aussage sich nur älteren Kindern und Jugendlichen erschließt. Durch Ironie und Spott werden menschliche Eigenschaften herausgestellt. Traurige Lebensumstände und Ereignisse spart Andersen in seinen Märchen *»Das hässliche Entlein«* und *»Des Kaisers neue Kleider«* nicht aus.

Märchen – EinBlick in magische Welten

- Wilhelm Hauff (1802–1827) erschuf einen Märchentypus, bei dem abenteuerliche und realistische Elemente nebeneinander existieren. Seine Erzählungen spielen sowohl im Abendland als auch im Orient und fesseln durch das Wunderbare. Beliebte Märchen sind »Geschichte von Kalif Storch« und »Der kleine Muck« die in der bekannten Trilogie »Die Karawane«, »Der Scheich von Alexandria« und »Das Wirtshaus im Spessart« enthalten sind. Diese Märchen sind für Kinder geeignet, die das Grundschulalter bereits abgeschlossen haben.

Gebärdensprache der Märchenerzähler

  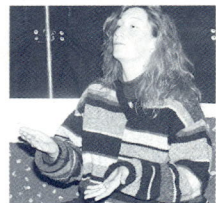

Schaubild:
Vervollständigen Sie das Schaubild durch die Inhalte der vorangegangenen Kapitel auf einem gesonderten Blatt:

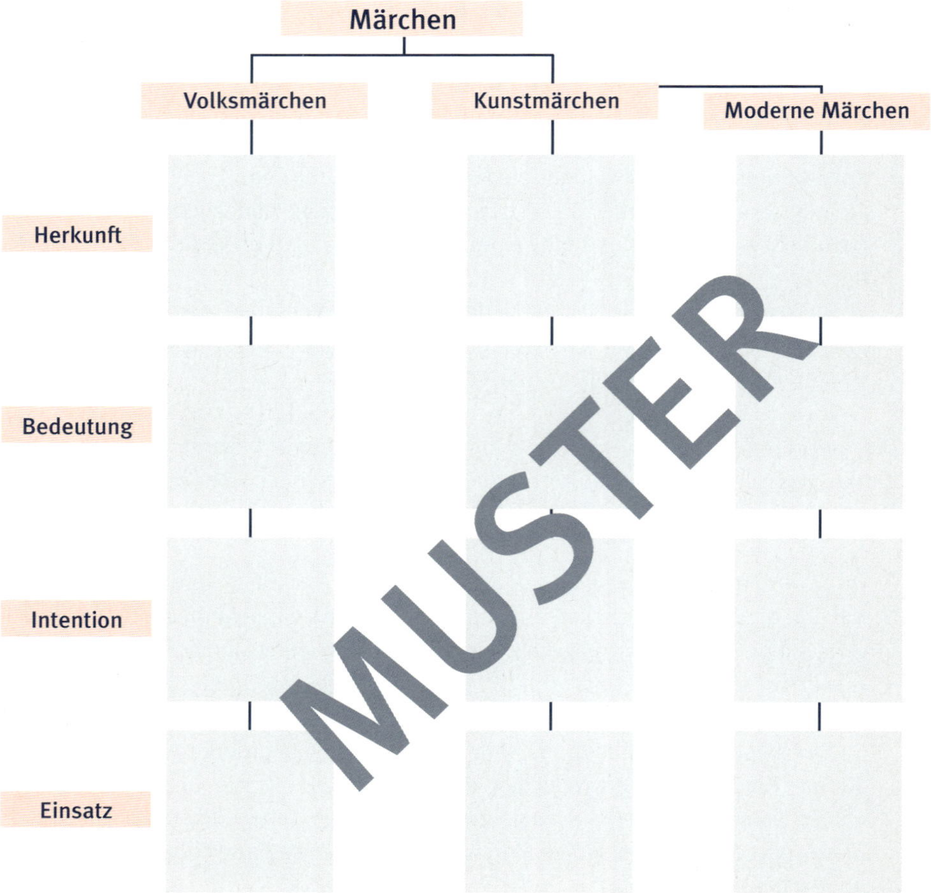

```
                    Märchen
        ┌──────────────┼──────────────┐
   Volksmärchen    Kunstmärchen   Moderne Märchen
```

Herkunft

Bedeutung

Intention

Einsatz

3. Moderne Märchen

...und übers Jahr gebar die Königin eine Tochter. Der König lud nicht nur seine Verwandten, Freunde und Bekannten zu dem Fest, sondern auch die weisen Frauen des Landes dazu ein, damit sie dem Kind hold und gewogen wären....
Die erste weise Frau wünschte dem Kinde...

Stellen Sie sich vor, Sie wären eine der geladenen weisen Frauen zu diesem Geburtstagsfest.
Welche Gaben würden Sie heute dem Kind mit auf den Lebensweg geben wollen?

Märchen spiegeln Lebensweisheit, aber auch Zeitgeschichte wieder. Die Märchen haben sich im Laufe ihrer mündlichen Weitergabe den jeweiligen Begebenheiten angepasst. Durch die Fixierung wurde eine Weiterentwicklung der alten Märchen unmöglich. So verband man den Begriff der Märchen mit Geschichten von früher.

Um Märchen wieder »gesellschaftsfähig« zu machen, haben einige Autoren den Versuch gewagt, alte Märchenmotive aufzuarbeiten und auf unsere heutige Zeit zuzuschneiden. Sehr häufig werden Märcheninhalte witzig, humorvoll, aber auch leicht spöttisch aufgegriffen. Moderne Märchenautoren sind Janosch, Barbara Bartos-Höppner u.a. .

- Barbara Bartos-Höppners Märchen ermöglichen einen lebendigen Austausch zwischen Zuhörer und Erzähler. Bekannte Werke sind *»Zaubermärchen«*, *»Tiermärchen«* und *»Feenmärchen«*.

- Janosch ist der bekannteste, aber auch umstrittenste deutschsprachige Märchenautor. Er erzählt spontan und unvermittelt, seinen Märchen geht jeglicher feierlicher Ernst ab. Zeitkritische Anspielungen und interessante Pointensetzung erheitern den erwachsenen Leser, können aber in ihrer Ironie von Kindern selten nachvollzogen werden. Als Beispiel hierfür ist das »elektrische Rotkäppchen« bestens geeignet. Janosch ersetzt Adjektive des Grimm'schen Originals durch den Begriff »elektrisch«.
»Es war einmal eine süße elektrische Dirn, die hatte jedermann elektrisch lieb, am liebsten aber ihre elektrische Großmama. Sie wußte gar nicht, was sie alles dem Kind geben sollte. Einmal schenkte sie ihm ein elektrisches Käppchen von rotem Samt. Und weil es ihm so gut stand, dass es gar nichts anderes mehr tragen wollte, hieß es das »elektrische Rotkäppchen.«

Märchen – EinBlick in magische Welten

Viele Autoren von Erzählungen, Geschichten und Novellen haben auch einen literarischen Ausflug in die Märchenwelt unternommen.

Modernes Märchen von Erich Kästner

Sie waren so sehr ineinander verliebt,
wie es das nur noch in Büchern gibt.
Sie hatte kein Geld. Und er hatte keins.
Da machten sie Hochzeit und lachten sich eins.
Er war ohne Amt. So blieben sie arm.
Und speisten zweimal in der Woche warm.
Er nannte sie trotzdem: »Mein Schmetterling«.
Sie schenkte ihm Kinder so oft es nur ging.
Sie wohnten möbliert und waren nie krank.
Die Kinder schliefen im Kleiderschrank.
Zu Weihnachten malten sie kurzerhand
Geschenke mit Buntstiften an die Wand.
Und aßen Brot, als wär's Konfekt,
und spielten: Wie Gänsebraten schmeckt.
Dergleichen stärkt wohl die Phantasie.
Drum wurde der Mann, blitzblatz! ein Genie.
Schrieb schöne Romane. Verdiente viel Geld
und wurde der reichste Mann der Welt.
Erst waren sie stolz. Doch dann tat's ihnen leid,
denn der Reichtum schadet der Heiterkeit.
Sie schenkten das Geld einem Waisenkind.
Und wenn sie nicht gestorben sind…

Erarbeiten Sie, wie Kästner »Armut« und »Reichtum« beschreibt und überlegen Sie, in welcher Form alte Volksmärchen mit diesen Gegensätzen umgehen.

4. Märchensprache: Worte, die Bilder zaubern

Sprache ist aus dem Bedürfnis der Menschen heraus entstanden, untereinander Gedanken und Erlebnisse auszutauschen und Erfahrungen an die nächste Generation weiterzugeben. Im alltäglichen Leben bedienen wir uns der Begriffssprache, die logisch aufgebaut und eindeutig definierbar ist. Die Sprache des Märchens bezeichnet man als Symbolsprache. Sie leitet uns weg vom Kognitiven zum Einfühlsamen. Die Begriffssprache ist die Sprache unseres Verstandes; Bild- und Symbolsprache der Märchen ist die Sprache unserer Seele.

Die Welt des Märchens ist die einer anderen Wirklichkeit. In dieser Welt herrschen Symbole und kennzeichnende Bilder. Ein Symbol wird oft definiert als »etwas, das stellvertretend für etwas anderes steht«.

Die häufigsten Symbole und deren Bedeutung sind:

Symbol	Bedeutung
Zepter und Krone	Macht
Wald, Wolf und Hexe	bedrohliche Mächte
Apfel, Gürtel	Liebessymbole
Wasser	lebensspendend, reinigend
Gold	höchster Wert, Weisheit
Silber	Fortpflanzungssphäre des Menschen

Das Nebeneinander der diesseitigen und der jenseitigen Welt lassen uns den dünnen Grat fühlen, der beide voneinander trennt. Tiere, magische Zahlen und Elementarwesen haben durch ihre starke Bildhaftigkeit eine eindringliche Wirkung auf Gefühl und Fantasie und überzeugen durch Anschaulichkeit. Die Symbolsprache im Märchen entspricht dem Denken unserer Vorfahren sowie kindlichen Denkstrukturen. Für Erwachsene stellt sie einen Ausgleich zum rationalen Denken dar. Die Bilder des Märchens erzählen innere Vorgänge über äußere Handlungen. Diese Übertragung ermöglicht dem einzelnen Zuhörer eine individuelle Interpretation der Geschehnisse, abhängig von seinen Erfahrungen, seiner Empfindsamkeit und seiner Belastungsfähigkeit. Eine emotionale Überforderung wird vermieden. So werden u.a. Pubertät, Partnersuche, Ablösung vom Elternhaus, aber auch Schwangerschaft durch Türme, Dornen, einsame Wanderschaft oder vorübergehende Blindheit verschlüsselt.

Die Symbolsprache des Märchens setzt schöpferische Kräfte frei. Stellvertretend erlebt der Mensch Neues – auf lustige oder traurige Weise – ist erschüttert oder befremdet; in jedem Fall setzt er sich mit den Inhalten auseinander und schult somit auch sein empathisches Vermögen.

5. Märchen ein Leben lang

5.1 Märchen – eine Frage des Alters?

Märchen faszinieren nicht nur Kinder, sondern können bis ins hohe Alter ein vertrauter Begleiter sein. Natürlich sind Kinder im Alter von vier bis acht Jahren in der Regel besonders empfänglich für Märchen. Sie befinden sich in dieser Zeit in der sogenannten magischen Phase, in der das Fantasieren und Fabulieren besonders ausgeprägt ist. Bei dem Versuch sich ein realistisches Weltbild zu schaffen sind ihnen aufgrund mangelnder Erfahrungen und abstraktem Denkvermögen noch Grenzen gesetzt. Die Märchen bieten mit ihren mystischen Elementen eine Erklärung des Lebens, der Liebe und der Naturgewalten an. Heute wird der Begriff »Märchenalter« sehr kritisch betrachtet und sollte deshalb nicht als Festlegung gesehen werden, sondern als Erklärungsmuster für die Empfänglichkeit des Kindes in einem bestimmten Alter gegenüber Märchen. Individuelle Entwicklungen dürfen nicht außer acht gelassen werden.

Kinder im Vorschulalter haben einen direkten Zugang zum Märchen. Sie sind unbefangen und können noch an übernatürliche Kräfte, Feen und Schutzengel glauben. Kinder brauchen den Glauben an das Übernatürliche, bis sie in der Lage sind, ihre Umgebung zu begreifen und sich in ihr zu orientieren. Die einfachen Verhaltensmuster im Märchen, ihre Überschaubarkeit helfen dem Kind sich in der Welt zurechtzufinden. Die Märchen befriedigen seinen naiv-moralischen Gerechtigkeitssinn und verschaffen Genugtuung.

»Märchenkinder haben ihren um die Märchenwelt betrogenen Altersgenossen das Entscheidende voraus: Sie können sich reicher äussern. Sie sind aufgeschlossen, können besser zuhören und entfalten leichter schaffensfrohe Initiative.« (H.v. Kügelgen)

Beim Kindergartenkind sollte man grundsätzlich darauf achten, dass das Märchen nicht zu lang ist und einprägsame Wiederholungen enthalten sind.

- Für das **jüngere Kind** bieten sich Märchen mit geradliniger Handlung und Themen aus der Erlebniswelt des Kindes an. So eignen sich u.a. *»Der süße Brei«*, *»Sterntaler«* und *»Das Märchen vom dicken fetten Pfannkuchen«*.

- Für **Kinder im Alter von fünf bis sieben Jahren** sind Märchen geeignet, die von heldenhaften Geschichten berichten, in denen Gefahren gemeistert werden. Ein eindeutiger Handlungsablauf ist eine wichtige Voraussetzung zum Verständnis. Besonderen Anklang finden hier *»Der gestiefelte Kater«* und *»Das tapfere Schneiderlein«*.

- Das **Schulkind** besitzt bereits eine große Auffassungsgabe und kann sich mit komplizierteren Märchen auseinandersetzen. Hier darf das Märchen bereits mehrere unterschiedliche Motive vereinen und an verschiedenen Schauplätzen spielen. Es muss eine große Aufmerksamkeit und Denkleistung erbracht werden, um Motive und Schauplätze wie beim *»Treuen Johannes«* in Verbindung zu bringen. Diese Märchen verlaufen meist in mehreren Strängen und zeitlich nicht mehr parallel.

Im Märchen »*Tischlein, deck dich*« ist dies besonders gut nachvollziehbar: Zunächst verläuft das Märchen als Kettenhandlung. Die drei Söhne gehen nacheinander mit der Ziege auf die Weide und werden vom Vater aus dem Haus geworfen. Nun werden die einzelnen Episoden nacheinander in das Gasthaus und dann zum gemeinsamen Ende geführt. Märchen für diese Altersgruppe sollten auch die Abenteuerlust des Kindes befriedigen.

- Auch im **jugendlichen Erwachsenenalter** kann das magische Element eine wichtige Rolle als Polarisation zur rationalen Welt einnehmen. Dabei können Ängste und Konflikte erkannt und bearbeitet werden. Beim Hören des gleichen Märchens kann sich für jeden von uns eine unterschiedliche Botschaft zeigen. Je nach Entwicklungsstand, Interesse oder Problemsituation erlangen bestimmte Märchen einen besonderen Stellenwert. Beispielhaft kann hier »*Allerleirauh*« aufgeführt werden (siehe Seite 52).

5.2 Märchen – eine Lebenshilfe

Das bloße Erzählen eines Märchens reicht nicht aus, um Lebensprobleme zu bewältigen. Inhalte müssen immer aktiv aufgearbeitet werden. Märchen sind kein Ersatz für Gespräche über Sorgen und Ängste, sondern sind eher als hilfreiches Medium zu betrachten.

Kinder wachsen nicht angstfrei auf: Märchen können eine Hilfestellung bei der Bewältigung von Angstsituationen bieten. Im Märchen werden Sehnsüchte und Ängste angesprochen, die das Kind noch nicht benennen kann. Es macht dabei die Erfahrung, dass es unerschrocken hindurchgehen soll, um eine Wendung zum Guten zu erreichen. Selbst wenn Kinder sehr behütet aufwachsen, lässt es sich nicht ganz vermeiden, dass sie mit »Grausamkeiten« konfrontiert werden. Durch die Identifizierung mit bestimmten Märchenfiguren wird es ihnen ermöglicht sich Problemen zu stellen. Das Kind erlebt die Natürlichkeit von Vergeltungsgedanken, wird von Schuldgefühlen befreit, indem es erkennt, dass die kindgemäße Maßlosigkeit in der Liebe und dem Zorn, aber auch die Gier nach Zuneigung und die grenzenlose Abneigung gegen Versagen, nicht individuelle, sondern allgemeine Gefühlslagen sind.

- **Ich-Erkenntnis**
  Im Autonomiealter gewinnen die Kinder Selbständigkeit, die mit Trennungsängsten und dem Gefühl der Verlassenheit einhergeht. Das Kind ist unausgeglichen und verwirrt, seine Fantasie ist gewalttätig. Allein gelassene Märchenhelden zeigen diese Problematik und bestätigen das Kind in seinen Gefühlen. Es wird ermutigt seinen Fähigkeiten zu vertrauen und durchzuhalten, damit sich alles zum Guten wenden kann. Anschaulich geschildert wird dies u.a. im »*Kleinen Däumling*« von Bechstein, der gerade wegen seiner Winzigkeit alle Gefahren überwindet. Ohne Entbehrung, Gefahren und Widerstände ist keine Reifung möglich, dies wird in dem Märchen »*Die drei Federn*« von den Brüdern Grimm deutlich. Die Kinder müssen sich aus der Symbiose lösen, damit sie zum eigenständigen Individuum werden. Die vermeintliche Isolation des Helden ermöglicht Begegnungen und neue Erfahrungen.

- **Geschwisterkonstellation**
  Das subjektive Empfinden des Kindes, gegenüber seinen Geschwistern benachteiligt zu werden, wird im Märchen aufgegriffen. Die Handlung in *»Aschenputtel«* bietet sich an, um Geschwisterrivalität aufzugreifen.

- **Gefühle**
  Die Erfahrung, die ein Kind beim Märchenerzählen nur emotional erfasst, kann im späteren Leben eine wirkliche Stütze darstellen. Es wird aufgezeigt, wie die Liebe einen Menschen verwandeln kann und den Hass überwindet. Die Verbundenheit von *»Brüderchen und Schwesterchen«* führt das Märchen zu einem glücklichen Ende. Die *»Bremer Stadtmusikanten«* implizieren die Notwendigkeit und Sinnhaftigkeit solidarischen Verhaltens. Gemeinsames Vorgehen potenziert die Fähigkeiten und Kräfte der Einzelnen.

- **Ablösungsprozesse**
  In verschiedenen Variationen wird im Märchen die Ablösung des jungen Menschen vom Elternhaus beschrieben. Der Ablösungsprozess verläuft friedlich und folgerichtig wie in *»Däumlings Wanderschaft«* oder dramatisch und schmerzhaft bei *»Schneewittchen«* oder *»Hänsel und Gretel«*. Der Jugendliche erfährt die Notwendigkeit der Ablösung, die Entwicklung zum Erwachsenendasein, in dem die Aufgaben in eigener Verantwortung gelöst werden müssen. Das Märchen vermittelt die Botschaft, dass alle geistigen und seelischen Fähigkeiten des Einzelnen voll eingesetzt werden müssen, um die Prüfungen zu bestehen. Die Ablösung selbst stellt keine endgültige Trennung dar, vielmehr wird die Möglichkeit der Versöhnung mit den *»Alten«* angedeutet, wenn das Kind reich an *»Schätzen«* wieder nach Hause kommt. Die Schätze dienen als Symbol für Erfahrungen, Wissen, Geld oder beruflichen Fähigkeiten und allgemeine Lebenskompetenz.

- **Gewalt**
  Im Märchen *»Allerleirauh«* werden viele Probleme aufgezeigt, mit denen ein missbrauchtes Kind konfrontiert ist. Der Märchenheldin ist Hilfestellung durch die Mutter versagt, der Vater stellt eine ständige Bedrohung dar. Die Ambivalenz der kindlichen Gefühle in einer solchen Situation wird offen dargestellt. Das Kind sehnt sich nach der Liebe und Nähe des Vaters, gleichzeitig besteht eine große Angst vor den Übergriffen. Die kindliche Ohnmacht wird ebenso im Märchen vom *»Mädchen ohne Hände«* eindrücklich vermittelt. Diese Märchen können als therapeutische Mittel betrachtet werden, sollten jedoch nur von Fachkräften und mit äußerster Sensibilität eingesetzt werden. Vom einfachen Erzählen ist in jedem Falle abzusehen, da Gefühle und Gedanken unkontrolliert ausgelöst werden können.

- **Tod**
  Im Märchen werden auch Grenzsituationen aufgezeigt, die eine Bedrohung durch den Tod signalisieren. Das Sterben selbst erscheint aber nur als der Übergang in eine andere Welt, die wesentlich beglückender ist als das Leben zuvor *(»Schnee-*

Märchen – EinBlick in magische Welten

wittchen«*)*. Der Tod ist manchmal nur als Übergangssituation zu verstehen, die einen Entwicklungsprozess beschreibt oder die Wandlungsfähigkeit des Menschen darstellt.

- **Empathie**

   Das Märchen vermittelt Werte und Normen, die in einer Gemeinschaft, im Zusammenleben von Bedeutung sind. Sie werden in einer Form vermittelt, in der sie ein Kind leicht internalisieren kann. Hilfsbereitschaft und Mitgefühl werden belohnt, Treue und Freundschaft sind Verläßlichkeiten des Lebens. So tragen im Märchen »*Die Bienenkönigin*« Achtung vor dem Leben und Schutz der Tiere zum Lösen der Aufgabe bei; die Treue des »*Treuen Johannes*« wird oft in Frage gestellt, bevor er dafür belohnt wird. Ein extremes Beispiel für Wertevermittlung findet man im Märchen vom »*Witzenspitzel*« von Clemens Brentano. ... »denn wurde seine Klugheit belohnt mit Gelde, so wurde ihre Dummheit bestraft mit Schelte«.
   Das ehrgeizige Streben nach materiellen Gütern und Macht wandelt sich meist ins Gegenteil. Positive Charaktereigenschaften werden belohnt. In dem Grimm'schen Märchen von »*Frau Holle*«" erfährt die fleißige, unbedarfte Goldmarie eine große Belohnung, wohingegen die faule, berechnende Pechmarie am Ende ebenfalls ihren gerechten Lohn empfängt.

5.3 Rollenverteilung im Märchen

Im Europa des frühen Mittelalters sind die Märchenfiguren durch extreme Lebensumstände beeinflusst. Längst untergegangene matriachale Zeiten mit ihren Muttergottheiten, die über Leben und Tod entschieden, finden sich auch in dem Märchen von »*Frau Holle*« wieder. Die Mädchen waren angehalten, sich als Dienerinnen der Schöpfung zu betrachten. Spätere Märchen dokumentierten die sich veränderte Gesellschaftsform. Die Unterordnung und Hingabe der Frau an den Mann, forderte nun Opfer, um den Gefährten aus einer aussweglosen Situation zu befreien. Dem Mann blieb die Wahl zwischen grossen Eroberungen, Auseinandersetzungen mit den Feinden, List und dem Aufbrechen in die Fremde.

   Mut müssen beide Geschlechter zur Bewältigung einer Aufgabe aufbringen. In einer Zeit, die von Naturkatastrophen und Hungersnöten heimgesucht wurde, hatten Kinder die schlechteste Position in der Familie. Die Stiefmütter waren berechtigt, die Kinder aus dem Haus zu verbannen. Dieser Hintergrund ist wichtig, um zu verstehen, welcher Bedrohung Kinder zu dieser Zeit ausgesetzt waren. Kinder, die im wahren Leben um ihr Dasein fürchten mussten, wurden im Märchen aktiv, mutig und siegreich dargestellt und erfuhren dadurch eine märchenhafte Gerechtigkeit. Die Stiefmütter in vielen Märchen enden unter grauenhaften Bedingungen.

Betrachten Sie verschiedene Märchenfiguren hinsichtlich der Rollenzuschreibung. Achten Sie auf die Stellung im Familienverband und dem Umfeld, sowie ihrer Möglichkeit Macht auszuüben. Erstellen Sie ein Rollenbild der Frau im Märchen.

5.4 Märchen – ein Für und ein Wider

Nach langjährigen Auseinandersetzungen um den Nutzen oder Schaden, den der Einsatz von Märchen in der Kinderseele hervorrufen kann, entwickelt sich seit neuestem wieder ein regelrechtes Märchenfieber. Professionelle Märchenerzähler bieten ihre Dienste in Kindergärten, Schulen und anderen öffentlichen Einrichtungen an, um Kinder am Zauber des Märchens teilhaben zu lassen.

Negative Aspekte des Märchens liegen sicher mehr darin, dass sie sich nicht mit unserer Zeit weiterentwickelt haben und nicht am direkten Umfeld des Kindes ansetzen. Allerdings kann man die Diskussion, um die angstauslösende und hemmende Folge von Märchen auch darauf reduzieren, dass ein verantwortlicher und sensibler Umgang des Erzählers mit dem Märchen und dem Kind evtl. nicht stattgefunden hat. Märchen sind nicht gleich Kindermärchen. Inhalte können je nach momentaner Verfassung oder Lebensgeschichte beängstigend wirken, nicht zuletzt hat die Situation, in der ein Märchen erzählt wird grossen Einfluss auf die Verarbeitung. Märchen sind keine Gute-Nacht-Geschichten und sollten niemals am Fließband oder in unpersönlicher Beziehung erzählt werden.

6. Märchen erleben

Als elementarer Bestandteil der Arbeit mit Kindern und Jugendlichen sollte sich eine richtige Märchenkultur entwickeln. Märchen können nicht isoliert angeboten werden, sondern bedürfen eines **Vor**, **Während** und **Nach**.

Vor
Nicht jedes Märchen eignet sich für jedes Kind. Der pädagogischen Fachkraft obliegt es eine geeignete Auswahl zu treffen. Deshalb lohnt es sich zunächst einmal Ziele und Bedeutung des Märchens zu überdenken.

Märchen sollten nicht punktuell oder zeitlich begrenzt in einer Gruppe eingesetzt werden, sondern das Gruppenleben begleiten. Natürlich eignen sich der Herbst und der Winter sehr gut um Märchen zu erzählen. Gerade in diesen düsteren Jahreszeiten ziehen Menschen sich zurück, sehnen sich nach Wärme und Geborgenheit. Das Leben in den Familien verlagert sich in geschlossene Räume, die Adventszeit mit früher Dunkelheit und Kerzenlicht schafft von alleine bereits angenehme Märchenstimmung. Jeder von uns erinnert sich sicher gerne an diese besinnlichen Stunden, in denen man verträumt den Märchen lauscht. Eben diese Stimmung sollte immer beim Märchenerzählen hergestellt werden. In vielen Kindergärten wird im Rahmen eines Märchenprojektes ein Märchenzimmer eingerichtet, eine Märchenecke gestaltet oder ein Märchenzelt aufgebaut. Darin kann es wundervoll duften, diffuses Licht sollte die harten Grenzen der Realität weichzeichnen, kleine Lichtquellen die Gedanken focussieren.

Während

Die Kinder sollen sich ohne akustische und visuelle Ablenkung und Zeitdruck dem Märchen widmen können. Da Märchen in jedem Menschen Emotionen wecken, sollte die Erzieherin dem Aspekt der Geborgenheit und körperlichen Nähe viel Aufmerksamkeit zollen. Hierzu gehört auch die Aufnahme von Blickkontakt zu jedem Kind, das langsame und bedächtige Erzählen und jede Vermeidung von Leistungsdruck. Es geht nicht um kognitive Verarbeitung des Inhaltes, sondern um emotionales Erahnen. Die Kinder müssen zu jedem Zeitpunkt die Gelegenheit haben sich ins Märchengeschehen einzubringen. Vom Märchenerzähler wird ausreichende Flexibilität erwartet, Fragen der Kinder, aber auch den Wunsch nach einem anderen Ausgang des Märchens, in die Situation miteinzubeziehen.

Nach

Das Märchenerzählen endet nicht durch Abfragen des Inhaltes, vielmehr benötigen die Kinder nun ausreichend Zeit um das Erfahrene zu verarbeiten. Hilfestellung kann durch das Aufbereiten in Form von kreativ-handwerklichem Tun oder Rollenspielen, Rhythmik etc. gegeben werden.

6.1 Anforderung an die pädagogische Fachkraft

Wer kennt nicht das Drängen der Kinder mit dem Wunsch: »Erzähl` mir was«, »lies mir etwas vor«? Neben dem Bilderbuch wird heute immer öfter auch nach Märchen verlangt. Von Erziehern und Lehrern wird ein hohes Maß an methodischer und didaktischer Vorbereitung erwartet, die im nachfolgenden Text erläutert wird.

6.2 Auswahlkriterien

Das Märchen darf nicht nur nach **didaktischen Vorüberlegungen** ausgewählt werden. Eigene Affinitäten und Problembewältigungen sollten die Entscheidung nicht überlagern. Bei der Auswahl sollte deshalb darauf geachtet werden, dass sie von Kindern in einem Stück aufgenommen werden können. Märchen bieten sich nicht dazu an, in einzelnen Abschnitten erzählt zu werden. Der Zweck sollte das gemeinsame Erlebnis der Freude am Märchen sein. Das Kind freut sich am Fantastischen, der Erwachsene zieht sein Vergnügen aus der Freude des Kindes. Das Märchen soll nicht das Bewusstsein des Kindes ansprechen, sondern sein »Unbewusstes«. Auf diesem Hintergrund ist es angebracht, dass Kinder sich ein Märchen selbst aussuchen oder ihnen viele Märchen nähergebracht werden. Dadurch können sich die Kinder herausnehmen, was sie im Moment am meisten beschäftigt oder interessiert.

Der Erwachsene sollte kein Märchen auswählen, dass:

- ihn selbst zu stark beeindruckt oder belastet hat; hier besteht die Gefahr der Überlagerung eigener Ängste auf die Kinder
- von ihm als grausam empfunden wird; dadurch wird man verleitet das Märchen abzuschwächen und es somit evtl. seiner Bedeutung zu entrauben

- für Kinder der ausgewählten Alterstufe zu kompliziert aufgebaut ist (siehe auch Kapitel »Märchen – eine Frage des Alters?«)
- kein gutes Ende aufweist, das wäre für die Kinder angstauslösend und wenig hilfreich
- von der Bedeutung und Aussage nicht analysiert und erfasst wurde; damit können evtl. Auswirkungen auch nicht aufgefangen werden

6.3 Unterschiedliche Vermittlungsmethoden

Das Erzählen

Die authentischste, intensivste Form der Darbietung ist das Erzählen. Keine andere Form kann soviel Lebendigkeit, Flexibilität, Nähe, Spannung und Erlebnisreichtum vermitteln. Das Kind fühlt sich als gleichrangiger Partner, in seiner Persönlichkeit bestärkt. Aber auch das kann nur gelingen, wenn man sprachlich in der Lage ist, einen geeigneten, spannenden Sprechrhythmus beizubehalten. Für jeden, der Märchen erzählt, sollte eine einfache und natürliche Erzählart selbstverständlich sein:

- Wertungen sollten vermieden werden
- nicht mit Pathos erzählen
- nüchtern und sachlich erzählen, da das Märchen für sich selbst spricht
- sich selbst zurücknehmen, so dass das Märchen im Vordergrund steht
- wichtige Stellen leiser sprechen
- zum Ende hin langsamer werden, damit der Zuhörer zum Schluss kommen kann

Das Märchenerzählen ist eine wichtige Form der Zuwendung. Nähe und Geborgenheit können nicht künstlich erzeugt oder hergestellt werden, es ist eine Grundvoraussetzung um Kindern überhaupt Märchen zu erzählen. Beim Erzählen sollten alle Störfaktoren ausgeschlossen werden, damit die Kinder sich ganz dieser Atmosphäre und dem Wunderbaren hingeben können. Märchenerzählen will gelernt sein, in der Regel kann man das nicht auf Anhieb.

Das Vorlesen

Viele der Anforderungen, die eine Voraussetzung für das Erzählen darstellen, müssen auch vom Vorleser beachtet werden. An das Vorlesen sind noch weitere Bedingungen geknüpft. Der Märchentext muß ganz entschlüsselt werden, so dass Trauriges nicht lustig vorgelesen wird. Ganze Textgruppen sollten mit einem Blick erfasst werden, um einen Kontakt zu den Kindern zu ermöglichen. Wörtliche Rede sollte betont, magische Formeln entsprechend gesprochen werden. Die emotionale Anteilnahme an der Geschichte und dem Kind sind weitere wichtige Voraussetzungen.

Märchen – EinBlick in magische Welten

Das Vorlesen schmälert den Wert des Märchens und das Kind fühlt sich nicht als gleichwertiger Partner. Es muß allerdings auch erwähnt werden, dass manche Kinder auf eine exakte Wiedergabe des Textes großen Wert legen und beim Vorlesen eine Sicherheit im Bekannten erleben.

Das Märchenbilderbuch

Einer weitere Darbietungsform, die heute immer stärkere Bedeutung in der Familie erlangt, ist das Märchenbilderbuch.

Es gibt einige hochwertige Märchenbilderbücher mit künstlerischem Anspruch. Trotzdem eignen sie sich nicht zur Ersterfahrung mit dem Märchen. Es fixiert das Kind auf das Gesehene, lässt eigene Fantasie und Assoziationsvermögen nicht zu. Diese Türen werden damit für immer geschlossen.

Erinnern Sie sich an Ihre eigene Vorstellung von Personen und Gegebenheiten, die Sie beim Lesen oder Zuhören entwickelt haben? Wie erlebten Sie die Verfilmung Ihres Lesestoffes? Schildern Sie die Probleme, die das Märchenbilderbuch in diesem Zusammenhang aufwirft!

Video und Tonträger

Menschlicher Kontakt, Nähe und Geborgenheit wurden bereits als wichtige Voraussetzungen dargestellt. Kein technisches Medium kann nur annähernd als geeignete Darbietungsform angesehen werden. Beim Einsatz von Videofilmen wird dem Kind ähnlich wie im Märchenbilderbuch und im Märchencomic einiges an Wirkung genommen. Die Bilder- und Symbolsprache wird ersetzt durch tatsächliche Bilder, die dem unbewussten Erleben und ganzheitlichen Erfassen entgegenstehen.

Beim Hören von Märchenkassetten und -schallplatten wird nur über einen Sinn wahrgenommen. Das ist im Vergleich zum »Konsum« von Video und Fernsehen ein Vorteil, da das Kind in seiner Aufnahmefähigkeit nicht überfordert wird. Das Kind kann seiner Fantasie freien Lauf lassen, innere Bilder – je nach Bedürfnissen und Erfahrungen – entstehen lassen. Doch auch diese Darbietungsform birgt Gefahren. Anders als beim Erzählen werden in der Regel verschiedene Stimmen benutzt, evtl. sogar Hintergrundgeräusche und Musik eingespielt. Das Märchen spricht nicht für sich selbst, sondern tritt in den Hintergrund. Das kann vom Kind als verwirrend erlebt werden. Durch den Wegfall der Flächenhaftigkeit werden Schmerz und Leid manchmal deutlich ausgespielt und richten großen Schaden an. Dem Kind fehlt ein direktes Gegenüber, das auf seine Person eingeht und Modulation von Wort und Tonfall auf es abstimmt. Falls dieses Medium eingesetzt wird, ist darauf zu achten, dass ein Erwachsener dabei ist und Anteil am Kind und Märchen nimmt. Das Märchen sollte von **einer** Person gesprochen und nicht dramatisiert dargeboten werden.

Märchen – EinBlick in magische Welten

7. Praktische Umsetzung

7.1 Legemärchen: Dornröschen zum Anschauen

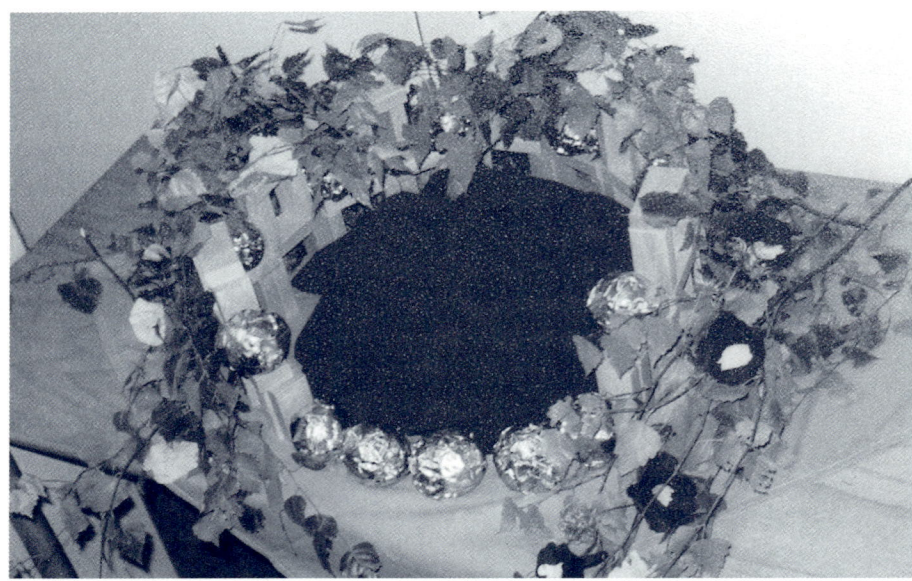

Benötigt werden:
- 4 rote Rhythmiktücher (ca. 50 x 50 cm)
- 1 grünes Rhythmiktuch (ca. 70 x 70 cm)
- Bausteine
- 12 mit Folie oder Stoff umwickelte Tennis- oder Softbälle
- Zweige und Grünzeug
- rote Rosen aus Serviette, Krepppapier o.ä.

Die Kinder sitzen im Kreis. Die Fachkraft fordert vier Kinder auf, die roten Rhythmiktücher an den Ecken leicht versetzt übereinander zu legen.
    Zwei weitere Kinder können das grüne Tuch darüber legen, so dass kein rotes Tuch mehr zu sehen ist. Die Fachkraft hält mit der einen Hand den »Tücherturm« in der Mitte fest, fährt mit der anderen Hand darunter, greift am Mittelpunkt und wendet das ganze schwungvoll. Mit etwas Glück und Übung ist gleich eine Rose auf grünem Blatt zu erkennen, ansonsten muss noch ein wenig »dekoriert« werden. Ein Gespräch mit den Kindern folgt.
    Die Fachkraft erklärt, dass sie das Märchen von Dornröschen erzählen möchte. Sie fragt die Kinder, wo Dornröschen wohnt. Nachdem die Kinder die Frage beantwortet haben, wird die Schloßmauer erbaut. Hierzu erhalten die Kinder Bausteine und stellen diese rund um die Rose auf. Die Fachkraft beginnt das Märchen zu erzählen.
...beschenkten die weisen Frauen das Kind mit ihren Wundergaben... Sie teilt elf verzierte Tennisbälle an die Kinder aus und fordert sie auf, dem Kind eine Wundergabe zu schenken. Die Kinder sprechen ihren Wunsch aus und legen die Bälle auf die Bausteine.

Märchen – EinBlick in magische Welten

... Dreizehnte sprach: »Die Königstochter soll sich in ihrem fünfzehnten Lebensjahr an einer Spindel stechen und tot umfallen«. ... da trat die Zwölfte hervor und sprach...
Die Fachkraft nimmt den zwölften Ball, setzt ihn auf den Baustein und wandelt den Fluch in einen 100-jährigen Schlaf. Sie erzählt dann weiter.
...rings um das Schloss begann eine Dornenhecke zu wachsen.
Die Fachkraft gibt einen Korb, gefüllt mit Zweigen herum, die Kinder legen diese um das Schloß herum.
...als der Königssohn sich der Dornenhecke näherte, waren es lauter große schöne Blumen.
Die Fachkraft gibt Korb mit Blüten herum, die Kinder verteilen diese zwischen den Ranken.

Als Abschluss eignet sich das Singen und Spielen des Märchenliedes »Dornröschen« um diese Dekoration herum.

7.2 Baumärchen: Das Märchen vom begabten Baumeister

Anleitung zum Bau eines Fröbelturms

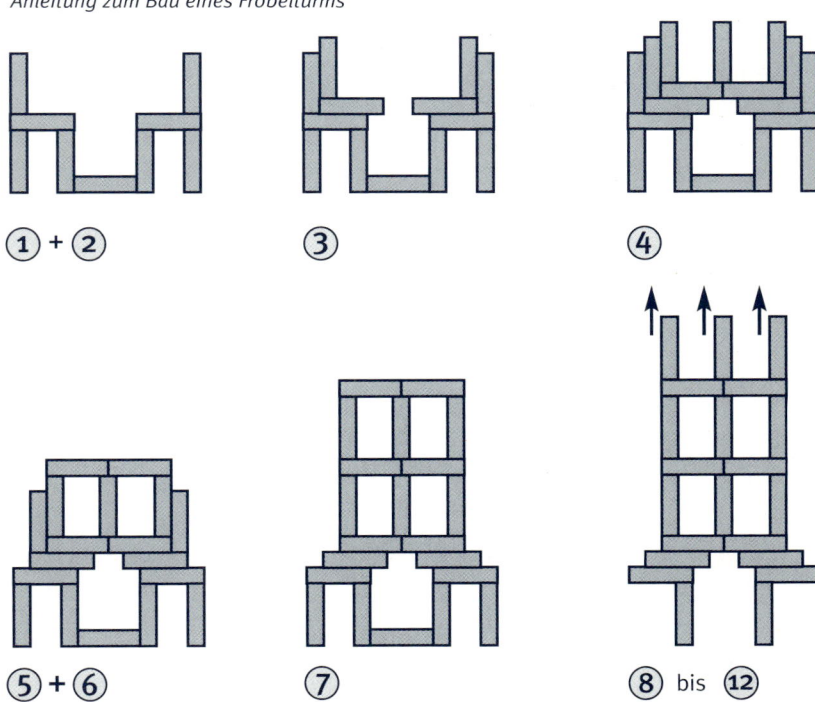

Benötigt werden:
- 6. Fröbelgabe oder 33 Bausteine
  Achtung: Bemühen Sie sich beidhändig zu bauen und dies auch den Kindern zu vermitteln (Gehirntraining!)

Märchen – EinBlick in magische Welten

Es war einmal ein König, der wies seinen Baumeister an, ihm ein Denkmal / Turm zu erbauen.

1. Ausgangsstellung: 2 Tore, ein Quader liegt dazwischen.

Der Baumeister war recht fleißig und hatte viele Gesellen, so dass es mit dem Turmbau zügig voranging.

2. Je rechts und links außen einen Quader anstellen.

Der Baumeister war ein recht begabter Architekt und so verschnörkelte und verzierte er den Turm, dass es sowohl für den König, als auch seine wunderschöne Tochter eine wahre Freude war.

3. Auf einer Seite einen Quader legen, zum Beschweren einen weiteren senkrecht daraufstellen; dasselbe auf der anderen Seite.

4. Noch einmal wie 3., jetzt berühren sich die liegenden Quader, evt. muss durch Zusammenschieben korrigiert werden.

5. Den letzten Quader auf die Ritze in der Mitte stellen.

Nun kam der Herbst heran, die Ernte fiel in diesem Jahr sehr gering aus und der König hatte nicht genug Gold, um dem Baumeister weitere Steine zu kaufen und er ließ den Baumeister kommen und sagte: »Ich befürchte, dass der kommende Winter den Turm zerstören wird, da er ja nun kein Dach hat und es bestimmt hineinregnen und schneien wird.«
»Nun, lasst dies meine Sorge sein«, sagt der Baumeister und schlau wie er war, baute er Steine vom bestehenden Turm ab und baute diese gerade obenauf.

6. Von dem Bauwerk je einen Quader rechts und links außen »abbauen« und zum Abdecken nehmen.

So verging der Winter, der Turm war geschützt und der König sehr in der Schuld des Baumeisters. Im Frühling konnte der König wieder Steine kaufen und wollte noch ein weiteres Stockwerk auf dem Turm haben, damit auch jeder seinen Reichtum bewundern konnte.

7. Drei halbe oder ganze Quader rechts, links und in die Mitte stellen.

Nun hatte der König schlechte Berater und wieder mangelte es an Steinen, so dass er erneut den Baumeister zu sich rufen ließ und ihm mitteilte: »Ich befürchte, dass der Sommer den Turm zerstören wird, die Sonne wird den Mörtel zu schnell trocknen, es

werden Risse entstehen und mein wunderschöner Turm wird einstürzen.«
»Nun, lasst dies meine Sorge sein«, sagte der Baumeister und schlau wie er war, baute er Steine vom bestehenden Turm ab und deckte damit das Dach.

8. Wieder, wie unter 6 beschrieben, die Steine an den Seiten abbauen und damit das Dach decken.

Der Herbst brachte goldene Ernte und der König kaufte wieder Steine, so dass der Baumeister wieder weiter bauen konnte.

9. Drei halb / ganze Quader rechts und links stellen.

Bevor nun weitere Steine aus dem Steinbruch geholt werden konnten, kündigte sich ein fürchterliches Unwetter an und der König ließ seinen Baumeister rufen und sagte zu ihm: »Das Unwetter wird uns erreichen bevor die Steinmetze noch weitere Steine bringen können. Ich glaube, nun war die ganze Mühe umsonst. Solltest du es aber schaffen, meinen Turm noch dieses eine Mal zu retten, so gebe ich dir meine Tochter zur Frau und dazu das halbe Königreich«.
»Nun, lasst dies meine Sorge sein«, sprach der Baumeister und flugs baute er Steine vom bestehenden Turm ab, deckte damit das Dach ab, just bevor Blitz und Donner über das Land fegten.

10. Quader zwischen den Toren in die Mitte stellen, vorsichtig die beiden äußeren Quader der Anfangstore herausziehen und das Dach decken.

Der König war außer sich vor Freude und vermählte seine Tochter mit dem Baumeister, sie feierten ein rauschendes Fest, lebten viele Jahre sehr glücklich und schenkten dem König viele Enkelkinder.

11. Geschickte Bauer können ihr Werk nun mit Belebungsmaterial ausschmücken.

Eines Tages kamen die Söhne und Töchter des Prinzenpaares und beklagten sich bitterlich: »Nirgendwo im Schloss ist ein schöner Platz für uns und unsere Freunde zum Spielen. »Da dachten die Eltern ein wenig nach und sagten: » Nun, lasst das unsere Sorge sein«. Sie bauten vorsichtig die Steine vom Turm ab und nutzten die Steine um einen wunderschönen Spielplatz für die Kinder zu bauen. Dort gab es Bänke und Tische, ein Karussell und viele andere Spielgeräte.

12. Vorsichtig von oben herab abbauen und einen Spielplatz gestalten, bis nur noch der kleine Turm als Eingang zum Spielplatz steht.

Da kamen alle Kinder aus dem ganzen Land und feierten ein Spielplatzfest.

7.3 Bewegungsmärchen: Die Befreiung der Prinzessin

Benötigt werden:
- Fee: Seidentuch mit abgebundenem Kopf
- Zauber: Glitter
- Höhle: Kriechtunnel (evtl. Stühle, die mit einem Tuch bedeckt werden)
- See: großes blaues Tuch
- Brunnen: Bodenvase mit Steinen (Kies oder Halbedelsteine)
- Kletterwand: Tücher daran befestigen
- Gefährlicher Pfad: Umgedrehte Turnbank
- Schatz: Rhythmik oder Seidentücher und Steine (siehe Brunnen!)
- Schmuckkästchen: Schuhkarton
- Tarnung: Schminke
- Zauberstab: Glasstab, selbstgebastelter Feenstab
- Hexe und Prinzessin: Handpuppen

Die Landschaft des Feenlandes kann individuell gestaltet werden.

Alle, die die Prinzessin erlösen, erfahren Hilfe durch eine Fee, die sie verzaubert und dadurch Kraft und Mut gibt zur Bewältigung der Aufgaben. Es gibt einen Feenzauber, damit vor jeder Aufgabe der Mut wieder aufgefrischt werden kann.

Märchenverlauf:

Die schöne Prinzessin wird von einer Hexe gefangen gehalten. Diese Hexe kann das Gute und Schöne in der Welt nicht ertragen und möchte, dass alles so schlecht und hässlich ist, wie sie selbst.

Die Hexe verlangt Schätze gegen die Freigabe der Prinzessin. Da sie aber sehr misstrauisch ist, muss der, der die Prinzessin befreien möchte viele Abenteuer und gefährliche Aufgaben überwinden.

Hindernisse, Landschaft und Weg zur Prinzessin beschreiben sowie die Aufgaben besprechen, die zu erfüllen sind.

Jetzt, wo der Weg bekannt ist, schließen die Kinder die Augen, damit die Fee zu ihnen kommen kann. Die Augen dürfen erst wieder geöffnet werden wenn die Fee wieder verschwunden ist. Keiner sollte sie sehen, sonst wirkt der Zauber nicht so stark. Die Fee berührt die Kinder sanft, auf dass sie mutig und furchtlos sind.

Mit der Seidenpuppe jedes einzelne Kind berühren, Glitter in die Mitte des Kreises stellen. Mit den Kindern anschließend über die Berührung der Fee sprechen. »Konntet ihr die Berührung spüren?«

Dann den Zauberstab betrachten und den Kindern mitteilen, dass man ihn mitnimmt, um unterwegs den Mut wieder zu stärken.

Der Parcours:

a) Zunächst müssen die Kinder durch eine dunkle Höhle kriechen (Kriechtunnel oder abgehängte Stuhlreihe).

b) Jetzt wird ein See durchschwommen (auf dem blauen Tuch Schwimmbewegungen durchführen).

c) Aus dem Brunnen muss mit geschlossenen Augen der Schatz der Prinzessin gehoben werden (Bodenvase mit Halbedelsteinen)
Falls genügend Zeit ist, können an dieser Stelle die Steine betrachtet, verglichen und bewundert werden. Dies kann aber auch später im Gruppenraum geschehen.

d) Kostbare Stoffe müssen aus ihrem Versteck geholt werden (nacheinander die Kletterwand hochklettern und jeweils ein Tuch abhängen und mitnehmen).

e) Die Kinder müssen nun auf einem gefährlichen Pfad laufen (umgedrehte Bank).

f) Die Kinder nähern sich dem Feenland und finden in einer Ecke ein Schmuckkästchen. Die Tücher und Steine werden hineingelegt.

g) Die Kinder werden von der Hexe entdeckt und in Frösche, Störche, Affen etc. verwandelt. Die jeweiligen Bewegungsarten sollen umgesetzt werden.

h) »Da die Hexe so misstrauisch ist, können wir nicht nahe genug heran, um zu sagen, dass wir die Prinzessin freikaufen möchten. Also müssen wir uns tarnen, verkleiden; schminken.«

i) Die Kinder schminken sich gegenseitig, evtl. kann die Erzieherin jedem Kind einen »Tarnstrich« malen.

j) Kinder kommen im Feenland an und legen die Schätze sofort vor die Hexe, damit diese die gute Absicht erkennt und vor lauter Gier nicht darauf achtet, dass eines der Kinder ihr schnell den Zauberstab entreißt, um weiteres Unheil zu vermeiden und der Hexe ihre Macht zu nehmen.

k) Jetzt können Prinzessin und Schatz befreit werden und in den Gruppenraum zum Ausstellen, Betrachten und Erzählen gebracht werden.

7.4 Assoziationsmärchen: Hannah und das Geheimnis des kleinen Schächtelchens

Als Hannah noch klein war, viel kleiner als sie es heute ist, wünschte sie sich oft, wenn sie traurig oder allein war, sich sehr einsam und mutlos fühlte oder sie Schmerzen hatte, dass eine Fee oder ein Zauberer zu ihr käme und ihr mit einem Zauberspruch all ihre schlechten Gefühle wegzaubern würde. Aber sie dachte wohl, dass es dies nur im Märchen gäbe und auch wenn es wahr wäre, niemals eine Fee zu ihr kommen würde, um ihr zu helfen. Nein, noch nie war eine Fee zu ihr gekommen.

Ja, so war das. Bis Hannah das Geheimnis des kleinen Schächtelchens erfuhr. Und weil es kein gewöhnliches Geheimnis ist, so eines, dass keines mehr ist, wenn man es einem anderen erzählt, beschloss Hannah eines Tages, es ihrer besten Freundin Fanny zu erzählen.

Mit ihrem bunt verzierten Streichholzschächtelchen ging sie zum Mausekäfig und rief ihre Freundin, eine kleine Maus.
Fanny war gleich sehr begeistert ein Geheimnis zu erfahren und interessierte sich sehr für das verzierte Schächtelchen. »Eigentlich ist es egal, was für ein Schächtelchen es ist« sagte Hannah, »man

sollte nur recht viel Mühe und Liebe auf die Gestaltung verwendet haben, richtig wichtig ist aber, dass sich vier oder zumindest drei besondere Dinge darin befinden«.

Fanny war so neugierig, dass sie erst einmal ein paar Runden im Käfig drehte.

Hannah öffnete derweil das Schächtelchen und holte ein Blatt heraus. Nein, kein Blatt auf dem etwas geschrieben stand oder das man gar zum Schreiben oder Malen verwenden konnte, es war das Blatt eines Baumes. »Als Erstes muß man ein Blatt suchen«, erklärte sie ihrer Freundin, »eines, dass vom Baum abgefallen ist, allein abgefallen, denn dann braucht der Baum es nicht mehr und du kannst es getrost nehmen. Im Herbst und im Winter verlieren die Bäume fast alle Blätter und das ist gut so, denn nun sind auch viele Menschen krank und gerade die brauchen so ein Blatt. Wenn ein solches Blatt dann im Schächtelchen gut getrocknet ist, kann man es zwischen den Fingern verreiben und so wie du das Blatt verreibst, nimmt es dir etwas von deinem Schmerzen.« »Herrlich«, wisperte Fanny, »was ist noch in deinem Schächtelchen?« Da zeigte Hannah ihrer Freundin einen Knopf. »Als nächstes solltest du einen Knopf finden, einen, den niemanden mehr braucht und der auch keine Hose mehr zuhalten muss, wichtig ist, dass er mindestens ein Knopfloch hat. Durch dieses Loch kannst du nämlich deine Angst ganz kräftig durchblasen, und weil die Angst sich nicht gerne durch enge Löcher zwängen lässt, kannst du sicher sein, dass sie so schnell nicht wieder kommt«.

Fanny war ganz außer sich vor Freude und höchst neugierig zu erfahren, welche Geheimnisse in dem Schächtelchen noch warteten. Sie wagte einen Sprung aus dem Käfig in der Hoffnung, einen Blick ins Schächtelchen werfen zu können. Hannah verstand ihre kleine Freundin und holte eine Feder und einen Stein aus dem Schächtelchen. Fanny drehte noch schnell eine Runde vor dem Käfig, eilte dann schnell wieder zu Hannah, um zu erfahren, welches Geheimnis sich hinter diesen beiden Dingen versteckte.

»Dann brauchst du eine Feder, eine, die manchmal aus dem Kopfkissen herauslinst oder auch eine, die ein Vogel im schnellen Flug verloren hat, denn nur wenn er diese Feder nicht mehr braucht, können sich Mut und Stärke in die Feder hineinkuscheln. Mangelt es dir gerade einmal an Mut oder Stärke, dann streichle

sie ganz sacht, – damit der Mut nicht zerdrückt wird oder die Stärke ganz verloren geht – und sie wird dir Mut und Stärke geben. Bei ganz flauschigen Federn wird es wohl genügen, einfach hineinzublasen und Mut und Stärke werden dir zufliegen.«

»Und der Stein«, fragte Fanny, schon ganz atemlos vor Spannung, »was ist mit dem Stein, Hannah?« Sie wollte ganz schnell wissen, was es mit diesem Geheimnis auf sich hat. Hannah holte tief Luft und fing feierlich an zu sprechen.

»Alle Steine auf der Erden sehen die Sonne, den Mond und die Sterne. Die Sonne ist warm, der Mond leuchtet und die Sterne blinzeln und so gibt die Sonne dem Stein ihre Wärme, der Mond dem Stein sein Leuchten und die Sterne blinzeln dem Stein in jeder Nacht zu. Wenn du dich einmal traurig, allein und einsam fühlst, dann nimm einen solchen Stein in die Hand und er wird dir von seiner Wärme, seinem Leuchten und dem Blinzeln abgeben. Du wirst es fühlen, hältst du ihn nur kurze Zeit in deiner Hand, so spürst du, wie er die Wärme in deinen Körper schickt und es ist ein so wunderbares Gefühl, als würde dich jemand ganz lieb in die Arme nehmen.«

Hannah strahlte ihre Freundin an. Sie hatte ihr Geheimnis geteilt und so wurden zwei Geheimnisse daraus, ja und nun weißt es auch du.

In der nächsten Nacht, schaue einmal nach den Sternen. Gelegentlich wirst du einen der Sterne blinzeln sehen. Die Sterne blinzeln dir zu, weil auch du nun das Geheimnis des kleinen Schächtelchens kennst.

7.5 Außereuropäisches Märchen:

»Die Geschichte vom Korb mit den wunderbaren Sachen«

Es war einmal ein Mann, der hatte eine wunderbare Rinderherde. Alle Tiere trugen ein schwarzweißes Fell; das war geheimnisvoll wie die Nacht. Der Mann liebte seine Kühe und führte sie immer auf die besten Weiden. Wenn er abends die Kühe beobachtete, wie sie zufrieden waren und wiederkauten, dachte er: »Morgen früh werden sie viel Milch geben!«

Eines Morgens jedoch, als er seine Kühe melken wollte, waren die Euter schlaff und leer. Er glaubte, es habe an Futter gefehlt und führte die Herde am nächsten Tag auf saftigen Weidegrund. Er sah, wie sie sich sattfraßen und zufrieden waren, aber am nächsten Morgen hingen die Euter wieder schlaff und leer. Da trieb er die Kühe zum drittenmal auf eine neue Weide, doch auch diesmal gaben die Kühe keine Milch.

Jetzt legte er sich auf die Lauer und beobachtete das Vieh. Als um Mitternacht der Mond weiß am Himmel stand, sah er, wie sich eine Strickleiter von den Sternen heruntersenkte. Auf ihr schwebten sanft und weich junge Frauen aus dem Himmelsvolk herab. Sie waren schön und fröhlich, lachten einander leise zu und gingen zu den Kühen, um sie leerzumelken. Da sprang er auf und wollte sie fangen, aber sie stoben auseinander und flohen zum Himmel hinauf. Es gelang ihm aber, eine von ihnen festzuhalten, die allerschönste. Er behielt sie bei sich und machte sie zu seiner Frau.

Täglich ging nun seine Frau auf die Felder und arbeitete für ihn, während er sein Vieh hütete. Sie waren glücklich und die gemeinsame Arbeit machte sie reich. Eines aber quälte ihn: als er seine Frau eingefangen hatte, trug sie einen Korb bei sich. »Niemals darfst du da hineinschauen!« hatte sie gesagt. »Wenn du es dennoch tust, wird uns beide großes Unglück treffen.«
Nach einiger Zeit vergaß der Mann sein Verspechen. Als er einmal alleine im Hause war, sah er den Korb im Dunklen stehen, zog das Tuch davon ab und brach in lautes Lachen aus.

Als seine Frau heimkehrte, wußte sie sofort, was geschehen war. Sie schaute ihn an und sagte weinend: »Du hast in den Korb geschaut!« Der Mann aber lachte nur und sagte: »Du dummes Weib, was soll das Geheimnis um diesen Korb? Da ist ja gar nichts drin!« Aber noch während er dies sagte, wendete sie sich von ihm ab, ging in den Sonnenuntergang und wurde auf Erden nie wieder gesehen.

Und wißt ihr, warum Sie wegging? Nicht, weil er sein Verspechen gebrochen hatte. Sie ging, weil er die schönen Sachen, die sie vom Himmel für beide mitgebracht hatte, nicht sehen konnte und darüber sogar noch lachte.

Ein Afrikanisches Märchen!

Bilderbuch
– das Fenster zur Welt

Bilderbuch – das Fenster zur Welt

Betrachten Sie das Bild von Ali Mitgutsch auf S. 68.
Benennen Sie die Dinge, die sie erkennen, erzählen Sie einzelne Szenen, erfinden sie eine Geschichte zu einer Szene, verbalisieren Sie Gefühle, die sie bei den abgebildeten Personen vermuten.

1. Was ist ein Bilderbuch?

Im modernen Sprachgebrauch definiert man als Bilderbuch ein Buch, das für Kinder im Alter von 2 – 8 Jahren entworfen wurde und in seiner Gestaltung und Struktur darauf abzielt Handlungsabläufe vorwiegend visuell zu vermitteln.

Bereits seit Beginn der Menschheitsgeschichte ist sich der Mensch darüber im Klaren, dass Bilder sprechen können. Frühe Höhlenmalereien geben Auskunft über Geschehnisse, Lebensgewohnheiten, Ängste und Denkweisen der damaligen Kulturen. Das Bild wirkt unmittelbar und steht dem Betrachter als Ganzes gegenüber. Das Betrachten eines Bildes vermittelt ganzheitliche Eindrücke, Einzelheiten können in ihrem Kontext gleichzeitig dargestellt werden.

Bebilderte Bücher gibt es bereits seit Jahrhunderten. Allerdings wurden sie zunächst für eine kleine Zahl Erwachsener gezeichnet und geschrieben, um den leseunkundigen Betrachtern entgegenzukommen.

Die Erfindung der Buchdruckerkunst im 15. Jahrhundert machte es möglich, Bücher in größeren Auflagen herzustellen. Schon kurz darauf wurde jedes mit Bildern versehene Buch als Bilderbuch bezeichnet. Das Angebot umfasste Bücher religiösen Inhaltes, aber auch so genannte »ABC - Bücher« und die »Fliegenden Blätter«. Mitte des 17. Jahrhunderts wurde das Angebot um illustrierte Sachbücher ergänzt. Ausschlaggebend für die Entwicklung zum Kinder- und Jugendbuch war ein Werk von J.A. Comenius »Orbis Sensualium Pictus«, die »sichtbare Welt«. Dieses Buch umfasste 150 Holzschnitte und 4000 Wörter und wurde schon bald in verschiedene Sprachen übersetzt. Es diente Schülern als Anschauungsbuch, zum Erlernen der lateinischen Sprache, aber auch jüngeren Kindern zum Betrachten. Schon bald zogen andere Autoren mit reichhaltig illustrierten Bilderbüchern nach. Erwähnenswert ist in diesem Zusammenhang auch »Das Bilderbuch für Kinder« das von F. J. Bertuch im Jahre 1792 begonnen wurde. Dieses Buch umfasste insgesamt zwölf Bände mit insgesamt 6000 Kupferstichen. Teile der Bücher wurden in Einzelheften mit weniger anspruchsvollen Kupferstichen gedruckt und somit erstmals Kindern aus der unteren Schicht zugänglich.

Bertuch beschreibt die Bedeutung eines Bilderbuches in seinem Buch folgendermaßen: »Ein Bilderbuch ist für eine Kinderstub ein ebenso wesentliches Meuble, als die Wiege, die Puppe, oder das Steckenpferd. Diese Wahrheit kennt jeder Vater, jede Mutter, jeder, der Kinder erzogen hat, und von Locke bis Basedow, Campe und Salz-

Bilderbuch – das Fenster zur Welt

mann empfiehlt jeder vernünftige Pädagog, den frühesten Unterricht des Kindes durchs Aug anzufangen und ihm so viel gute und richtige Bilder und Figuren als man kann, vor das Gesicht zu bringen.«

In den nachfolgenden Jahren entstanden Märchenbilderbücher, aber auch Volkslieder und Kinderreime wurden in Bilderbüchern festgehalten. Dieser Wandel in der Zielgruppe führte dazu, dass der Begriff des Bilderbuches sich zunehmend verengte. In der Mitte des 19. Jahrhunderts stand der Ausdruck »Bilderbuch« für ein speziell für das Kleinkind geschaffenes Buch, in dem die Illustration über den Text dominierte.

1.1 Das Bilderbuch als Kinderbuch

Wie sich bereits aus der Definition ergibt, wendet sich ein Bilderbuch in erster Linie an einen noch nicht lesekundigen Betrachter, bzw. einen Grundschüler, der gerade das Lesen erlernt.

Daraus folgt zum Einen, dass eine Begegnung mit dem Bilderbuch ohne den Erwachsenen nicht möglich ist. Der Erwachsene wählt das Bilderbuch aus und hat bei der Vermittlung und Verarbeitung des Bilderbuchinhaltes eine wichtige Rolle. Er sollte ein geduldiger Zuhörer sein, wenn das Kind seine Gedanken zum Bilderbuch formuliert. Nachfragend und unterstützend sollte der Erwachsene die geistige Regsamkeit des Kindes fördern. Der Erwachsene ist unersetzlich bei der Vermittlung der Textpassagen in einem Bilderbuch. Entsprechend dem Entwicklungsstand und den Interessen kann er ein Bilderbuch auch auf die derzeitigen Bedürfnisse des Kindes zuschneiden, neue Schwerpunkte setzen oder auch kritisch einwirken.

Die zweite Folgerung bezieht sich auf die inhaltliche und ästhetische Gestaltung eines Bilderbuches. Sowohl die Struktur als auch der Inhalt eines Bilderbuches muss mit den Fähigkeiten und Interessen des Kindes übereinstimmen. Entwicklungspsychologische Erkenntnisse über Leistungsfähigkeit und Interessen eines Kindes in einem bestimmten Alter geben lediglich eine erste Auswahl, da ein genauer Einblick in die Lebenswelt des Kindes nur individuell erfolgen kann.

Für Kinder sind Bilderbuchinhalte aus der direkten, sinnlich erfahrbaren Umwelt wichtig und interessant. Es ist aber nicht von der Hand zu weisen, dass viele bekannte Inhalte keineswegs seine Aufmerksamkeit erregen, sondern weiter entfernte Dinge eher interessant sind.

Die kindliche Eigenwelt ist nicht statisch, sondern einem andauernden und stetigen Erweiterungsprozess unterworfen. Daraus ergibt sich der Anspruch an das Bilderbuch, die weitere Entwicklung des Kindes zu inspirieren und zu fördern.

Ein reichlicher und ausgewählter Umgang mit dem »Spielzeug« Bilderbuch kann durchaus als wegbereitend für die weitere literarische Entwicklung des Kindes gesehen werden. Ästhetisch und inhaltlich gut gestaltete Bücher laden Kinder häufig auch über das eigentliche Bilderbuchalter hinaus zum Betrachten oder Lesen ein und beeinflussen sowohl die Lesefreude als auch spätere Vorlieben.

1.2 Bilderbuch ist nicht gleich Bilderbuch

Um die Vielfalt der angebotenen Bilderbücher zu strukturieren, bietet sich eine zunächst rein formale Einteilung an. Diese formalen Kriterien sind nicht an ein bestimmtes Alter, nicht an Themengruppen oder Formen des Bilderbuches gebunden.

- **Textfreie Bilderbücher** sind die reine Form des Bilderbuches. Sie beschränken sich ausschliesslich auf das Bild. Durch den Verzicht auf das geschriebenes Wort wird die Aussagekraft eines Bildes verstärkt, in vielen Fällen die Kreativität und Fantasie, sowie die kognitive Leistungsfähigkeit des Kindes angeregt. Typische Vertreter dieser Form sind Elementarbilderbücher für die kleinsten »Betrachter«, sowie Szenenbilderbücher.

- In **Bilderbüchern mit kleinen Textbeigaben** behält das Bild seine Vorrangstellung. Die Funktion des geschriebenen Wortes besteht darin, das Dargestellte näher zu benennen, zu beschreiben oder zu ergänzen. So werden Stimmungen unterstrichen und Zusammenhänge verbalisiert, die dem Bild oder der Bildfolge nicht zu entnehmen sind. Der Text »illustriert« das Bild.
Eben diese Verbalisierung des Bildes hilft dem Kind die Bildsprache in gesprochene Sprache umzusetzen, es wird angeregt selber zu erzählen und frei zu sprechen.

- **Bilderbücher mit gleichrangigem Text** bilden in ihrer Verbindung eine Einheit, die zum Verstehen des Bilderbuches notwendig ist. Wichtig ist nicht die gleichmässige quantitative Aufteilung des Bilderbuches in Bild und Wort, sondern die »innere Identität« die erreicht werden kann, wenn Bild und Wort mit ihren unterschiedlichen Aussagemitteln die verschiedenen Seiten einer Information integrativ zusammenfügen.
In Bilderbüchern mit gleichrangigen Texten schreiten Bild und Text gemeinsam im Handlungsablauf voran, verweilen bei den gleichen Situationen und Gegenständen, oder wechseln sich ab, um Inhalte aufzuzeigen.
Diese Bilderbücher sprechen in erster Linie ältere Rezipienten an.

 Bilderbuch – das Fenster zur Welt

2. Die Bedeutung des Bilderbuches für das Kind – die sichtbare Welt

Reize, die auf den Menschen einwirken, werden von verschiedenen Sinnessystemen aufgenommen. Nahsinne nehmen die Reize wahr, die direkt auf den Körper einwirken; Fernsinne nehmen vom Körper entfernte Reize wahr. Die Sinnesorgane, die die Reize aufnehmen, sind bereits vor der Geburt voll funktionstüchtig oder entwickeln sich innerhalb kürzester Zeit. Allerdings führt erst die Verknüpfung verschiedener Reize mit bereits vorhandenen Informationen und Erfahrungen zum Prozess der Wahrnehmung.

Die Wichtigkeit der Wahrnehmung spiegelt sich auch in unserer Sprache wieder. Uns drückt der Schuh, wir haben den richtigen Riecher, wir werden hellhörig oder haben von Tuten und Blasen keine Ahnung.

Über das Sehen nimmt der Mensch die meisten Eindrücke auf. Wenn wir uns Inhalte verdeutlichen, machen wir uns ein Bild, versuchen den Durchblick zu gewinnen. Wir erleben, dass Dinge ins Bild passen oder es fällt uns wie Schuppen von den Augen.

 Sammeln Sie Redewendungen, Gleichnisse, Metaphern und Prädikate, die auf die Wichtigkeit der visuellen Wahrnehmung hinweisen.

Bilderbücher können einen enormen Einfluss auf die Entwicklung eines Kindes haben, der von vielen Erwachsenen unterschätzt oder aber fehlgeleitet wird. Dies zeigt sich vor allem an den Mengen von Billigstliteratur, die jährlich verkauft werden und daran, wie wenig für eine gute Beziehung zwischen Kind und Buch getan wird. Häufig werden Bilderbücher gekauft, die die Erwachsenen »goldig« finden und keinerlei Bezug zur kindlichen Lebenswelt haben. Auch auf eine beständige Aktualisierung des Bilderbuchbestandes wird häufig verzichtet.

2.1 Das Bilderbuch als Spielzeug

Bilderbücher sind nicht nur als pädagogisches Bildungsmittel zu betrachten, vielmehr steht oft das Hantieren und Spielen im Vordergrund.

Als aktiv wahrnehmendes Wesen untersucht das Kind ein Bilderbuch in der gleichen Weise wie all die anderen Dinge seiner Umwelt. Es riecht und schmeckt die Seiten, untersucht die Beschaffenheit, indem es die Seiten zerreisst, den Rücken abtrennt, das Bilderbuch fallenlässt oder wirft. Das kleine Kind versucht das Bilderbuch in den »Griff« zu bekommen; das grössere Kind versucht den Inhalt motorisch zu »erfassen« und zu »begreifen«.

Im folgenden soll ein kleiner Überblick darüber gegeben werden, wie Kinder Bilderbücher in ihre gegenwärtigen Handlungs- und Denkvorgänge einbinden: Kinder nutzen Bilderbücher als Bauhilfe, als Spielzeug oder Spielanlass, als Mittel zum Knüpfen von Beziehungen, sowie zur Formulierung von Wünschen und Bedürfnissen. Sie dienen als Informationsquelle oder als Gesprächsanlass und zur Übung der Beobachtungsfähigkeit. Nicht zuletzt eignet sich ein Buch hervorragend zum Pressen von Blumen und Gräsern.

2.2 Das Bilderbuch als Mittel zur Bildung – Schauen macht schlau?

In der Pädagogik werden eine Vielzahl von didaktischen Mitteln eingesetzt, die eine festgelegte Absicht oder ein Ziel verfolgen. Hat man das bestimmte Ziel erreicht, wendet man sich neuen didaktischen Mitteln zu.

Ein Bilderbuch als didaktisches Mittel mit einer spezifischen didaktischen Absicht zu bezeichnen, ist folglich nicht schlüssig. Als Bildungsmittel übt das Bilderbuch in vielfältiger Weise Einfluss auf das seelische und geistige Wachstum eines Kindes aus. Ein Bilderbuch dient der Unterhaltung, beeinflusst das ästhetische, aber auch ethische Empfinden und führt in einem Lebensalter, das sich durch motorische Aktivität auszeichnet, zu Ruhe und Besinnung.

Ein und dasselbe Bilderbuch begleitet ein Kind über viele Jahre hinweg, der Aspekt des Neuen weicht dem Gefühl der Vertrautheit und dennoch werden dem Buch immer neue Details und Sichtweisen entnommen.

Über das Bilderbuch erfährt ein Kind eine neue Dimension der Wirklichkeit. Das Bild als Abbild der Realität setzt kreative Denkstrategien beim Kind frei. Da sich das abgebildete Ding dem Zugriff entzieht, bindet es die äußere Aktivität des Kindes, und wendet seine Regsamkeit nach innen

Voraussetzung ist jedoch, dass zuvor eine äussere Aktivität des Kindes stattgefunden hat, das Kind sich mit den Dingen seiner Umwelt auseinander setzt und primäre Erfahrungen durch eigenes Tun bereits gesammelt hat. Die Auseinandersetzung mit Bilderbuchinhalten ermöglicht den Erwerb stellvertretender Erfahrungen. Das Kind nimmt teil an den Erfahrungen anderer, hat aber zugleich den nötigen Abstand um durch aktives Zuhören, emotionale Beteiligung und reflektierendes Verhalten einen eigenen Erlebnisbereich zu entwickeln.

Die Kombination beider Prozesse, der handelnden und der gedanklichen Auseinandersetzung mit der Lebensumwelt führt letzendlich zu einem realistischen Weltbild. Bilderbücher können dabei ein erfolgreicher Vermittler sein.

2.2.1 Das Bilderbuch als umwelterklärende und umweltverstehende Hilfe – warum ist die Banane krumm?

Ein Kind eignet sich Wissen durch allmähliches **Erfassen, Begreifen, Verstehen, Anschauen** und **Erlauschen** an. Beim Betrachten eines Bilderbuches kann es die heute immer schneller und geballter auftretenden Umwelteindrücke selektieren, nach eigenem Ermessen damit umgehen und beliebig lang bei ihnen verweilen.

Inhalte des umwelterklärenden Bilderbuches reichen von ersten Spielobjekten – »Erste Bilder« – bis hin zu komplexen soziökonomischen Handlungen *(Alle Jahre wieder saust der Presslufthammer nieder)*. Häufig beziehen sich die Umweltgeschichten auf die tatsächlich erlebbare Umgebung des Kindes *(Der Maulwurf Grabowski)* und werden in realistischen Bildreihen dargestellt. Fantastische, verfremdende oder auch karrikierende Bilderbücher *(Die Raupe Nimmersatt)* haben ihre Funktion darin, die Wirklichkeit schärfer oder neu erkennen zu lassen. Ein interessantes Sachbuch ist die Geschichte *»Vom Maulwurf, der wissen wollte, wer ihm auf den Kopf gemacht hat«*.

Bilderbuch – das Fenster zur Welt

2.2.2 Das Bilderbuch als Hilfe zur Bewältigung der Realität – das Buch als Tor zur Welt?

In vielen Bilderbüchern lassen sich die didaktischen Intentionen des Autors klar erkennen *(Die dumme Augustine)*, während in anderen keine direkten Absichten erkennbar sind. Eine genauere Betrachtung durch die Erzieherin offenbart aber recht schnell den Gehalt eines Bilderbuches, der dann auch individuell auf die Gruppe zuschneidbar ist.

Interessant ist in diesem Zusammenhang eine Diskusion über den wert- und moralbildenden Inhalt des *Regenbogenfisch* von M. Pfisterer, dessen Aussage zunächst darin zu liegen scheint, dass die Möglichkeit des sich »Freunde kaufens« durchaus legitim ist. Erst eine intensive, auch philosophisch Auseinandersetzung mit dem Buch lässt erkennen, dass eine tiefere Bedeutung tatsächlich vorhanden ist.

Der magische Schal erzählt die Geschichte eines Mädchens, das durch das Tragen eines magischen Schales seine Ängste überwindet und schlussendlich feststellt, dieser Welt auch ohne »Talismann« gewachsen zu sein.

Bilderbücher regen Kinder häufig zum Nachspielen in Form von Rollen- oder Puppenspielen an. Diese Form der Nachbereitung eines Bilderbuches, angeleitet oder frei, gibt dem Kind die Gelegenheit die stellvertretenden Erfahrungen aus einem Bilderbuch in einer Rolle zu erleben, zu projezieren und auch zu verarbeiten.

Auch andere Formen der Nachbereitung, Weiterführung oder auch Einbettung einer Bilderbuchgeschichte in eine Projektplanung ermöglichen es dem Kind, sich intensiv direkt oder auch in der Rolle des zuschauenden Dritten auf Probleme einzulassen. So kann es Umweltvorgänge nachvollziehen oder auch Einblick in menschliche Bedürfnisse, Sorgen und Wünsche erhalten.

2.2.3 Das Bilderbuch als Hilfe bei der Übernahme von Normen und Werten – Trude Trau Dich?

Erste Erfahrungen der Werteeinteilung in »lieb« und »böse« erfährt das Kind durch seine nächsten Bezugspersonen. Weitere Differenzierungen erwirbt es im Laufe des Heranwachsens durch verschiedenste Erfahrungen und Erlebnisse. In Versen, Märchen und Bilderbüchern werden dem Kind Werte, Weltanschauungen und Ideale geboten. Diese reichen vom Recht auf Individualität und Freiheit über die Achtung vor anderen Lebewesen bis hin zur Willkürlichkeit von Machtausübung oder der Übernahme von Vorurteilen. Die Akzeptanz der gebotenen Wertvorstellungen hängt von der personellen Umgebung des Kindes ab.

Das Bilderbuch soll nicht nur der blossen Anpassung an vorhandene Normen und Verhaltensmuster dienen, sondern dem Kind helfen, autonomes Handeln, Kritikfähigkeit, Mut und Selbstbewusstsein zu entwickeln.

Der Erwachsene sollte deshalb Bilderbücher auswählen,
- die dem Kind helfen, seine Probleme und Konflikte weitgehend angstfrei zu verstehen und zu verarbeiten,
- die dem Kind statt Heiler-Welt-Erfahrung Handlungsalternativen und -kompetenzen vermitteln.

Bilderbuch – das Fenster zur Welt

Die Engländerin Babette Cole beschäftigt sich in vielen ihrer Bilderbücher *(Prinzessin Pfiffigunde, Prinz Pfifferling, Tarzanna)* mit den Rollenerwartungen an die Geschlechter und findet interessante und ungewöhnliche Lösungsmöglichkeiten. Der Text ist so humorvoll gehalten, dass auch Schulkinder eine Tiefsinnigkeit darin erkennen.

Der Kinderschriftsteller Leon Garfield erzählt in dem Bilderbuch *Eine Hälfte für dich, eine für mich* eine Geschichte über Armut und Besitz, Angst und Mut und vor allem über Gerechtigkeit sehr eindringlich und doch mit einem wunderbaren leisen Humor.

2.2.4 Das Bilderbuch zur Förderung der Denkfähigkeit und Sprachleistung – Lesen macht schlau?

Durch die aktive Auseinandersetzung mit dem Buch erbringt das Kind spielerisch geistige Leistungen. Bereits das Erkennen eines realen Gegenstandes in der eindimensionalen Abbildung ist ein komplizierter Akt. Im Laufe der fortschreitenden Entwicklung differenziert das Kind die Fähigkeiten des Erkennens, Deutens, Interpretierens immer mehr. Ein Kleinkind betrachtet das erste Szenenbilderbuch vom *Kater Mock* und sieht verschiedene Katzen beim Schlafen, Essen und sich Putzen. Später schafft es die Übertragung, dass es sich hierbei um ein und dieselbe Katze in verschiedenen Situationen handelt; als 6-jähriges Kind kann es eine Geschichte daraus entwickeln.

Eine Trennung der kognitiven Leistungen von der sprachlichen Entwicklung ist nicht möglich, vielmehr spiegelt und fördert das Eine das Andere. Das Kind lernt genau hinzusehen und zu beobachten, nach Unbekanntem zu fragen, Vergleiche anzustellen, Geschichten zu erzählen und weiter zu fabulieren. Kreativer Umgang mit Sprache durch Wortspiele oder auch Worterfindungen wird möglich. Kombinations- und Assoziationsfähigkeit werden angeregt, indem ein Kind sich die »Vorher-« und »Nachhersituationen« einer Handlung überlegt. Gerade textlose Szenenbilderbücher *(Ali Mitgutsch: Bei uns im Dorf)* sind ein unverzichtbarer Teil der Sprachförderung. Bilderbücher mit Textbeigaben bieten ein Sprachspektrum, von einfachen Sätzen, Reimen und Gedichten, bis hin zu Textgestaltungen, die hinsichtlich ihres Inhaltes, ihrer Länge, aber auch des Satzbaus und der Ausdrucksweise komplexer sind. Eine solche Verwendung ist in unserer Umgangssprache nicht gebräuchlich, somit dem Kind im Alltag nicht zugänglich.

2.2.5 Das Bilderbuch fördert die Ansprechbarkeit der Gefühle – vom Mitfiebern?

Bilderbücher wirken sowohl durch ihre Inhalte als auch durch Farb- und Formgestaltung auf die Gefühle des Betrachtenden. Sie rufen Stimmungen hervor und bereiten die Basis zum empathischen Verständnis. Der Bilderbuchautor Leo Lionni sagt hierzu: »Das Kind muss fähig sein sich mit den Gestalten in meinen Büchern zu identifizieren, sonst wird es nicht von meinen Geschichten ergriffen und muss sie bestenfalls als etwas Überflüssiges ansehen. Die Fähigkeit des Sich-Identifizierens, die Fähigkeit Schmerz und Freude anderer zu empfinden ist unsere höchste Gabe. Wenn sie verloren geht, werden wir grausam und gefährlich für andere und für uns. Es ist wichtig,

Bilderbuch – das Fenster zur Welt

dass Kinder darin bestätigt werden, sich einzufühlen und sich in anderen wieder zu finden.« Allerdings soll keine kritik- und gedankenlose Identifikation stattfinden, vielmehr muss das Kind Angebotenes mit seiner eigenen Lebenssituation vergleichen können, »Sich-Wieder-Finden« in den Dingen der Umwelt und die Dinge in eigenen Begriffen und in Beziehung zu sich selbst verstehen.

Die Farbgestaltung eines Buches wirkt sich auf die Beziehung zwischen Kind und Bild aus. Hell und kräftig gestaltete Bilderbücher ziehen Kinder an, wogegen sie dunkle und düstere Farben als bedrohlich und furchteinflössend erleben. Harmonische Farbigkeit eines Buches veranlasst das Kind zu der Einteilung in die Kategorien »Schön« und »Nicht-Schön«. Gleiches gilt auch für gut gestaltete Schwarz-Weiss Illustrationen.

2.2.6 Das Bilderbuch als Hilfe bei der Entwicklung von Formgefühl und Formverstehen – ist Barbie schön?

Die unüberschaubare Flut von visuellen Sinneseindrücken durch das Fernsehen, durch Comics, Versandhauskataloge und Illustrierte lässt die Wahrnehmung der Kinder oberflächlich werden und vermittelt zudem falsche Wertvorstellungen. Ein Angebot ästhetisch wertvoller Bilderbücher ist weichenstellend für spätere differenzierte Maßstäbe zur Beurteilung von Bildern. Der »Hang zum Kitsch« ist keineswegs angeboren, sondern das Ergebnis früh einsetzender Gewöhnung.

Die erzieherische Wirkung von Bilderbüchern ist abhängig vom begleitenden Erwachsenen. Überlegen Sie, unter welchen Bedingungen Sie Bilderbücher im Kindergarten erzieherisch einsetzen können.

3. Formen und Themenbereiche von Bilderbüchern

3.1 Elementarbilderbuch

Elementarbilderbücher sind textfreie Bilderbücher, die auf Einzelbildern Gegenstände zeigen, mit denen das Kleinkind alltäglichen Umgang und bereits ausreichend sinnliche Erfahrung hat. Dieses erste Bilderbuch sollte das Charakteristische eines Gegenstandes aufzeigen, der dem Kind vertraut ist. Es muss kein tatsächliches Abbild der Realität sein. Die Zeichnung kann vereinfacht und auf das Wesentliche beschränkt sein. Ein Auto hat Räder und Fenster; die Blume ist bunt und hat grüne Blätter.

Gerade mit diesem ersten Bilderbuch geht ein Kind hantierend und experimentierend um. Es betrachtet das Buch als ein zu erforschendes Objekt, weniger als ein Medium zum Anschauen. Mit allen Sinnen wird es dieses Bilderbuch erfahren wollen: schmeckend, riechend, fühlend und bewegend.

Elementarbilderbücher sind äusserst stabil und sollten abwaschbar sein; sie werden häufig in Form von Leporellos (Zick-Zack-Büchlein) angeboten.

Bilderbuch – das Fenster zur Welt

3.2 Szenenbilderbuch

Im weiteren Verlauf der Entwicklung erwirbt das Kind Verständnis für kleine Szenen. Gegenstände können nun in einer Umgebung abgebildet sein. Autos auf einer Straße, Tiere im Wald, Spielsachen im Kinderzimmer. Das Tun von Mensch und Tier, Veränderungen und das Geschehen stehen im Mittelpunkt des Interesses. Die Funktion des Szenenbilderbuches liegt neben dem hantierenden Umgang hauptsächlich darin, Handlungsabläufe zu erkennen, diese zu verbalisieren und zu fabulieren.

Da das Denken der Drei- und Vierjährigen an konkrete Erfahrungen gebunden ist, sollten die Inhalte innerhalb des persönlichen Erfahrungsbereiches des Kindes liegen, Bilder und Text darauf aufbauen und nicht aus der Sicht des Erwachsenen gestaltet sein.

Ältere Kinder faszinieren die Bilderbücher von Ali Mitgutsch, in denen zum Teil großformatig Baustellenszenen oder Dörfer in den verschiedensten Jahreszeiten mit vielen kleinen, auch witzigen Szenen dargestellt sind.

Aus den oben abgebildeten Bildern wird ein vierjähriges Kind »Fakten« ablesen. Die Frau schaut aus dem Fenster und zieht den Jungen am Ohr. Ein fünfjähriges Kind wird die Verbindung zum eingeworfenen Fenster herstellen, also ein »Zuvor« entwickeln und ein noch älteres Kind wird eine Geschichte entwickeln können, die im Winter beginnt, eine Schneeballschlacht zum Inhalt hat, bei der ein Fenster eingeworfen wird; die Frau beschreibt, die nun ärgerlich ist, weil sie frieren muss, folglich den Jungen am Ohr zieht und es den Eltern erzählen wird, die das Fenster schnell reparieren lassen müssen. Vielleicht wird es sogar noch Regeln zum Verhalten bei Schneeballschlachten erarbeiten und sehr wahrscheinlich eigene Erfahrungen miteinbringen.

Bilderbuch – das Fenster zur Welt

3.3 Wirklichkeitsnahe Bilderbuchgeschichten

Diese Art von Bilderbuch schließt sich unmittelbar an die Szenenbilderbücher an. Thema ist das Kind in der tatsächlichen und sinnlich be-»greifbaren« Welt. Bildeinheiten werden zu Umweltepisoden erweitert. Ebenso wie das Kind selbst die Grenze zwischen Wirklichem und Unwirklichen nicht erkennt, ist es schwierig eine exakte Abgrenzung zum fantastischen Bilderbuch zu definieren. Bilderbücher, die eine Mischung von realer Handlung und fantastischen Elementen, wie vermenschlichte Tiere und kindliche Wunschvorstellungen, aufweisen werden zu den wirklichkeitsnahen Bilderbuchgeschichten gezählt.

Im folgenden soll ein Überblick über die Themenvielfalt der wirklichkeitsnahen Bilderbuchgeschichten gegeben werden.

- Umwelt, Natur
  Viele wirklichkeitsnahe Bilderbücher vermitteln dem Kind erste Einblicke in Natur und Umweltvorgänge. Beispielhaft anzuführen ist die sehr realitätsnahe Erklärung von Janosch über die Entstehung eines Schmetterlinges, als auch sein Buch »Mutter sag, wer macht die Kinder«. Annegret Fuchshuber beschreibt in dem Buch »In dieser Nacht« mit wunderbaren Bildern die erste Frühlingsnacht eines Jahres. Das Bilderbuch »Vom kleinen Samenkorn« beschreibt Werden und Vergehen einer Pflanze. Ästhetisch schön ist das Bilderbuch vom »Gesang der Wale«. Umweltbewusst signalisiert das Bilderbuch »Nach dem großen Sturm« Hoffnung und regt zum Nachdenken an.

- Farben, Zahlen, Buchstaben
  In die Nähe eines Sachbuches gehören Bilderbücher dieses Themenbereiches. Wolf Erlbruch gestaltete das Buch vom »Hexen-einmal-eins« nach der Vorlage von Goethe. Faszinierend ist auch »Die wahre Geschichte von den Farben« von Eva Heller.

- Zusammenleben
  Im Kindergarten erleben sich Kinder erstmals als Mitglied einer größeren Gruppe. Sie müssen sich einordnen und einen Mittelweg zwischen »Führen« und »Geführt-werden« finden. Wirklichkeitsnahe Bilderbuchgeschichten helfen dem Kind Probleme zu erkennen und Handlungsalternativen zu finden. »Die dumme Augustine« vermittelt emanzipatorische Gedanken, »Der rote Sessel« stärkt die Position von Kindern in der Familie, »Willi Wiberg spielt doch nicht mit Mädchen« unterstützt den Abbau von bewussten und unbewussten Rollenklischees. Bilderbücher, wie »Laura legt los« und »Sofie macht Geschichten« stärken die Mädchen einer Gruppe. »Heute schlafe ich bei Frederik« beschreibt einfühlsam, wie Kinder sich zuweilen bei der Erfüllung ihres Lieblingswunsches überfordern und zeigt Wege auf, die eigenen Fähigkeiten mit der Zeit besser einzuschätzen. Zum Erlernen des Umgangs mit Gefühlen regen »Manchmal hab ich Angst« und »Ich kann nicht schlafen«, aber auch »Anna und die Wut« oder »Der wütende Willi« an.

Bilderbuch – das Fenster zur Welt

3.4 Fantastische Bilderbuchgeschichten

Diese Form der Bilderbuchgeschichten kommen der kindlichen Fantasie sehr entgegen. Anthropomorphisierte Tiere, aufgehobene Naturgesetze und die, von Autoritäten ungehemmte Durchsetzung kindlicher Wunschvorstellungen und Träume, sind häufig Inhalt dieser Bücher. Tiere, die sich in der Philanthropie üben und Kiesel die Wörter bilden, aber auch sich solidarisierende Fische oder Mäuse, die eine neue Werthaltung propagieren, greifen die kleinen und grossen menschlichen Probleme auf und bieten Möglichkeiten zur distanzierten Betrachtung. Gerade die Verkleidung in fantastische Geschichten weckt in den Kindern ein Problembewusstsein, dessen Lösung die pädagogische Fachkraft nicht unmittelbar nachreichen muss.

»*Cornelius*« beschreibt die Geschichte eines besonderen Krokodils, das unaufdringlich aber bestimmt seinen Weg geht, wohl ahnend, dass nach seiner Intervention »nichts mehr so sein wird, wie es mal war«. »*Gackitas Ei*« ist ein Buch für Krokodileltern. Ein Huhn brütet ein Krokodilei aus und adoptiert das junge Krokodil. Wegen dessen Andersartigkeit müssen Gackita und ihr Kind vom Hühnerhof wegziehen. Am Ende erfährt das Krokodilkind auch von Seiten der anderen Hühner Anerkennung und Wertschätzung. Thematisch befassen sich viele fantastische Bilderbücher mit den bereits im obigen Abschnitt benannten Themenbereichen, aufgegriffen wird aber auch das Bedürfnis nach »Mächtigsein«. Der Klassiker »*Wo die wilden Kerle wohnen*« lädt zum Philosophieren mit Kindern ein. »*Die Tütenprinzessin*«, »*Zilly, die Zauberin*« und »*Die neugierige Hexe*« ermöglichen kreative Denkanstösse.
»*Der Käsespion*« führt in erste kriminaltechnische Besonderheiten ein.

Bilderbuch – das Fenster zur Welt

3.5 Sachbilderbuch

Ein Sachbilderbuch eignet sich für das Kind, das sich in einer Phase befindet, in der die Frage nach den Zusammenhängen, Gründen und Ursachen eines Geschehnisses im Vordergrund steht. Die Frage nach dem »Warum« quält Kind und Umgebung. Viele Erwachsene stehen dem Wissensdurst der Kinder hilflos und überfordert gegenüber. Theoretische Ausführungen sind selten erwünscht und auch schwer in eine kindgemäße Erklärungsform zu übertragen. Hier können Sachbilderbücher unterstützend eingreifen. Voraussetzung ist, dass es sich um gut gestaltete Bilderbücher handelt, die, an den Realerfahrungen der Kinder anknüpfend, Inhalte richtig und kindgemäß vermitteln. Auswahl und Aufbereitung der Inhalte können nicht allein von der Wichtigkeit der Sache bestimmt sein, sondern müssen auch der kindlichen Eigenart der Erkenntnisgewinnung Rechnung tragen. Hier gelten auch die klassischen Prinzipien zur Arbeit mit Kindern:

- vom Leichten zum Schweren
- vom Nahen zum Fernen
- vom Bekannten zum Unbekannten

Originelle und humorvolle Ausführungen finden mehr Anklang als Sachbilderbücher im Stil eines »Ersten Kinderlexikons«.
Formal können obige Bilderbücher auch in Form eines Fotobilderbuches eingesetzt werden.

3.6 Märchenbilderbuch

Inhalte von Bilderbüchern nach Volksmärchen und Sagen sind den Kindern häufig bereits bekannt und werden durch die Bilder erneut lebendig. Die Abbildungen in Märchenbilderbüchern sollten dem Kind genügend Spielraum für eigene Vorstellungen lassen. Es gehört zur Eigenart des Volksmärchens, Details von Milieu und Personen nur anzudeuten, über manche Einzelheit und Handlung mit wenigen Worten hinwegzugehen, Gefühlslagen und Stimmungen der Interpretation des Hörenden zu überlassen. Diese Merkmale sollten sich auch in der Bildgestaltung eines Märchenbilderbuches wiederfinden (siehe auch Märchen).

Bilderbücher nach Kunstmärchen sprechen eine ältere Klientel an und haben einen differenzierteren Handlungsablauf. Hier kann die bildnerische Gestaltung detaillierter und freier ausfallen.

Eine weitere Variante des Bilderbuches soll nicht unerwähnt bleiben. Jakob Streit erzählt im Bilderbuch »Die Zauberflöte« Mozarts Oper. Kombiniert mit einer kindgerechten Zusammenstellung der musikalischen Vorlage oder dem gleichnamigen Puppenspiel der Augsburger Puppenkiste ermöglicht dieses Buch ebenso wie »Peter und der Wolf« Zugang zu klassischen Werken.

3.7 Religiöse Bilderbuchgeschichten

Biblische Geschichten der Allgemeinheit per Bild nahe zu bringen war einer der Auslöser für die Entstehung des Bilderbuches überhaupt. Für Kinder beschränken sich biblische Geschichten hauptsächlich auf das neue Testament, da die Erlebnisse von Jesus und seinem Leben den Kindern eher zugänglich sind als Geschichten aus dem alten Testament. Christliche Werte und Glaubensregeln werden den Kindern durch die Bebilderung und eine einfache Sprache nahe gebracht. Gestalterisch sollte der symbolhafte Inhalt den Kindern auch in klaren Farben und einfachen Formen vermittelt werden.

Neben vielen gut gestalteten Bilderbüchern zu Jesus Geburt und seinen Taten gewähren auch Bilderbücher wie »Das kleine ICH-BIN-ICH« und »Der kleine Gärtner« den Kindern Einblick in das Menschsein und Menschwerden.

Bilderbuch – das Fenster zur Welt

*Erstellen Sie eine zusammenfassende Tabelle über Ihnen bekannte Bilderbuchtypen, deren formale Erscheinung und dem pädagogischen Wert, bzw. Funktion. Zur Belegung durch Beispiele suchen Sie die Bibliothek auf und suchen insbesondere die hier aufgeführten Titel.
Beispiel für den Typ »Elementarbuch«:*

Typ	Formale Erscheinung	Funktion / päd. Wert	Beispiel
Elementar-bilderbuch	robuste Ausstattung, abwaschbar, klare Formen und Farben, eine Darstellung pro Seite aus der sinnlich begreifbaren Umwelt des Kindes häufig als Leporello	hantierender und experimentierender Umgang mit dem Bilderbuch Anschauen, erkennen und benennen von Dingen aus der Alltagswelt	Wenn die Sonne scheint Mein Spielzeug Auf dem Bauernhof Was hörst du?

4. Allgemeine Anforderungen an ein Bilderbuch

4.1 Äußere Gestaltung

Bilderbücher erlebten in den letzten zwanzig Jahren einen regelrechten Boom. Genauso wie sich Themen und Inhalte erweiterten, erweiterte sich das gestalterische Repertoire der Autoren und Zeichner. Inzwischen sind neben den klassisch gemalten Bilderbüchern alle künstlerischen Stilarten und -richtungen vertreten. Spielarten des Expressionismus, aber auch Naturalismus und des Surrealismus ergeben eine große Bandbreite. Abstrahierende und stilisierende Zeichnungen in Aquarell- und Tuschebildern sind ebenso vertreten wie Druck-, Holzschnitt- und Montagetechniken. Auch Anleihen aus der »Comic-Literatur« erobern zunehmend den Markt.

Die angebotenen künstlerischen Ausdrucksformen entsprechen nicht immer den Bedürfnissen, Interessen und Neigungen der Kinder und bedürfen oft der Vermittlung durch den Erwachsenen.

Bilderbuch – das Fenster zur Welt

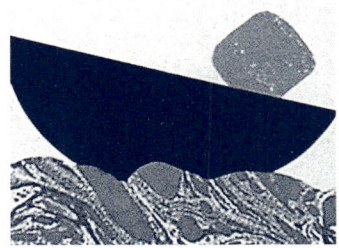

Äußere Gestaltungsmerkmale:

- Gliederung der Bildseiten
  Ein möglicher Anhaltspunkt ergibt sich durch die von Kindern selbst gestalteten Zeichnungen, die dem Erwachsenen Einblick in das kindliche Wirklichkeitsbild geben. Ein Kind zeichnet schematisierend, vereinfacht und reduziert auf das für ihn Wesentliche. Echt wirken auf das Kind erkennbare Grundmerkmale und die Typisierung von Einzelheiten. Die Zeichnungen geben den ganzheitlichen Charakter des Weltbildes wieder. Fehlende perspektivische Gestaltung und eine unkorrekte Darstellung von Raum- und Grössenverhältnissen beeinträchtigen das Bildverständnis des Kindes nicht. Inhaltlich gute Bilderbücher legen auch Wert auf eine künstlerisch differenzierte Gestaltung, um einer einseitigen und retardierten ästhetischen Wahrnehmung vorzubeugen.

- Farbgebung
  Neben dem emotionalen Aufforderungscharakter (siehe: 2.2.5 Einfluss des Bilderbuches auf die Gefühle) der verwendeten Farben ergaben Untersuchungen, dass die Farbgestaltung dem Kind zunächst nicht so wichtig ist, als eine klare Umriss-

Bilderbuch – das Fenster zur Welt

und Formgebung der Abbildungen. Kräftige, auch realitätsfremde Farben verdeutlichen Inhalte, heben Details hervor und schaffen eine freundliche oder aber bedrohliche Atmosphäre.

- Größe
  Bilderbücher sind für Kinderhände. Daran sollte sich auch ihre Größe orientieren. Für Bilderbuchbetrachtungen in einer Kindergruppe müssen die Darstellungen groß genug sein, um allen Kindern eine Betrachtung der Bilder zu ermöglichen ohne dem Erwachsenen ständig näher zu kommen und somit auch den anderen die Sicht zu nehmen.

- Stabilität
  Bilderbücher werden »begriffen« und begleiten ein Kind oft über Jahre hinweg. Daher sollte man auf eine solide Verarbeitung achten.

4.2 Inhaltliche Aspekte

Damit Bilderbücher eine erzieherische Funktion erfüllen können, müssen sie einige grundlegende Bedingungen erfüllen:

- Inhaltlich muss das Buch an der Erlebnis- und Gedankenwelt des Kindes anknüpfen, um eine kognitive Auseinandersetzung zu ermöglichen.

- Bilderbücher mit demokratischer und emanzipatorischer Intention verhindern Rollenfixierungen und die Bildung von Vorurteilen.

- Die Thematik eines Bilderbuches soll ein Kind zum Mitdenken anregen und ihm das Einbringen eigener Lebenserfahrungen ermöglichen.

- Die Bearbeitung von Konflikten und Problemen in Bilderbüchern sollte angstfrei geschehen.

- Die angebotene Lösung eines Bilderbuches ist nicht verbindlich, vielmehr soll das Kind befähigt werden, autonom zu handeln und Kritikfähigkeit zu üben.

- Die Bilder eines Bilderbuches sollten handlungsreich sein und Sprachanreize schaffen.

- Bild und Text müssen übereinstimmen oder sich ergänzen und dem kindlichen Sprachvermögen entsprechen.

- Bilderbücher sollen unterhalten.

4.3 Möglichkeiten zur Bilderbuchanalyse

- **Bibliographische Angaben:**
  Titel / Autor / Illustrator / Verlag / Erscheinungsjahr

  Äußere Erscheinungsform:
  Format / Art des Einbandes, der Heftung

  Bilduntersuchung:
  Farben, Umrisse, Stimmungswerte / Übereinstimmung des Aussehens und der Bewegung der Objekte mit der inhaltlichen Aussage / »lesbar«, auch ohne Textvermittlung

  Inhalt:
  kurze Inhaltsangabe / Beschreibung der Buchaussage

  Innere Darstellung:
  Aufbau (Text-Bild-Verhältnis) / Stil und Technik der bildlichen Darstellung / Zuordnung des Textes zu einer literarischen Gattung (Lyrik, Märchen, Geschichte...)

  Textuntersuchung:
  Übereinstimmung von Text und Bild / Verständlichkeit in Satzstruktur und Wortwahl

- **Bewertung des Inhaltes**
  Thema:
  Nähe zu den Interessen und Bedürfnissen des Kindes / Übertragbarkeit der Thematik und Art der Darstellung auf die Lebenssituation des Kindes / Bearbeitung des Themas in der Realität oder der Fantasie?

  Rollendarstellung:
  Charakterisierung der Handlungsträger / Rollenfixierung / Verhaltensmuster

  Konfliktdarstellung:
  Hilfe bei der Bewältigung eigener Konflikte / Vorschnelle Harmonisierung oder Lösung des Konfliktes auf Kosten des Kindes / Nachvollziehbarkeit des Konfliktes und dessen Lösung für das Kind

- **Förderungsmöglichkeiten durch das Bilderbuch**
  Kognitiver Bereich:
  Konzentration / Erinnerungsvermögen / Abstraktionsvermögen / Gedächtnistraining / Imagination

Bilderbuch – das Fenster zur Welt

Emotionaler Bereich:
Ansprechbarkeit der kindlichen Gefühle / Sensibilisierung für Gefühlserlebnisse / Möglichkeit zur Identifikation oder Distanz / Erfahrung der Geborgenheit und sozialer Befriedigung / Förderung der Toleranz / Anregung zur Verhaltensänderung

- **Lernabsicht**
Belehrung durch das Bilderbuch unterschwellig oder offen?

- **Kriterien zum Lesealter**

- **Resümee und persönliche Stellungnahme**

Treffen Sie eine grössere Auswahl von Bilderbüchern und eröffnen Sie damit eine »Buchmesse«.
Hierzu sollen in Zweiergruppen äußerliche und inhaltliche Gestaltungskriterien herausgearbeitet werden und vom Repräsentanten der restlichen Klasse – Interessenten – vorgestellt werden. Die Anbieter versuchen alle positiven Eigenschaften der Bücher hervorzuheben, sind aber auch der Kritik der Interessenten ausgesetzt.

5. Vermittlung von Bilderbüchern

Das Bilderbuch zählt zu den bedeutsamsten Literaturgattungen im vorschulischen Bereich. Bilderlebnisse sind von nachhaltiger Wirkung, daher ist es wichtig, dass Bilderbücher sorgfältig ausgewählt werden.

5.1 Individuelle Auswahl

Die Auswahl sollte nicht nur vom persönlichen Geschmack der pädagogischen Fachkraft bestimmt sein. Bilderbücher, die beim Erziehenden keine positive Resonanz finden, sollten allerdings vermieden werden. Selten kann Begeisterung für etwas geweckt werden, wenn sie nicht selbst empfunden wird.
Bei der Auswahl **muss** ein Gespür für die Interessen, Bedürfnisse und Lernmotivationen des einzelnen Kindes und der Gruppe entwickelt werden.

Bedürfnisse des einzelnen Kindes

Das Betrachten von Bilderbüchern darf nicht nur auf die Schulung kognitiver Fähigkeiten ausgerichtet sein, sondern sollte auch die Bedürfnisse des Kindes nach Geborgenheit und Zuwendung berücksichtigen. Das Kind empfindet das gemeinsame Betrachten als eine konkrete Form liebevoller Fürsorge die ihm auch signalisiert, dass man sich Zeit nimmt für Wünsche und Bedürfnisse. Es erlebt Geborgenheit, übt sich im Dialog und bildet darüber die eigene kindliche Liebesfähigkeit aus. Die Neugier, die Entdeckungslust und der Erlebnishunger der Kinder bieten die Grundlage dem Bildgeschehen zu folgen.

Bilderbuch – das Fenster zur Welt

Das Kind ist täglich einer Vielzahl von Eindrücken ausgesetzt. Es erlebt viele freudige Ereignisse, aber auch beängstigende Situationen; manchmal auch dramatische Geschehnisse. Situationen, die zu Gesprächen, aber auch zum Einsatz von Bilderbüchern einladen könnten sein:

Lebenssituation, Interesse und Bedürfnis	Bilderbuchvorschläge
Trennung der Eltern	»Papa wohnt jetzt in der Heinrichstraße« »Auf Wiedersehen, Papa«
Geburt eines Geschwisterkindes	»Mutter sag, wer macht die Kinder« »Klar, dass Mama Ole Anna lieber hat«
Interesse an der eigenen Sexualität	»Peter, Ida und Minimum«
Tod eines Elternteils, oder der Großeltern Tod eines Haustieres	»Kleiner Mond« »Still, ich denke an das Huhn«
Belastete Freundschaft	»Du hast angefangen! Nein, du!« »Zilly die Zauberin«
Angst vor dem Einschlafen	»Das Traumfresserchen«

Gehen Sie in die Bibliothek und suchen Sie weitere Bilderbücher zu den oben genannten Themenbereichen. Erweitern Sie die Liste um die Bereiche: Sozialverhalten, Sexualerziehung, Naturvorgänge, Arzt- und Krankenhausbesuche etc.

Greift die pädagogische Fachkraft zu speziellen Bilderbüchern um eine Situation aufzuarbeiten, ist es manchmal auch angezeigt, weitere Kinder hinzu zu nehmen. Dies könnten Kinder mit ähnlichen Problemen, Affinitäten und Fähigkeiten sein, aber auch Kinder, bei denen man gezielt auf das empathische Vermögen einwirken will. Durch Einblicke in bestimmte Zusammenhänge sollen diese zu mehr Verständnis geführt werden.

Bilderbuch – das Fenster zur Welt

Bedürfnisse der Gruppe

Der Einsatz von Bilderbüchern sollte auf das Gruppengeschehen, Jahreszeiten, Feste und Feiern, Naturereignisse etc. abgestimmt sein. Im Vordergrund müssen immer die Bedürfnisse und Notwendigkeiten der Gruppe stehen. Die pädagogische Fachkraft ist angehalten, seine Gruppe zu beobachten und Problemsituationen, aber auch Wünsche und momentane Interessen zu berücksichtigen.

Ähnlich wie bei der Berücksichtigung von Bedürfnissen des einzelnen Kindes, muss sie auch der Situation in der Gruppe gerecht werden. Ist eine Situation erfasst, beginnt die Auswahl von geeigneten Bilderbücher zu diesem Thema. Auswahlkriterien werden im Folgenden benannt.

An das Bilderbuch sind viele Anforderungen geknüpft.

- Intension und Aussagekraft
  Ist das Bilderbuch geeignet für den Einsatz in dieser speziellen Situation?
  Entspricht es dem Entwicklungsstand der Kinder?
  Steigert es kreative Leistungen des Kindes?

- Größe und Verarbeitung
  Sind die Bildseiten groß genug, um sie mit der Kindergruppe zu betrachten?

- Textgestaltung
  Ist er zu konstruiert, oder entspricht er dem Verständnis und Entwicklungsstand der Kinder?

- Aussagekraft
  Bietet das Bilderbuch genug Identifikationsmöglichkeiten?
  Schafft es Sprachanreize?
  Zeigt es Lösungen auf, die innerhalb der Kindergruppe zur Umsetzung gelangen oder als Impuls dienen können?

Bilderbuch – das Fenster zur Welt

Neben den allgemeingültigen Kriterien (siehe Kapitel 4) sollten diese Aspekte bei der Auswahl von Bilderbücher beachtet werden. Oftmals kann ein Bilderbuch nicht alle Anforderungen erfüllen, dennoch kann es für die spezielle Situation geeignet sein.
Sind ihre didaktischen Vorüberlegungen abgeschlossen, beginnt die Methodenauswahl.

5.2 Vermittlungstechniken

Im Umgang mit dem Bilderbuch vollzieht sich beim Kind ein erhebliches Maß an geistiger Leistung. Es erkennt, deutet, interpretiert Bild und Text. »Schon das bloße Erkennen der in der Abbildung gemeinten Wirklichkeit ist ein komplizierter geistiger Akt... « (K. E. Maier). Von der Vorschulpädagogik wird erwartet, dass didaktische Möglichkeiten genützt, sowie Zielvorstellungen und Methoden entwickelt werden.
Nach der Situationsanalyse und der Auswahl des geeigneten Bilderbuches, folgt die Entwicklung der Methode.

Entwicklung einer geeigneten Methode

Das Bilderbuch hat einen hohen inhärenten Motivationscharakter, trotzdem können wir die Neugierde der Kinder steigern, wenn wir uns Gedanken über eine interessante Hinführung machen.

- Wir können Symbole aus dem Bilderbuch herausarbeiten und den Kindern in Form eines gebastelten, gemalten oder pantomimisch dargestellten Gegenstandes als Bezug anbieten.

- Gegenstände die einen Bezug zum Thema haben, könnten in einem Korb ertastet, als Puzzle zusammengesetzt oder aus Geschenkpapier ausgewickelt werden. Die Kinder werden neugierig. Sie können ihre Fantasie entwickeln und sie werden zum Fabulieren angeregt. Das Interesse ist geweckt.

- Als Einstieg könnte aber auch das Singen eines bekannten Liedes, Geräusche auf Kassette oder eine entsprechende Raumdekoration dienen.

Entwickeln Sie weitere motivationssteigernde, allgemeine Hinführungsmethoden. Wählen Sie ein Bilderbuch aus und überlegen Sie, welche Hinführung sich dazu anbietet.

Um eine geeignete Technik zur Vermittlung eines Bilderbuches zu erarbeiten, muss der Entwicklungsstand des Kindes berücksichtigt werden.

- Das dreijährige Kind erfasst die Dinge ganzheitlich und erlernt die Fähigkeit einfache Zusammenhänge zu erkennen. Fortlaufenden längeren Handlungen kann es noch nicht folgen. Das Kind soll über das gemeinsame Betrachten Anregung erfahren, ein Bilderbuch auch alleine anzuschauen.

Bilderbuch – das Fenster zur Welt

Wichtig ist, dass man dem Kind **Zeit lässt kleine Einzelszenen** zu betrachten, sowie **Raum zur Nachahmung** von Geräuschen und Handlungen bietet.
In diesem Alter kann man nicht davon ausgehen, dass die Kinder im Stuhlkreis über längere Zeit hinweg konzentriert dem Geschehen folgen können. Da sie sich sprachlich noch nicht differenziert ausdrücken können, muss ihnen Gelegenheit gegeben werden, einzelne Dinge auf dem Bild zu zeigen oder auf interessante Details hinzuweisen.

- Das vier- bis fünfjährige Kind ist zunehmend in der Lage Einzelheiten und Zusammenhänge zu erfassen, ohne sie jedoch zeitlich ordnen zu können. Es empfindet Freude an Erlebnissen und Abenteuern und kann sich mit Personen und Handlungen identifizieren. Langsam entwickelt das Kind Sinn für Humor. Es sollte befähigt werden, sich auf die Bilder zu konzentrieren und Einzelheiten in den Gesamtkontext des Buches einzuordnen.
Wichtig ist, dass den Kindern Zeit zum Betrachten des Bildes gegeben wird. Durch Denkanstösse können Einzelheiten und Zusammenhänge selbst erfasst werden. Die pädagogische Fachkraft gibt eine inhaltliche Zusammenfassung des Bildes und leitet durch gezielte Fragestellung nach dem Fortgang der Handlung zum nächsten Bild über. Hierbei weckt sie Spannung und motiviert das Kind, das Geschehen weiter zu verfolgen.
Textpassagen in Reimform oder sprachlich schön formulierte Wendungen sollten wörtlich wiedergegeben und hervorgehoben werden.

- Die sechs- bis siebenjährigen Kinder sind in der Regel fähig, Zusammenhänge selbständig zu erfassen und eine zeitliche Zuordnung vorzunehmen. Schlussfolgerungen und Vergleiche können bereits gezogen werden. **Die direkte Umwelt ist im Wesentlichen erfasst und ermöglicht dem Kind, sich seiner weiteren Umwelt zuzuwenden und Neues aufzunehmen.**
Das Kind ist zunehmend fähig, reale Begebenheiten und Fantasie zu trennen. Die Barriere zwischen Wirklichkeit und Abbildung kann überwunden werden.
Das Kind kann sich auf das Bildgeschehen konzentrieren, Entwürfe anderer Kinder bei seinen Überlegungen berücksichtigen und Gedanken weiterführen.
Zur Erlangung der Schulreife gehört auch, Bildgeschichten in einen kausalen und temporären Zusammenhang zu bringen und sprachlich wiederzugeben.
Wichtig ist, dass durch die **Bilderbücher mittelbare Erlebnisse geschaffen** werden, an die man später anknüpfen kann, z.B. über Sitten und Gebräuche anderer Länder. Hier wird dem Kind die **Möglichkeit gegeben, Vergleiche zu ziehen,** um sie mit der eigenen Erfahrung zu verknüpfen.
In dieser Altersstufe ist das Kind in der Lage, sich sprachlich zu Einzelheiten des Inhaltes zu äussern. Ein häufiges Aufstehen und Zeigenlassen durch einzelne Kinder sollte vermieden werden.

Grundsätzlich gilt:

- Bilderbücher für alle Altersgruppen sollten hinsichtlich der Bilder so gestaltet sein, dass sie den unterschiedlichen Erlebnisweisen Raum bieten.

- Die Funktion der pädagogischen Fachkraft bei einer Bilderbuchbetrachtung liegt im unterstützenden Bereich. Durch offene Fragen soll die Erarbeitung des Inhaltes durch die Kinder unterstützt, Einwürfe der Kinder in die Gruppe zurückgegeben und gegebenenfalls eine Zusammenfassung der für das Verständnis des Inhaltes Wesentlichen geboten werden. Dies erfordert eine intensive Bearbeitung des Bilderbuches im Vorfeld der Betrachtung.

- Eine einmalige Betrachtung des Bilderbuches reicht nicht aus und bedarf einer Weiterführung. Vermeiden Sie jedoch, Bilderbücher durch Malen und Zeichnen wiedergeben zu lassen. Eine rein flächenhafte Darstellung ist zur Nachbereitung ungeeignet. Beispiele für eine gute Nachbereitung finden Sie im praktischen Teil.

- Bilderbücher gehören nach der gemeinsamen Betrachtung in die Hände der Kinder. Im Freispiel haben sie die Möglichkeit, sich einzelne Bilder noch einmal genauer anzuschauen und im Geschehen zu verweilen.

Hinweise für die Erzieherin

Bitte beachten Sie:

- dass eine Bilderbuchbetrachtung, im Vorschulalter ungezwungen und spielerisch durchgeführt wird. Schulisches Abfragen ist abzulehnen;

- dass wiederkehrende gleiche Strukturen und Darstellungsweisen die Sensibilität abstumpfen;

- dass die Wirksamkeit eines Bilderbuches von der Einstellung des Erziehers und seines methodischen Vorgehens abhängt;

- dass die Kinder mit dem Rücken zum Fenster sitzen;

- dass Sie Geduld mit sich selbst und den Kindern aufbringen. Die Kunst des Wartens sollte kultiviert werden, dazu muss man sich ganz zurücknehmen;

- dass verschiedene Bilderbücher zum gleichen Thema angeboten werden, um die Kritikfähigkeit der Kinder zu fördern;

- dass spontane Äusserungen der Kinder immer Platz finden,
dass Sie die Bilder sprechen lassen und nicht zu schnell umblättern.

 Bilderbuch – das Fenster zur Welt

5.3 Die Bilderbuchecke

Die Bilderbuchecke ist – in der Regel – in jedem Kindergarten zu finden. Deren Bedeutung darf nicht unterschätzt werden. Wie zu allen anderen Materialien, sollte den Kindern auch ein freier Zugang zum Bilderbuch ermöglicht werden. Das Bilderbuch hat u.a. eine wichtige literaturpädagogische Funktion und kann eine Aufgeschlossenheit für andere Literaturgattungen wecken. Das Kind nimmt durch das Bilderbuch ein Stück seiner Welt »in die Hände«. Naturereignisse, Umwelt- und Sachzusammenhänge werden nachvollziehbar.

Anforderungen an die Bilderbuchecke:

- **Der Raum**
  Der Raum für eine solche Ecke oder Nische sollte von anderen Aktionsräumen deutlich abgegrenzt und nur zu einer Seite offen sein, damit die Kinder sich ungestört dem Betrachten widmen können. Bilderbuchecken, die neben dem Bauteppich angesiedelt sind, eignen sich daher nicht als Rückzugsmöglichkeit. Die Kinder dürfen durch andere Spielvorhaben nicht abgelenkt werden. Bilderbuchecken, die außerhalb des gewohnten Gruppenraumes angesiedelt sind, werden von den Kindern weit weniger frequentiert. Um den Wünschen der Kinder gerecht zu werden, sollten diese bei der Gestaltung und dem Aufbau beteiligt sein.

- **Abgrenzung**
  Raumteiler, Regale, als auch Flächen in denen die Bilderbücher sachgerecht aufgestellt bzw. ausgestellt werden, gibt den Blick auf das Angebot frei, weckt das Interesse und fördert den pfleglichen Umgang mit Büchern. Die Kinder können sich bewußt für einen »Aufenthalt« in der Welt der Bilder entscheiden.

- **Lichtquellen**
  Die Frage der Beleuchtung in solchen Ecken ist nicht ganz unproblematisch. Achten Sie darauf, dass die Lichtverhältnisse ausreichend sind. Falls es keine Fenster in unmittelbar Nähe gibt, eigenen sich Deckenlampen, die von den Kindern selbst heruntergezogen werden können. Wandleuchten und Leselampen, die von den Kindern selbst hergestellt wurden, erhöhen das Gefühl von Geborgenheit.

- **Atmosphäre**
  Eine gute Atmosphäre kann durch die Gestaltung der Wände und Decken, durch das Aufhängen von Tüchern und andere dekorative Details hergestellt werden. Auch die Sitzgelegenheiten müssen gut ausgewählt sein.

- **Bequemlichkeit**
  Bequeme Sessel, Sofas oder überzogene Matratzen vermitteln Gemütlichkeit und laden zum Verbleib ein. Wenn die Ecke mit einem Teppichboden versehen ist, reichen auch einige Kissen als Sitzgelegenheit.

- **Grundsätzliches**
  Eine Bilderbuchecke ist nur dann attraktiv, wenn sie qualitativ und quantitativ gut bestückt und auch aktualisiert wird. Leider herrscht noch in vielen Kindergärten die Vorstellung vor, dass nur »alte«, abgenutzte Bücher ihren Platz in der Bilderbuchecke finden. Aus Angst, dass wertvolle Bücher von den Kindern nicht pfleglich genug behandelt werden, schrecken manche Erzieher vor der eigenständigen Betrachtung durch die Kinder zurück. Häufig kann man beobachten, dass noch in der Adventszeit Bilderbücher von Ostern zur Betrachtung zur Verfügung stehen und kein aktuelles Buchmaterial. Regeln zum Umgang mit den Büchern müssen mit den Kindern besprochen, Reparaturmaßnahmen mit den Kindern zusammen durchgeführt werden.

6. Praktische Umsetzung

Leo Lionni: Das größte Haus der Welt

Benötigt werden:
- 1 Kopfkissen
- schwarzes oder rotes Tuch zum Abdecken
- Gymnastikseile oder Schnur
- Tapetenkreise in Größe eines Bierdeckels
- Folienkreise, etwas kleiner
- Muggelsteine, Pflaumenkerne oder Ähnliches

Die Geschichte von Leo Lionni haben wir etwas abgewandelt, da wir es bedenklich finden, dass hier, wenn auch nur stellvertretend, die Erfüllung eines Lebenstraumes mit dem Tod als Konsequenz einher geht.
Auch die rechthaberische Überlegenheit des Vaters sollte nicht betont werden.

Leo Lionni: Das größte Haus der Welt

Auf einem saftigen Kohlkopf lebten ein paar Schnecken. Leise wanderten sie über den ganzen Kohl und trugen ihre Häuser von Blatt zu Blatt. Sie suchten ein zartes Häppchen zum Knabbern.
»Wenn ich erwachsen bin«, sagte eines Tages eine kleine Schnecke zu ihrem Vater, »dann möchte ich das größte Haus der Welt haben.«
   »Manche Dinge sind besser, wenn sie klein sind«, sagte der Vater und erzählte eine Geschichte.

Das große Kissen wird in der Mitte des Kreises dekoriert, so dass es im Groben einem Schneckenhaus gleicht. Dann wird es mit dem Tuch bedeckt und die Kinder werden aufgefordert, die Gymnastikseile so darauf zu drapieren, dass ein Schneckenhaus erkennbar ist.

»Es war einmal eine kleine Schnecke, die war genauso groß wie du.« Sie sagte zu ihrem Vater: »Wenn ich erwachsen bin, möchte ich das größte Haus der Welt haben.«

»Manche Dinge sind besser, wenn sie klein sind«, antwortete der Vater. »Sieh zu, dass dein Haus klein bleibt und bequem zu tragen ist.« Aber die kleine Schnecke wollte nicht hören. Sie verkroch sich in den Schatten eines großen Kohlblattes. Sie drehte und verdrehte sich, sie zuckte, druckste und zerrte und wand sich, bis sie entdeckte, wie man sein Haus wachsen lassen kann.

Einen Korb mit den ausgeschnittenen Tapetenkreisen im Kreis herum gehen lassen, die Kinder dekorieren das Schneckenhaus.

Das Haus wuchs und wuchs, und die anderen Schnecken auf dem Kohlkopf staunten und sagten: »Du hast bestimmt das größte Haus der Welt.«

Die kleine Schnecke wand sich und drehte und druckste weiter und arbeitete, bis ihr Haus so groß war wie ein Kürbis. Dann spürte sie, wie sie große, spitze Türmchen und Türme, Bückelchen und Buckel wachsen lassen konnte.

Einen weiteren Korb mit ausgeschnittenen Silberfolienkreise herumgehen lassen, die Kinder dekorieren das Schneckenhaus.

Sie brauchte nur ihren Schwanz in dem Haus eilig hin und her zu bewegen. Durch das emsige Drucksen und Drücken und Quetschen konnte sie auch noch leuchtende Farben auf die Buckel machen. Dabei war ihr Herz voller Wünsche, und jeder Wunsch wurde zu einem herrlichen Muster.

Korb mit Muggelsteinen herumgeben, die Kinder legen die Träume/Wünsche auf das Schneckenhaus.

Nun wusste sie, dass sie das größte und schönste Haus der Welt hatte. Sie war stolz und glücklich.

Ein Schwarm von Schmetterlingen flog auf sie zu. »Seht da, eine Kirche!«, rief einer. »Nein«, sagte ein anderer, »ein Zirkus!«. Kein Schmetterling merkte, dass er über ein Schneckenhaus hinweggeflogen war.

Eine Familie Frösche war gerade auf dem Weg zu einem fernen Teich. Alle blieben stehen und waren verwundert und andächtig. »Wir haben nie etwas Tolleres gesehen«, erzählten sie später einem Vetter. »So eine kleine Schnecke – und sie hatte ein Haus wie ein Geburtstagskuchen.«

Aber eines Tages hatten die Schnecken alle Blätter gegessen, und von dem saftigen Kohl waren nur noch ein paar holzige Stängel übrig. Sie wanderten zum nächsten Kohlkopf. Aber oje, oje, die kleine Schnecke konnte nicht mitkommen, ihr Haus war viel zu schwer. Sie musste allein zurückbleiben, und es gab nichts mehr zu essen für sie. Der Hunger wurde immer größer, und sie wurde immer weniger...

Korb geht leer im Kreis herum, die Kinder bauen das gewaltige wunderschöne Schneckenhaus wieder ab.

...bis ihr Schneckenhaus unter viel Mühen wieder so klein war, dass sie den anderen Schnecken folgen konnte.

Das ist das Ende der Geschichte. Fast hätte die kleine Schnecke geweint. Aber dann fällt ihr das eigene Haus wieder ein. »Ich lasse es so klein wie es ist«, denkt sie. »Und wenn ich groß bin, werde ich hingehen wohin ich will.«

Und so geht sie eines Tages leicht und fröhlich los, um sich die Welt anzusehen. Dünne Blätter bewegen sich im Wind, andere hängen schwer auf den Boden herunter. Wo die dunkle Erde aufgebrochen ist, glitzern Kristalle in der Sonne. Da sind bunt gescheckte Pilze und hohe Stängel, von denen Blumen winken. Sie sieht einen Tannenzapfen liegen in einer Spitzendecke vom Schatten der Farne und glatte Kieselsteine in Nestern aus Sand, rund wie die Eier der Turteltauben. Flechten hängen von den Felsen, die borkige Rinde wärmt die Bäume. Süß schmecken die frischen Knospen und sind kühl vom Morgentau. Die kleine Schnecke ist sehr glücklich.

Frühling, Sommer, Herbst und Winter kommen und gehen, aber die kleine Schnecke vergisst nie die Geschichte, die der Vater erzählte. Und wenn sie jemand fragt: »Wie kommt es nur, dass du so ein kleines Haus hast?«, dann erzählt sie die Geschichte vom größten Haus der Welt.

Auch die Schlussszene kann mit Farnen, Kastanien, Moos und anderen Materialien rund um das »nackte Schneckenhaus« dekoriert werden.

Das Erstlesebuch
– ich kann jetzt alleine lesen

Das Erstlesebuch – ich kann jetzt alleine lesen

Ich als Schulanfänger – wie der Ernst des Lebens begann

Ein Kind kommt mit sechs oder sieben Jahren in die Schule, die Kindheit ist vorbei und es beginnt »der Ernst des Lebens«.
Bringen Sie von sich – soweit vorhanden – ein Foto als Schulanfängerin mit. Diejenigen, die keine Fotos besitzen, können sich mit ihren Erinnerungen am Gespräch beteiligen. Zeigen Sie das Foto in der Gruppe und tauschen Sie sich über Ihre Schulerfahrungen aus:

- *Beschreiben Sie, wie es Ihnen als Schulanfängerin erging.*
- *Berichten Sie von Grundschulerlebnissen, die Ihnen gefallen haben, bzw. nicht gefallen haben.*
- *Stellen Sie dar, was Schule für Sie bedeutet hat.*

Als eine fächerübergreifende Vertiefung des Themas Schulanfang bietet sich eine Erkundung der Lebenswelten der Schulkinder heute an:
Familiensituation, Wohnumfeld, Freizeitgestaltung, Hobbies, Probleme, Wünsche der Schulkinder können erfragt, beobachtet oder erlebt werden. Als Ergebnis der Erkundung können Plakate, Wandzeitungen mit Fotos oder sogar Videos entstehen.

Betrachten Sie das Bilderbuch »Der Ernst des Lebens« von Sabine Jörg und Ingrid Kellner. In diesem Bilderbuch geht es um die Einschulung der sechsjährigen Annette und der damit verbundenen angstauslösenden Aussage der Erwachsenen »Wenn du in die Schule kommst, dann beginnt der Ernst des Lebens!« Dieser Ernst des Lebens kommt zu Annette nun in einer ganz anderen Gestalt, als es sich die Erwachsenen oder Annette hätten vorstellen können.

Bearbeiten Sie in einer Kleingruppe die Erwartungen, die an ein zukünftiges Schulkind herangetragen werden und überlegen Sie, wie ein Vorschulkind gut auf die Schule vorbereitet werden kann.

1. Lesen wird nicht erst in der Schule gelernt – Voraussetzungen zum Lesen lernen

Die Fähigkeit des Lesenlernens wird nicht plötzlich in der ersten Klasse erworben. Schon vor Schulbeginn ist die ganzheitliche Förderung des Kindes notwendig, um wichtige Voraussetzungen für den Prozess des Lesenlernens zu schaffen.

»Die Fähigkeit zu Lesen setzt sich wie ein Puzzle aus vielen Teilfähigkeiten zusammen. Ein Erwachsener hat alle Einzelteile dieses Puzzles erfolgreich miteinander verbunden. Beim Lesen greift er automatisch auf die nötigen Puzzleteile zurück. Lesen ist ein ganzheitlicher Prozess, der beide Gehirnhälften beschäftigt. Die linke übersetzt die Buchstabensymbole in Laute, die rechte findet die Bedeutung darin. Nur wenn beide Gehirnhälften zusammenarbeiten (Lateralität), macht das Lesen keine Schwie-

Das Erstlesebuch – ich kann jetzt alleine lesen

rigkeiten. Es verlangt geistige, psychische und sogenannte sensomotorische Fähigkeiten und braucht das Zusammenspiel aller Puzzleteile« (Lesen ist Familiensache – Hrsg.: Stiftung lesen)

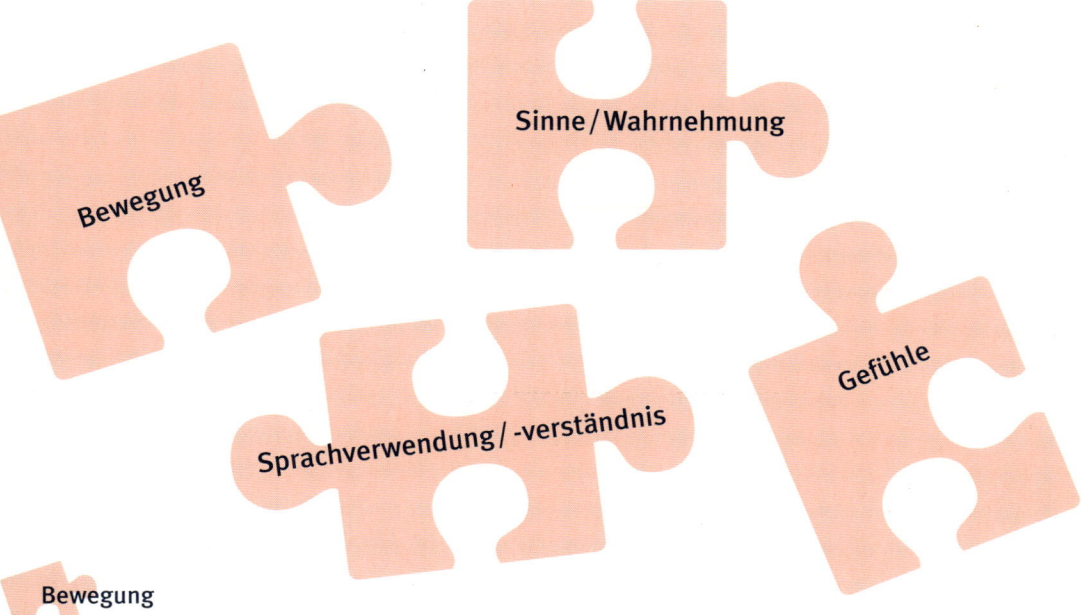

Bewegung

Die Entwicklung der Bewegung ist notwendig, um die Umwelt – aber auch sich selbst überhaupt zu erforschen: Ohne Bewegung keine Fortentwicklung. Wenn ein Kind seinen ihm angeborenen Bewegungstrieb immer weiter ausdifferenziert, kann es sich immer mehr Erfahrungen erschließen.

Zum Beispiel lernen durch das Krabbeln (gleichzeitige Bewegung des rechten Arms und des linken Beins) die beiden Gehirnhälften harmonisch zusammenzuarbeiten – gleichzeitig erweitert das Kind sein Umfeld und es kann neue Dinge entdecken und erforschen.

Die Entwicklung der Motorik ist noch lange nicht abgeschlossen. Die Qualität der Ausdifferenzierung der einzelnen Bewegungsformen kann sich ein Leben lang weiterentwickeln. Ein Kind muß also eine Umwelt erleben, in der es sich bewegen darf und soll.

Sinne/Wahrnehmung:

Das Kleinkind nimmt seine Umwelt durch alle Sinne wahr und ist somit ganz »Sinneswesen«: es schaut, riecht, schmeckt, hört, tastet, fühlt seine eigene Bewegungen (Gleichgewichtssinn). Erst durch intensive Sinneserfahrungen kann ein Kind seine Umwelt »begreifen«. Beim Lesenlernen ist das genaue Schauen und Hören sehr wichtig: einzelne Buchstaben und Buchstabengruppen müssen visuell erfasst werden;

 Das Erstlesebuch – ich kann jetzt alleine lesen

Wörter müssen in Laute, Dialoge oder unterschiedliche Sprecheinheiten auditiv erfasst werden. Hier spielt das Vorlesen und Betrachten von Bilderbüchern eine bedeutsame Rolle (siehe Kapitel Bilderbücher).

Sprachverwendung und Sprachverständnis:

In verschiedenen wissenschaftlichen Untersuchungsergebnissen wird auf den Zusammenhang zwischen Sprachentfaltung und kindlicher Entwicklung hingewiesen. Denken ist verinnerlichte Sprache und Sprache ist eine wesentliche Voraussetzung für den Kontakt mit den Mitmenschen. Wichtig ist die positive kommunikative Umgebung, in der ein Kind gerne redet und sich mitteilt (siehe Kapitel Lyrik).

Hier wird die Grundlage dafür geschaffen, dass der Leselernprozess und damit die Umwandlung von Schrift in Sprache leichter bewältigt wird. Zur Sprachverwendung kommt aber auch noch das Sprachverständnis hinzu: das Erfassen des Inhalts und damit die Bedeutung des gedruckten Wortes.

Gefühle:

Eine entspannte und anregende Umgebung unterstützt die Entwicklung eines Kindes. Dabei muss dem Kind Vertrauen in seine individuelle Entwicklung der Fähigkeiten entgegengebracht werden. Die individuelle Situation (das individuelle Interesse, die individuelle Problemstellung) der Kinder muss ernst genommen und darauf entsprechend reagiert werden.

Kinder sollen Literatur und Bücher als etwas Positives und Schönes erleben. Sie sollen damit schöne Erlebnisse verbinden und bei der Auseinandersetzung damit Anteilnahme und Verständnis von Seiten der Erwachsenen erfahren. Nur wenn Kinder erleben, dass Bücher selbstverständlich zum Leben gehören, werden sie den eigenen Wunsch verspüren sich selbst das Lesen anzueignen.

2. Überlegungen zur psychosozialen Situation der Erstleser

Lesen – das bedeutet für ein Kind, sich den Zugang zu einer neuen Welt zu erschließen, die bisher nur den Erwachsenen vorbehalten war. Lesen können bedeutet, selbständiger und unabhängiger zu werden (siehe Kapitel Kinderbuch).

Im folgenden Abschnitt wird aufgezeigt, mit welchen Themen und Ereignissen sich ein Leseanfänger aufgrund seiner psychosozialen Situation beschäftigt. Diese Themen muss das Erstlesebuch berücksichtigen um eine emotionale und soziale Verbindung zum Erstleser herzustellen.

Als Leseanfänger werden meistens die Kinder bezeichnet, die gerade Lesen lernen bzw. gelernt haben: etwa am Ende des ersten Schuljahres und hauptsächlich im zwei-

Das Erstlesebuch – ich kann jetzt alleine lesen

ten Schuljahr. Um das siebte Lebensjahr ändert sich das körperliche Erscheinungsbild sehr: das rundliche Aussehen des Körpers geht verloren, der Körper streckt sich, der Zahnwechsel beginnt. Dieser Gestaltwandel geht zurück auf eine veränderte Drüsentätigkeit. Neben diesen körperlichen Veränderungen kommen noch viele psychosoziale Veränderungen auf das Grundschulkind zu.

Ein Leseanfänger muss sich mit der neuen Lebenssituation »Schule« auseinandersetzen. Die Schule gewinnt eine große Bedeutung im Leben des Kindes.

Der Tagesablauf orientiert sich an der Schule: vormittags Schule, nachmittags Hausaufgaben. Die Kinder brauchen Zeit sich an die neuen Lehrer, neuen Klassenkameraden, neuen Räume und neuen Anforderungen zu gewöhnen.

Es wird fröhliche Zeiten in der Schule geben, aber auch mit negativen Erfahrungen gilt es umzugehen und fertig zu werden. Die Kinder lösen sich immer mehr vom Elternhaus und erobern sich neue Bezugsfelder: neue Spielgruppen außerhalb der Familie werden gefunden, individuelle Hobbies und Interessen entdeckt. Gerade die Anerkennung der Gleichaltrigengruppe wird immer wichtiger. Hier werden gemeinsame Interessen wie Tiere, Sport, sachkundliche Themen (Weltall, Dinosaurier, Pflanzen...) entdeckt und Informationen darüber ausgetauscht.

Für die weitere Sozialentwicklung ist das Vergleichen und Messen von Kraft, Können und Fertigkeiten innerhalb dieser Gleichaltrigengruppe wichtig. Die Kindergruppe wird als Herausforderung erlebt, der Einzelne muss sich behaupten und durchsetzen.

Die meisten Leseanfänger sind von ihrer Grundhaltung her sehr neugierig und interessiert. Sie sammeln Eindrücke und Erfahrungen in den verschiedensten Bereichen. Dabei findet aber eine starke Versachlichung des Erlebten statt: Phantasie und Wirklichkeit werden immer klarer voneinander getrennt. Der Sinn für das Phantastische und Wunderbare geht aber nicht verloren, er wandelt sich nur hin zum Abenteuerlichen.

 Zeigen Sie die psychosoziale Faktoren auf, die auf einen Schulanfänger einströmen. Erläutern Sie Bereiche, die sich die Kinder in dieser Entwicklung erschließen.

Das Erstlesebuch – ich kann jetzt alleine lesen

3. So lernen Kinder lesen

Bearbeiten Sie folgende Fragen zu Ihrem individuellen Erwerb des Lesens:

1. Überlegen Sie wann Sie das Lesen erlernten.
2. Beschreiben Sie, wie (bzw. durch wen) Sie das Lesen lernten.
3. Berichten Sie, welches Buch Sie zum ersten Mal alleine gelesen haben – vielleicht besitzen Sie es noch und können es zeigen?
4. Stellen Sie dar, ob Sie gerne gelesen haben und wie Ihre Umgebung (Familie/Freunde) das Lesenlernen begleitet hat.

Das Lesenlernen ist ein Lernprozess, der mehrere Phasen durchläuft. (Vgl. Sabine Kalwitzki: Unser Kind kommt in die Schule)
In der **ersten Lesephase** lernen die Kinder in den meisten Schulen sowohl einige kleine Wörter als auch einzelne Buchstaben kennen. Die Kinder fangen an die Wörter genauer zu betrachten und entdecken sich wiederholende Buchstaben z.B. durch Umkreisen, Anmalen und Zeigen der Buchstaben.

In der **zweiten Lesephase** können die Kinder dann mit dem Zusammenlesen beginnen, sobald aus zwei oder drei Buchstaben ein kurzes Wort gebildet werden kann. Das Zusammenlesen von einprägsamen Buchstabenkombinationen wie Oma, Mama, Timo... muss aber erst verstanden werden und dauert je nach Kind unterschiedlich lange. Hier steht nicht das Lesetraining und das permanente Üben im Vordergrund, sondern es gilt die Lesemotivation zu erhalten und den spielerischen Umgang mit dem Lesestoff zu fördern.

In einem **weiteren Lernabschnitt** sollen die Kinder Wörter erlesen und dabei auch deren Bedeutung erkennen. Dies gelingt am besten über das Hören: die Kinder lesen das Wort laut und erkennen am Klangbild des Wortes dessen Bedeutung. Die Buchstabiermethode z.B. »a, be, ce... soll deshalb unbedingt vermieden werden, da sonst jedes gelesene Wort ein anderes Klangbild ergibt.

Jetzt ist das Lesenlernen in seinen Grundprinzipien geschafft. Die Lesesituation der Kinder stellt sich in der Praxis dann oft folgendermaßen dar:

- Die Erstleser lesen langsam und laut, dabei leiernd und ohne Betonung;
- versuchen laut die einzelnen Wortbuchstaben zusammen zu ziehen;
- erfassen oft nicht sofort die Bedeutung der Wörter, geschweige denn der Sätze;
- führen beim Lesen den Finger unter den Wörtern;
- wiederholen oft;
- lesen ohne große Ausdauer und oft auch ohne Motivation.

In der Leseförderung ist es wichtig diese besondere Lesesituaiton der Leseanfänger zu berücksichtigen. Es ist notwenig ihre Fähigkeiten, Interessen und Fertigkeiten, den Lesestoff zu bewältigen, wahrzunehmen und daraufhin Leseangebote auszuwählen, die ihr Leseinteresse wecken und steigern.

Das Erstlesebuch – ich kann jetzt alleine lesen

4. Anforderungen an geeignete Kinderbücher für Erstleser

Es bieten inzwischen alle Kinder- und Jugendbuchverlage spezielle Kinderbuchreihen für die Erstleser an. Diese Fülle von Büchern macht die Entscheidung schwer, welche Bücher man denn auswählen und den Kindern anbieten sollte. Lesen lernt man aber nur durch Lesen und durch ein gutes Leseangebot der Spaß am Lesen geweckt werden.

Im folgenden Kapitel sollen nun Kriterien zur Auswahl von geeigneten Erstlesebüchern aufgezeigt werden. (Vgl. Peter Conrady: Wie kann man Kindern Spaß am lesen wecken)

4.1 Äußere Gestaltung eines Erstlesebuches

Wenn Kinder ein Buch in die Hand nehmen, wird sofort auf das **Titelbild** geschaut. Auf die Illustration des Titelbildes sollte dementsprechend viel Wert gelegt werden. Es sollte eine gute farbige Illustration sein, die eine Situation aus dem Inhalt des Buches darstellt und die Kinder ansprechen und motivieren kann sich mit diesem Buch zu beschäftigen.

Ebenso wie das Titelbild fällt sofort der **Titel** ins Auge. Er sollte ansprechend sein, neugierig machen und einen Hinweis auf den Inhalt geben. Gleichzeitig sollte er zum Fantasieren und Spekulieren anregen. Gerade diese Überlegungen machen neugierig, motivieren und geben den nötigen Anstoß sich mit diesem Buch zu beschäftigen.

Auf der Buchtitelseite oder Buchrückseite befindet sich meistens auch ein Hinweis auf die entsprechende **Erstlesereihe**. Die entsprechenden Symbole helfen bei der Orientierung, bieten Sicherheit und gleichzeitig Überraschung, was einen diesmal erwartet. Trotzdem ist diese Staffelung der Symbole nicht selten ein Problem: manche Reihen haben nämlich keine Gliederung oder Staffelung der Schwierigkeitsgrade und verwirren deshalb die Interessenten für diese Bücher.

Das Erstlesebuch – ich kann jetzt alleine lesen

Beispiele für eine solche Erstlesereihe wären: Allererster Lesespaß – Erster Lesespaß für Leseprofis, RiRaRutsch, Lesespatz-Lesefant – Leselöwen, Mein Lesebilderbuch – ABC Bär – Der kleine Bücherbär, LiLaLeseratz, Sonne, Mond und Sterne.

Für die Lesemotivation der Leseanfänger ist der **Umfang** eines Buches, also die »Dicke« ganz entscheidend. Oder besser gesagt die »Dünne«, denn umfassende dicke Bücher schrecken sehr ab und wirken sogleich entmutigend. Als Richtwert sind gerade am Anfang ca. 60 Seiten zu nennen.

Auch der **Klappentext** auf der Rückseite des Buches sollte zur Lesemotivation genutzt werden. Hier kann eine kurze, anregend geschriebene Inhaltsangabe mit offenem Schluss den Leser neugierig machen. Er sollte aber die Inhaltsangabe auch selbst lesen können, deshalb ist der Großdruck (siehe Aspekt 2. Innere Gestaltung) auch hier schon notwendig. Natürlich können hier auch Eltern oder Erzieherinnen einen ersten Eindruck über den Inhalt des Buches und über die angesprochene Thematik gewinnen.

4.2 Innere Gestaltung eines Erstlesebuches

Das Lesen und Verstehen eines Buchinhaltes wird dadurch erleichtert, dass in jedem Buch immer eine inhaltlich zusammenhängende Geschichte/Handlung enthalten ist, die in **abgeschlossene Kapitel mit Überschriften** gegliedert ist. Diese Bücher führen dann auch weg vom schulischen Lesen im Lesebuch mit den kurzen Geschichten, hin zu längeren Buchinhalten. Hier kann sich das Kind länger auf eine Figur oder Handlung einlassen und sich dadurch auch mehr mit ihr auseinandersetzen, als es solche »Häppchenliteratur« sonst zulassen würde. Abgeschlossene Kapitel bieten zudem den Vorteil, dass Kinder ihre Lesezeit gut unterbrechen können. Ist die Leseausdauer erschöpft, bieten diese abgeschlossenen Kapitel eine willkommene Pause. Die Kinder sind stolz, ein ganzes (oder vielleicht auch zwei) Kapitel gelesen zu haben.

Das gesamte Erstlesebuch muss von gut gestalteten **Illustrationen** begleitet werden. Dabei sollte nicht nur die Textseite aufgelockert werden oder der Inhalt der Geschichte abgebildet sein, sondern diese Illustrationen sollten die Kinder zum Verweilen, Interpretieren und Spekulieren einladen. Einige Bilder müssen bewusst so gestaltet sein, dass sie zum Weiterfragen und Weitermachen verlocken. Gerade dies kann das eigene Lesevergnügen steigern und die Motivation zum Weiterlesen erhalten. Zudem sind einzelne Kapitel schneller zuende »gelesen«, wenn mehrere Illustrationsseiten in einem Kapitel enthalten sind.

Das Erstlesebuch – ich kann jetzt alleine lesen

Folgende Aspekte der Textgliederung müssen in der Aufmachung eines Erstlesebuches beachtet werden:

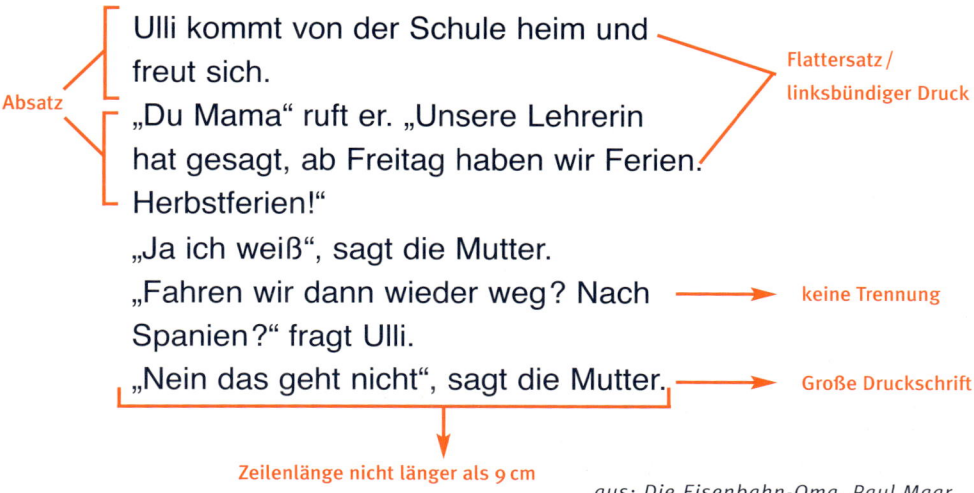

aus: Die Eisenbahn-Oma, Paul Maar

Jede Buchseite sollte Zeile für **Zeile linksbündig gegliedert** sein und im Gegensatz zum Blocksatz im Flattersatz gedruckt werden.

Durch diese Textgestaltung wird das Sinnverständnis erleichtert und die Kinder verrutschen nicht so leicht in der Zeile. Die einzelnen **Textzeilen** sollten **nie länger als etwa 9 cm lang** sein und inhaltlich in **Sinnabschnitte gegliedert** werden.
Einzelne **Absätze** sind wichtig als Lesehilfe und beenden eine inhaltliche Szene. **Trennungen** von Wörtern in zwei Zeilen **dürfen nicht vorkommen**, weil es sonst noch schwerer für die Kinder ist, die Bedeutung des Wortes zu erkennen.

In besonderer Weise ist die Größe der Schrift bei dem jeweiligen Lesealter zu berücksichtigen: Leseanfänger brauchen eine **Schriftgröße von 14 pt**, um die Zeile beim Lesen halten zu können – manchmal ja auch mit dem Finger. Diese Schriftgröße hilft den Kindern auch die einzelnen Buchstaben besser wahrnehmen und differenzieren zu können. Je nach Lesefähigkeit kann die Größe verringert werden. Als Schriftart ist unbedingt eine **Druckschrift** zu wählen, weil Schreibschrift das Lesen und das Lesenlernen nachweislich behindert und verzögert.

Manche Erstlesebücher werden von verschiedenen Autoren mit ganz besonderen Mitteln gestaltet: Im Text werden alle Substantive als Bildwörter dargestellt, die dann auf den letzen beiden Seiten in die betreffenden Wortbilder aufgelöst werden. Durch die zusätzlichen ganzseitigen Illustrationen erinnern diese Bücher sehr an das Bilderbuch, so dass gerade diese Form der ersten Lesebücher ein gutes Verbindungsglied zwischen Bilderbuch und Kinderbuch darstellt.

Das Erstlesebuch – ich kann jetzt alleine lesen

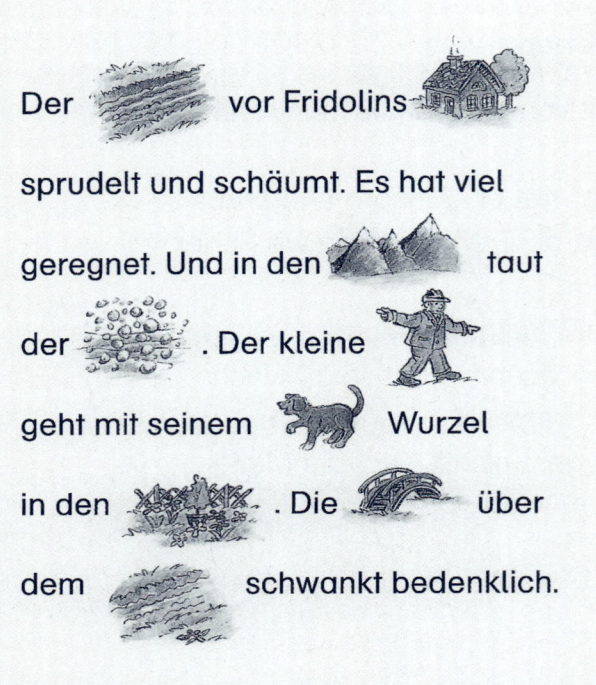

4.3 Textqualität

Grundsätzlich sollte bezüglich der Textqualität eines Erstlesebuches auf eine einfache Syntax (Grammatik) und eine einfache Semantik (Wortwahl) geachtet werden. Folgende Kriterien erleichtern den Kindern das Erfassen der Bedeutung der Wörter und des Inhaltes des Buches:
- einfache Satzkonstruktionen (keine sog. »Schachtelsätze«)
- konkrete bildhaft vorstellbare Wortwahl (dementsprechend eine Vermeidung von Substantivierungen oder abstrakten Wörtern)
- wenig bis gar keine Fremdwörter oder schwierige Wortkontruktionen
- einfache Zeitenwahl: Imperfekt oder Präsens (keine Passivformen)
- Vermeidung von Zeitsprüngen oder Perspektivenwechsel.

Allerdings sollten gerade die Form der Reihung bzw. der Wiederholung speziell bei Texten für Kinder im 1. und 2. Lesejahr gewählt werden. Es muss natürlich auch der Text an die **Rechtschreibreform** mit der neuen Schreibweise und Zeichensetzung angepasst werden, denn Kinder prägen sich diese während des Lesens ein.

Das Erstlesebuch – ich kann jetzt alleine lesen

4.4 Handlung

»Ein Kind, das lesen soll: Anna hat den Ball - Hans hat das Rad – Anna gab Hans den Ball – Hans gab Anna das Rad - und noch schlimmerer Unsinn, gewinnt nicht den Eindruck, dass man ihm damit das Lesen beibringen will, den das, was es da lesen soll, ist ganz offensichtlich dummes Zeug.« (Bruno Bettelheim: Kinder brauchen Bücher)

In den Erstlesebüchern muss der Inhalt des Buches zum Lesen verlocken. Diesem Anspruch gerecht zu werden ist nicht einfach, denn die Sprach- und Denkentwicklun der Leseanfänger ist schon ausgeprägt, während die Lesefähigkeit noch sehr in den Anfängen steckt. Hier bergen dann viele Erstlesebücher den großen Lesefrust in sich: die Aufmachung, die Gestaltung, die Textqualität sind oft sehr gut, aber die Handlung und die Inhalte wenig spannend und eher langweilig.

Die **Themen** der Erstlesebücher sollten deshalb **entwicklungsspezifisch abgeleitet** sein (siehe 2.) und ein breites Spektrum für die verschiedenen Interessen bieten. Das kann also die Themen Freundschaften, Schule, Tiere, Sport, Abenteuer oder einzelne Sachgebiete umfassen. Der **Inhalt** sollte eindeutig sein und für den Leser **bekannt**, so dass der Erstleser eine emotionale und soziale Betroffenheit mit den Hauptfiguren verbinden kann. Das Erstlesebuch sollte inhaltlich dem Erfahrungsbereich, dem Leben des Erstlesers nahekommen.

Eine **Identifikationsfigur** im Alter des Erstlesers erleichtert ungemein das Lesen, da die Auseinandersetzung mit den Inhalten des Buches viel besser gelingen kann. Das ganze Buch sollte einen längeren **Gesamtspannungsbogen** enthalten, wobei die einzelnen Kapitel jeweils kleine Spannungsbögen enthalten sollte.

Verschaffen Sie sich einen Überblick (Büchereien) über den aktuellen Erstlesebuchmarkt und beurteilen Sie diese anhand der vorangegangenen Kriterien. Erstellen Sie daraus eine Literaturliste.

5. Praktische Umsetzung von Erstlesebüchern
Anwendungsbeispiel: »Die Eisenbahn-Oma« von Paul Maar

Selbst die »besten« Erstlesebücher können nicht alleine die Lesefreude wecken, sie brauchen Vermittler, die den Spaß am Lesen begleiten, vertiefen und die Lesemotivation weiterhin erhalten. In den meisten Grundschulen gibt es vielfältige lesepädagogische Aktivitäten. Sozialpädagogischen Einrichtungen, wie Schülerhort, Kinder- und Jugendheime aber auch Ferienaktionen, haben den Vorteil des ganzheitlich pädagogischen Arbeitens und können deshalb regelrechte Leseprojekte durchführen, die das »Leseerleben« zum Thema machen.

5.1 Überlegungen zur Zielgruppe:

Da die Identifikationsfigur des Buchbeispiels »Die Eisenbahn-Oma« Ulli in die erste oder zweite Klasse geht, bietet sich diese Altersstufe der Zielgruppe an. Die Kinder sollten das Lesen in den verschiedenen Phasen schon erlernt haben, d.h. also Erstleser sein, die die Technik des Lesens beherrschen.

Das Erstlesebuch – ich kann jetzt alleine lesen

Das Buch »Die Eisenbahn-Oma« berücksichtigt alle Kriterien zur äußeren und inneren Gestaltung. Ebenso sind die Textqualität und die Handlung als gut zu beurteilen, so dass hier ein Erstlesebuch vorliegt, das die Kinder bewältigen können.

In einem sozialpädagogischen Angebot geht es aber nicht darum, den Kindern dieses Buch zu zeigen und zu sagen: »Du brauchst jetzt ja niemanden mehr, du kannst schon alleine lesen«. Vielmehr geht es um eine Lesebegleitung und um eine Vertiefung der Leseerfahrungen. Dabei ist es wichtig, dass der Vermittler selbst die Lesevorbildfunktion einnimmt, selbst gerne liest und einen guten Bezug zu diesem Erstlesebuch aufgebaut hat.

Eine feste Kindergruppe, die immer am Leseangebot teilnehmen kann, ist sicher in der Praxis eines Schülerhortes oder in einem Jugend-Kinderheim nicht möglich (evtl. in einer Feriengruppe). Es geht in dem Leseangebot auch eher um ein offenes Projekt, dessen Verlauf die Kinder auch durch ihre Interessen und Bedürfnisse mitbestimmen können, so dass eine »Stammgruppe« von Kindern und anderen wechselnden Kindern gut an dem Angebot teilnehmen können.

5.2 Inhaltsbeschreibung des Erstlesebuches »Die Eisenbahn-Oma« von Paul Maar

Ulli, Schüler der ersten oder zweiten Klasse hat Herbstferien und möchte unbedingt wegfahren. Die Eltern müssen jedoch arbeiten. Ulli darf nun zum ersten Mal alleine verreisen – und zwar mit dem Zug von Stuttgart nach München – zu Tante Helga und Anne. Die Mutter bringt Ulli an den Bahnhof und setzt ihn in ein Abteil mit einer älteren Frau. Ulli ist nicht begeistert, denn lieber wäre er in einem Abteil mit anderen Kindern. Da die ältere Frau Ulli bei seiner Fahrkartensuche geholfen hat, kommen beide ins Gespräch. Die »Eisenbahn-Oma« fängt an, Geschichten aus ihrer Kindheit zu erzählen: Streiche, die sie erlebt hat oder wie sie beinahe einmal ein Motorrad eines Polizisten geklaut hat. Sie weiß aber auch noch G-Sätze und A-Sätze, Rätsel und Gedichte. So vergeht natürlich die Eisenbahnfahrt nach München wie im Flug und Ulli will bei der Rückfahrt unbedingt wieder in ein Abteil mit einer »Eisenbahn-Oma«.

 Übertragen Sie die vorher aufgeführten Beurteilungskriterien auf »Die Eisenbahn-Oma«. Erarbeiten Sie sich eine Buchbeurteilung.

Das Erstlesebuch – ich kann jetzt alleine lesen

5.3 Didaktische Überlegungen zum Einsatz des Erstlesebuches

Die didaktischen Überlegungen beschäftigen sich mit der möglichen Wirkung des Erstlesebuches »Die Eisenbahn-Oma«, wobei diese im Sinne einer Lernzielkontrolle bei allen Kindern nicht so erreicht werden kann und auch nicht soll. Mit dem Erstlesebuch »Die Eisenbahn-Oma« können auf verschiedensten Ebenen pädagogische Absichten verbunden werden:

Dieses Kinderbuch weckt zuerst einmal die Freude und den **Spaß am Lesen**, denn »Die Eisenbahn-Oma« enthält sowohl spannende (abenteuerliche), als auch lustige Anteile. Gerade diese beiden Eigenschaften eines Buches »spannend« und »lustig« sind für Kinder die wichtigsten. Die Kinder identifizieren sich mit der Hauptfigur Ulli und können Vergleiche zur eigenen Lebenssituation ziehen (was würde ich machen, wenn...).

Zudem werden die Kinder mit dem **Thema »Alte Menschen«** konfrontiert und zwar in einer Form, die ohne den pädagogischen Zeigefinger auskommt. Ein positives Erlebnis mit einer älteren Frau kann die Kinder zum Nachdenken anregen, welche Erfahrungen sie denn mit alten Menschen schon gemacht haben. Vielleicht kann sich hier auch ein Interesse entwickeln, das weitergeführt werden kann.

Außerdem enthält dieses Buch einige **Anregungen zur Freizeitgestaltung**: Sprachspiele verschiedener Art (z.B. das Bilden von G-Sätzen) und Rätsel etc. Auch dies läßt sich aufgreifen und vertiefen in weiterführenden Angeboten. Außerdem kann sich aus dem gemeinsamen Lesen eines Erstlesebuches vielleicht eine Art **»Leseclub«** in der Einrichtung entwickeln, der sich immer wieder einzelne Bücher zum Thema macht. Das Lesen und Vorlesen von bestimmten Büchern kann dadurch einen größeren Raum als bisher einnehmen.

5.4 Methodische Überlegungen zur Einführung und Vertiefung des Erstlesebuches

Man kann Kinder mit dem Angebot eines Erstlesebuches nicht alleine lassen. Es müssen methodische Überlegungen getroffen werden, wie die Kinder bei den ersten Leseerfahrungen begleitet werden. Zu erst ist einmal die **Lesemotivation** zu schaffen. Nicht immer haben Kinder von alleine Lust ein Buch zu lesen. Auch dies bedarf der Berücksichtigung bezüglich des methodischen Vorgehens.

In einem gemütlichen literarischen Rahmen (z.B. »Lesecafe« mit Tee, Keksen, Ruhe...) könnte das Buch »Die Eisenbahn-Oma« vorgestellt werden. »Die Eisenbahn-Oma« kann die Kinder sehr gut **neugierig machen**: Hier kann bei der Vorstellung z.B. auf den **Widerspruch zwischen Buchtitel und Titelbild** eingegangen werden: Was verbirgt sich dahinter? Was ist eine Eisenbahn-Oma? Und was tut das Mädchen auf einem alten Polizeimotrrad?

Diese Fragen können zum Spekulieren und Fantasieren über den Inhalt des Buches anregen und somit eine erste Auseinandersetzung mit dem Buch schaffen. Zum **Vorlesen** durch die pädagogische Fachkraft/Lesebegleitung bieten sich die ersten Kapitel an, wobei diese auch seitenmäßig sehr knapp gehalten sind. Man könnte natürlich an der spannendsten Stelle am Buchanfang (Suche nach der Fahrkarte) aufhören und mit den Kindern überlegen, was sie in solch einer Situation

Das Erstlesebuch – ich kann jetzt alleine lesen

machen würden. Die Auflösung dieser Buchsituation sollte man schon fertig lesen, um den Kindern zu zeigen, dass das Buch spannende Elemente enthält.

Jetzt schließt sich bei Interesse der Kinder das **freie Lesen** an, d.h. jeder, der Lust hat, kann das Buch in der Einrichtung (oder auch zu Hause?) weiterlesen. Mehrere Büchereien bieten einzelne Bücher auch im sog. »Klassensatz« an, so dass eine Einrichtung auch mehrere Exemplare eines Buches zum freien Lesen anbieten könnte. Anschließend sind wieder **lose oder feste Treffen** dieser Lesegruppe möglich: zum **Austausch** über bereits Gelesenes (z.B. Thema Streiche), zum **Vertiefen der im Buch enthaltenen Spiele** (z.B. Vorbereiten einer Spielerunde für andere Kinder), **Rollenspiel** (z.B. Fahrkartensuche) oder vieles mehr.

Nun geht es darum, die **individuellen Bedürfnisse und Interessen** der Kinder zu erkennen, diese **aufzugreifen** und weiter zu führen. Das Erstlesebuch »Die Eisenbahn-Oma« bietet viele Möglichkeiten: Einen Gruppenausflug mit der Eisenbahn unternehmen, alte Menschen in die Einrichtung einladen, Geräusche eines Bahnhofs auf Cassette aufnehmen und ein Ratequiz daraus machen, »Die Eisenbahn-Oma« als Video zu drehen, Informationen über den Autor Paul Maar sammeln (andere Bücher von ihm kennenlernen) uvm.

Es kann sich aber durch ein Leseprojekt innerhalb der Einrichtung, eine »Lesekultur«, ein Umgang mit Büchern aufbauen, so dass Bücher innerhalb des Alltag einen festen Platz haben.

Folgende Beispiele sollen einen Ideenmarkt darstellen und Lust wecken, Literaturprojekte mit Grundschulkindern durchzuführen.

Einstiegsmöglichkeiten, um Lese- und Buchinteressen der Kinder kennen zu lernen:

- Bibliotheksbesuch mit einzelnen Kindern und mit Ausleihe für die Gruppe
- Lesetisch einrichten: Kinder bringen ihre Lieblingsbücher mit
- Regelmäßige Bücherstunden mit Tee, Keksen und gemütlicher Atmosphäre (Lesecafe)

Wecken der Leselust durch Impulse und offene Angebote

- Vorlesestunden einführen als Ritual im Tagesablauf zur Entspannung, zum Ausruhen, zum Träumen
- Bildgeschichten weitererzählen lassen
- Geschichten mit bekannten Hauptfiguren (Pippi Langstrumpf, Robin Hood...) neu erfinden (auf Cassette erzählen oder aufschreiben)
- Anfänge von Geschichten vorlesen und jeder erzählt wie es weitergeht
- Bücherflohmarkt in der Einrichtung anbieten, offener Verkauf auch von Comics oder Zeitschriften
- Nacht der Bücher: Ferienaktion mit Übernachtung – Vorlesegeschichten bis tief in die Nacht ... natürlich auch mit Gespenstergeschichten!

Kindergeschichte – in der Kürze liegt die Würze

Tik tak

»Alles geht nach der Uhr«, sagt Frau Ureburegurli. »Um ein Uhr haben die Kinder gegessen, bis zwei Uhr arbeiten sie an den Schulaufgaben, bis fünf Uhr dürfen sie spielen, um halb sechs essen sie Abendbrot, danach lernt die Großmutter noch mit den Kindern, und von abends sieben bis morgens sieben schlafen sie. Um acht Uhr gehen sie zur Schule, und um zwölf Uhr dreißig sind sie wieder zu Haus.«

»Ich bin gespannt«, sagt Frau Lustibustigiero, die Nachbarin, »wie lange es dauert, bis Ihre Kinder nur noch tik tak sagen.«

Irmela Wendt aus: H.-J. Gelberg, Geh und spiel mit dem Riesen, Weinheim 1971

- Erstellen Sie einen Zeitplan Ihres Tagesablaufes und vergleichen Sie diesen in der Kleingruppe nach Ähnlichkeiten, Unterschieden, Überraschungen.

- Markieren Sie Ihren Zeitplan zur besseren Übersicht farbig nach folgenden Kriterien:
    - *Beruf/Ausbildung*
    - *Familie/Freunde*
    - *Hobbies/Vereine*
    - *Faullenzen*
    - ....

- Werten Sie Ihren Zeitplan aus und überlegen Sie, ob Sie mit der Gewichtung der Anteile zufrieden sind, oder wofür Sie mehr Zeit haben möchten.

- Erkundigen Sie sich nach den Tagesplänen der Kinder aus Ihren Praxiseinrichtungen. Als Gesprächsanregung und Anfang eignet sich die oben aufgeführte Kurzgeschichte.

- Erfragen Sie bei den Kinder deren Wünsche und Bedürfnisse bei der Tagesgestaltung.

Kindergeschichte – in der Kürze liegt die Würze

Die **Kindergeschichte** ist **keine eigenständige Literaturgattung**, sondern umfasst alle Erzählungen für Kinder bis ca. 12 Jahren. Der Umfang der Geschichten, nämlich **die Kürze**, ist **als besonderes Merkmal** festzuhalten. Die Aussage der Autoren ist auf meist eine Handlungsszene beschränkt, so dass ein Thema nur angerissen, nicht aber umfassend behandelt werden kann.

Die Geschichten stammen vorwiegend aus dem Erfahrungsbereich der Kinder und handeln von ihrer Lebenssituation, ihren Bedürfnissen, Wünschen und Problemen. Je nach inhaltlicher Ausrichtung der Kindergeschichten unterscheidet man (siehe auch Kapitel Kinderbuch S. 121ff):

- Realistische Kindergeschichten
- Fantastische Kindergeschichten
- Tiergeschichten
- Problemorientierte Kindergeschichten

Wegen des zur Verfügung stehenden, meist engen zeitlichen Rahmens lassen sich in der sozialpädagogischen Praxis leichter die kürzeren Kinder-geschichten einsetzen, als ein komplettes Kinderbuch.
Die unterschiedlichen Alltagssituationen der Kinder können in der Kindergeschichte literarische Gestalt annehmen. Beispiele von Kindergeschichten:

- Tagesablauf der Kinder – »Julias anderer Tag« von Irmela Brender
- Umgang mit Problemen – »Die Kummerdose« von Christine Nöstlinger
- Angst vor dem abendlichen Alleine sein – »Die Nachtvögel« von Ursula Wölfel
- Neues Geschwisterchen – »Geschwister« von Gina Ruck-Pauquet

Phantasieanregung und Abenteuer finden Kinder in den kurzen Tiergeschichten von Erwin Moser *(z.B. Der Rabe im Schnee)*, die sich auch hervorragend als Einschlafgeschichten oder Entspannungsgeschichten eignen.
Die kurzen Kindergeschichten bieten sich je nach Inhalt als **Vorlesegeschichten** in der sozialpädagogischen Praxis vom Kindergarten bis zum Schülerhort oder Heimbereich an. Gerade das Vorlesen wird häufig völlig unterschätzt, bedeutet den Kindern doch viel mehr als das reine Hörbarmachen von Geschichten.

Vorlesen heißt vor allem körperliche Nähe, Entspannung, Ruhe und Teilhaben an einer gemeinsamen Geschichte. Vorlesen von Kurzgeschichten ermöglicht ein miteinander ins Gespräch kommen, wobei die Inhalte des Buches, wie die Situation des Vorlesens zur Kommunikation beitragen.

Das Vorlesen an sich muss aber gut vorbereitet werden. Dabei sollte der Text inhaltlich erarbeitet und in Sinnabschnitte gegliedert werden. Um ein Üben des Vorlesens wird die Erzieherin in der Vorbereitung nicht kommen, wenn sie die Kindergeschichte zum Lese-Erlebnis werden lassen will.

Kindergeschichte – in der Kürze liegt die Würze

Wählen Sie eine der aufgeführten Kurzgeschichten aus und lesen Sie diese laut einer Kleingruppe oder einem laufenden Kassetterekorder vor. Hören Sie sich anschließend das Vorgelesene bezüglich der Lebendigkeit genau an. Folgende Fragen können eine Hilfestellung für die Beurteilung und das Üben des Vorlesens sein:

- Welche Wörter wurden besonders betont?
- Wo waren Pausen zwischen Wörtern und Sätzen?
- War die Lautstärke und Deutlichkeit der Aussprache angemessen?
- Wo war eine Sprachmelodie erkennbar (Heben, Senken der Stimme)?
- Waren die »Atemeinheiten« sinnvoll gesetzt?
- Welche Mimik, welche Gestik wurde beim Vorlesen verwendet?
- Gab es sinnvolle Widerholungen (Sätze, Wörter)
- Wie hat die Geschichte auf mich insgesamt gewirkt? Habe ich gut zuhören können?

Die goldenen Regeln des Vorlesens:
Angelehnt an B. Mähler, H. Kreibich, Bücherwürmer und Leseratten, Reinbek 1994, S. 53

1. Schaffen Sie regelmäßige (ritualisierte) Gelegenheiten zum Vorlesen.

2. Wählen sie einen ruhigen, gemütlichen Ort zum Vorlesen aus. Gestalten Sie für sich und die Kinder einen angenehmen Rahmen, z.B. evtl. mit etwas zu trinken oder ein paar Keksen.

3. Gehen Sie bei der Auswahl der Bücher und Geschichten auf die Interessen, Bedürfnisse, Wünsche, Erfahrungen der Kinder ein. Lassen Sie ruhig die Kinder auswählen. Beachten Sie den jeweiligen individuellen Entwicklungsstand der Kinder.

4. Vermeiden Sie das »Runterleiern«, denn Kinder spüren, wenn Sie mit den Gedanken nicht dabei sind. Entwickeln Sie selbst Freude am Vorlesen.

5. Gehen Sie auf das Gespräch der Kinder ein, sprechen Sie mit den Kindern über das Vorgelesene.

6. Seien Sie selbst Vorbild und beschäftigen Sie sich selbst mit Büchern, z.B. wenn Sachfragen auftauchen.

Büchertipps mit neuen bzw. beliebten Kindergeschichten sind gerade auch für Eltern wichtige Informationen zur Leseförderung. Kindergeschichten vorzulesen bietet sich zu folgenden Gelegenheiten an:

- Gute-Nacht-Geschichten
- Urlaubslektüre
- Wartezeiten bei Ärzten
- Advents- und Weihnachtszeit ...

Kindergeschichte – in der Kürze liegt die Würze

Aufgabe einer sozialpädagogischen Einrichtung ist es, Eltern über gute Vorlesebücher zu informieren. Büchereien oder Buchläden bieten z.B. mit Bücherausstellungen sicher Hilfe dabei an.

Um das Vorlesen von Kindergeschichten vermehrt in den sozialpädagogischen Einrichtungen anzubieten, können z.B. auch Großeltern oder Eltern zu bestimmten Tagen/Nachmittagen zum Vorlesen eingeladen werden. Hier kann den »Vorlesern« eine bestimmte Auswahl an Büchern zur Verfügung gestellt werden und mit ihnen gemeinsam den Kindern ein Leseerlebnis geboten werden.

Kinderbücher
– das größte aller (Lese-)Abenteuer

Kinderbücher – das größte aller (Lese-)Abenteuer

Rätsel rund ums Kinderbuch

- *Überlegen Sie, welche bekannten Kinderbuchfiguren mit den nachfolgenden Beschreibungen gemeint sein könnten.*

- *Erfinden Sie selbst in der Kleingruppe neue Rätsel, die Sie dann vorstellen bzw. auch in einer Kindergruppe als Quiz einsetzen können.*

Wer bin ich?

Ich besitze zwei Haustiere: ein Pferd, das ich sogar hochstemmen kann und ein kleines Äffchen. Während andere Kinder in der Schule sitzen, gehe ich gerne mit einem Koffer voller Goldstücke einkaufen. Wer bin ich?

Entstanden bin ich aus einem gewöhnlichen Stück Holz. Meine Nase, die war ganz schön lang. Sie wurde sogar immer länger, wenn ich gelogen hatte. Ganz am Ende meiner Abenteuer, wurde noch ein richtiger Junge aus mir. Wer bin ich?

Schwimmen kann ich richtig gut. Zuerst durfte ich in unserer Wohnstube, dann im ganzen Mühlenweiher umherschwimmen. Nur wenn ich müde wurde, brachte mich mein Freund der Karpfen Cyprinus nach Hause. Wer bin ich?

Gitterrätsel rund ums Kinderbuch

1. Wer kann mit einem Propeller auf dem Rücken durch die Luft fliegen?
2. Wer hat einen Raben als Haustier und bekommt Ärger mit einer Wetterhexe?
3. Wer hat Wünschpunkte am Kopf?
4. Wen legten Kasper und Seppel rein, indem sie statt Gold Sand in eine Kiste füllten?
5. Wer fuhr mit einer ganz besonderen Lokomotive über das Meer nach China?

Erfinden Sie in der Kleingruppe neue Gitterrätsel.

Kinderbücher – das größte aller (Lese-)Abenteuer

1. Bedeutung des Lesens für die Entwicklung der Kinder

Für Grundschulkinder ist Lesen mit viel Mühe und Anstrengung verbunden, also oft negativ besetzt. Sie müssen lesen und haben dadurch häufig wenig Freude oder Lust am Lesen. Es ist durchaus nachvollziehbar, dass die Kinder sich nach Schule und Hausaufgaben bewegen, sich entspannen und vor allem miteinander spielen wollen. Den Übergang vom Lesenlernen zum weiterführenden Lesen schaffen viele Kinder nicht ohne besondere Unterstützung. Verschiedene Untersuchungen über das Leseverhalten von Kindern und Jugendlichen zeigen, dass im Vergleich zum übrigen Mediengebrauch das Lesen eher rückläufig ist. Etwa ein Drittel bis ein Viertel aller Heranwachsenden liest gar nicht. Warum soll das Lesen gefördert werden? Welchen Nutzen bringt das Lesen?

»Heutzutage wissen ja wohl alle Eltern, dass ihre Kinder Bücher brauchen. Ich weiss, dass das Kind für alle Wechselfälle des Lebens besser gerüstet ist, wenn es lesehungrig ist.« (Astrid Lindgren)

Das Buch bietet einen Zugang zur Welt

Bücher eröffnen neue Wege und Erfahrungsbereiche zu den verschiedensten Vorgängen und Geschehnissen der Welt (siehe auch Kapitel Bilderbuch). Die Kinder können über ihre bisherige Wirklichkeit hinauswachsen und sich sowohl spielerisch vorstellend als auch erprobend auf die gewagtesten Situationen und kühnsten Vorstellungen einlassen. Somit trägt das Buch zur Erweiterung und Vertiefung von Kenntnissen, Erfahrungen und Einsichten über die Welt bei. Niemand kann alle Erfahrungen selbst machen. Die eigene Lebenswirklichkeit erweitert sich durch die vielen Lebenserfahrungsmöglichkeiten, die andere beschrieben haben. Die Kinder werden dazu angeregt, die unterschiedlichen Erfahrungsperspektiven nachzuvollziehen und über Gründe und Folgen verschiedener Sichtweisen nachzudenken.

Bücher lesen heißt Identifikationsprozesse in Gang setzen

Der Vorgang der Identifikation setzt eine große emotionale Teilnahme am Geschehen des Buches voraus. Literarische Figuren können eine ganz entscheidende Entwicklungshilfe für das soziale Verstehen und die emotionale Entwicklung der jungen Leser sein. Durch den Prozess der Identifikation können die Kinder zu den Geschichten ganz individuelle und oft unterschiedliche Vorstellungen entwickeln. Diese emotionale Anteilnahme benötigt aber Zeit und die ist bei der Erarbeitung eines Buches viel eher gegeben, als beispielsweise bei einer entsprechenden Verfilmung. Durch das Lesen werden eigene Einstellungen, eigene Verhaltensweisen und eigene Beurteilungen überdacht und reflektiert. Dadurch kann man auch neue Seiten an sich selbst entdecken.

Bücherlesen regt die Sprache und das Denken an

Lesen hat eine große Bedeutung für die sprachliche Entwicklung der Kinder. Schriftsprache unterscheidet sich grundlegend von mündlicher Sprache durch ihre Informationsdichte, durch die ausgesuchte Wortwahl und die treffenden Beschreibungen.

Kinderbücher – das größte aller (Lese-)Abenteuer

Diese Spracherfahrungen ermöglichen den Kindern einen größeren Wortschatz und damit bessere Ausdrucksmöglichkeiten. Das Lesen erfordert eine Art innere Übersetzung der Schrift. Das Verstehen von Sätzen und Inhalten ist niemals nur eine Verbindung von Informationen. Informationen werden erst dadurch sinnvoll aufgenommen und erweitert, wenn sie mit bereits Bekanntem verknüpft bzw. in Beziehung gesetzt werden. Dadurch werden Denkstrukturen verändert oder völlig neu aufgebaut.

Bücherlesen verbindet mit anderen

Durch das Lesen werden neue soziale Bezüge geknüpft. Zuerst einmal mit dem Autor – mit seinen Absichten, Kenntnissen, Erfahrungen, Überlegungen. Hier werden Kommunikationsprozesse in Gang gesetzt. Die Autorenpersönlichkeiten werden vertraut und der Leser sucht bewußt neue Bücher dieser Autoren aus. Aber Bücher verbinden die Kinder auch untereinander. Leseeindrücke der verschiedensten Art werden ausgetauscht; z. B. um Verständnisschwierigkeiten auszuräumen oder um die Einschätzung anderer über die literarischen Figuren und Handlungen zu hören.

Bücherlesen stärkt die Medienkompetenz

Lesen ist ein Schlüssel zur Medienkultur, denn Leser sind es gewohnt, sich zum abstrakten Schrifttext eigene Gedanken zu machen und nicht nur in die Bilderflut einzutauchen. So entwickeln sich kritische Medienkonsumenten, die die Angebote in diesem Bereich nicht nur passiv konsumieren.

Bücherlesen erschließt Kultur

Lesen an sich ist schon Lesekultur, die darin zu sehen ist, dass Bücher zum Leben dazugehören, ihren nicht mehr wegzunehmenden Platz darin haben. Lesen ist aber auch die Eingangstür zur Kultur der verschiedensten Völker, der verschiedensten geschichtlichen Ereignisse.

Überlegen Sie, warum es von Nutzen für ein diktatorisches Land wäre, das Lesen zu verbieten.

2. Kinderbücher in ihren verschiedenen Erscheinungsformen

2.1 Das Sachbuch für Kinder

Kinder sind von sich aus neugierig und wissbegierig. Sie haben ganz individuelle Interessensgebiete und stellen viele Fragen dazu. Der Erwachsene hat nicht in alle Interessensgebiete der Kinder Einblick und kann die Fragen der Kinder oft nicht befriedigend beantworten. In diesem Zusammenhang können Sachbücher sehr hilfreich sein.

Ein Kindersachbuch informiert seine Leser über Fakten, Erkenntnisse oder Zusammenhänge aus den verschiedensten Wissensgebieten durch kindgerechte Formen (Illustrationen, Text- und Buchgestaltung). Lehrbücher und Fachbücher gehören

dazu nicht mehr; ihnen fehlt die kindgerechte Aufmachung. Grundsätzlich kann man zwei Formen des Sachbuches unterscheiden (Vgl. Hans Gärtner: Spaß an Büchern). Zum einen das erlebnishaft gestaltete Sachbuch (evtl. mit einer Identifikationsfigur) und das sachlich informierende Sachbuch. Beide Formen haben ihre Berechtigung und ermöglichen unterschiedliche Zugänge zu den Wissensgebieten.

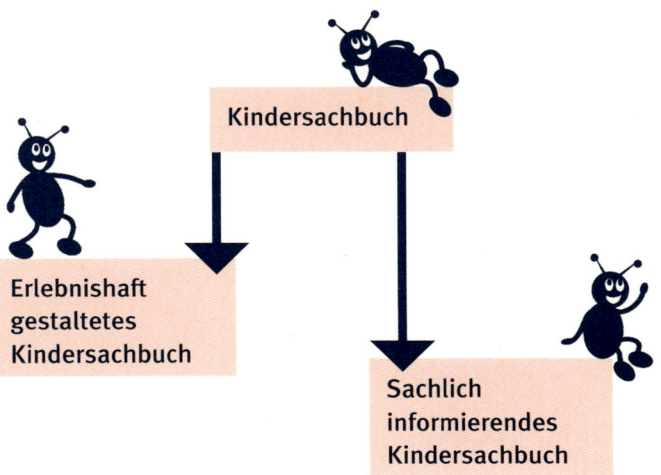

Die Kindersachbuchthemen sind sehr vielfältig und erstrecken sich über alle Wissensgebiete. Folgende Themengebiete sind zu nennen: Naturwissenschaft, Technik, Naturkunde, Kulturgeschichte, Geographie, Soziale Probleme, Freizeitgestaltung, Biografien, Ratgeber, Nachschlagewerke bzw. Lexika.

Verschaffen Sie sich in einer Bücherei einen Überblick über die Themengebiete der Kindersachbücher.

Kriterien zur Beurteilung von Sachbüchern für Kinder

Aus der großen Fülle heraus Sachbücher für Kinder auszuwählen ist oft nicht leicht. Folgende Kriterien sollen helfen, Sachbücher für die entsprechende Zielgruppe auszuwählen. (Vgl. Geralde´ Schmitt-Dumont)

Das ausgewählte Sachbuch muss sich in Sprache, Bildgestaltung und Themenauswahl auf einen bestimmten **Schwierigkeitsgrad** einstellen und diesen konsequent und einheitlich durch das ganze Buch durchhalten. Je jünger die angesprochene Zielgruppe desto überschaubarer und eingegrenzter muss die Stoffauswahl und das Themengebiet sein. Sachbücher für jüngere Kinder sollten **Themen entsprechend den Erfahrungsbereichen** und der Lebensnähe dieser Zielgruppe beinhalten.

Die enthaltenden Informationen müssen **sachlich richtig** und objektiv zuverlässig sein. Aus der Fülle des Themas sollten **überschaubare Einheiten in Sinnzusammenhängen** ausgewählt werden, die für das Ganze typisch sind. Allerdings müssen Vereinfachungen auch verantwortbar sein. Die **Sprachgestaltung** eines Sachbuches für

Kinder sollte lebendig und anschaulich, einfach und eingängig sein. Wissenschaftliche Fachbegriffen bedürfen einer Erläuterung und Umschreibung.

Ein Kindersachbuch muss sehr **übersichtlich aufgemacht** sein. Eine typographische Gestaltung der Überschriften oder der wichtigsten Stichwörter ist für eine bessere Informationsaufnahme notwendig. Günstig ist es, z.B. eine thematische Einheit pro Doppelseite zusammen zu stellen. Format, Umfang und Größe des Sachbuches müssen je nach Thema und Zielgruppe gewählt werden.

Ganz wichtig für die Auswahl eines Sachbuches ist die **Qualität des Bildmaterials**. Je jünger die Zielgruppe, desto mehr muss konkretes Wissen durch das Bild als durch den Text den Kindern angeboten werden. Die Informationen müssen durch optische Mittel wie Farb-Fotos, grafische Schaubilder und Zeichnungen veranschaulicht werden. Gut gestaltete Illustrationen können die Kinder zum Weiterlesen motivieren; dazu ist es aber notwendig, dass Bild und Text gut übereinstimmen.

Sachbücher sollten erreichen, dass ihre Leser **aktiv am Thema beteiligt** werden und zu eigenen Tätigkeiten auf ihrem Interessensgebiet aufffordern. Dies kann durch weitergehende Fragen geschehen, durch Experimentieranweisungen oder durch Beobachtungsaufgaben. Eine **Identifikationsfigur** ist nicht unbedingt notwendig, da die natürliche Neugier des Kindes genügt, um sich Sachwissen bei entsprechender Aufmachung anzueigenen. Die Identifikationsfigur kann eine zusätzliche emotionale Ebene einbringen, was je nach Thema und Aufbereitung zusätzliche Motivation schafft.

Bedeutung der Sachbücher für Kinder

Ganz entscheidend für die Erhaltung der natürlichen Neugier und für die Erhaltung des Lernenwollens von sich aus, sind die Reaktionen der Erwachsenen auf die Fragen der Kinder. Der Neugier und dem Wissensdurst der Kinder muss nachgegangen werden, denn irgendwann werden die im Alltag oft als lästig empfundenen Fragen gar nicht mehr gestellt. Sachbücher können zur Beantwortung der Kinderfragen eine echte Hilfe sein. Das Kind erlebt den Erwachsenen nicht als »allwissend«, sondern es sieht, wie sich auch pädagogische Fachkräfte **Informationen beschaffen**. Sachbücher sind **immer verfügbar**, sie können so oft gelesen werden, wie das Interesse an einem speziellen Gebiet vorhanden ist und bis das Kind alles erfasst und begriffen hat. Hierbei werden **Denkprozesse in Gang** gesetzt, das **Wissen der Kinder wird erweitert und vertieft** und dadurch wird auch die Welt für die Kinder durchschauberer gemacht. Oftmals entdecken die Kinder neue Wissensgebiete, die ihre Interessen wecken und es kann ein Lernprozess in Gang gesetzt werden, bei dem sich die Kinder immer umfangreicheres und detaillierteres Wissen aneignen. Die **Umsetzung** und **Übertragung dieses Wissens** in eigene Tätigkeiten zeigen dann, dass Informationen auch verstanden wurden. So können konkrete Verhaltensanleitungen von diesem Wissen abgeleitet werden z.B. zum Thema Tier/Naturschutz.

Einsatzmöglichkeiten von Sachbüchern in der sozialpädagogischen Praxis:

- Sachbücher eignen sich für einen Einstieg in ein Sachthema, zur Motivation, zur Sammlung bisheriger Erfahrungen und bisherigen Wissens, zum Aufzeigen neuer Fragestellungen.

- Sachbücher eignen sich als Hilfe zur Erarbeitung eines Sachthemas; sowohl als gesamtes Buch, als auch ausschnittweise begleitet durch Fragestellungen oder Aktivitäten.

- Sachbücher eigenen sich als Nachschlage- und Informationsquelle. Sie sind allen Kindern und natürlich auch Erwachsenen frei zugänglich in der Arbeitsbücherei, im Hausaufgabenbereich oder in der Leseecke.

- Sachbücher können kritisches Lesen durch Vergleiche verschiedener Sachbücher zu einem Thema anbahnen.

- Sachbücher können Medien ergänzen; z.B. bei vorher gemeinsam angeschauten Fernsehsendungen (z.B. *»Löwenzahn«* oder *»Die Sendung mit der Maus«*), um sich in einem eigenen bestimmbaren Tempo Wissen anzueignen.

2.2 Realistische Kinderbücher

Das **Grundschulkind** ist der Erkundung der Wirklichkeit und der Realität voll und ganz zugewandt. Es handelt sich dabei aber um eine »eingeschränkte« Wirklichkeit. Die Zuwendung zu den realen Gegebenheiten des Lebens beschränkt sich auf das **konkrete Erlebnisfeld** des Kindes. Im Laufe des Grundschulalters wird diese anschauliche Denkstruktur abgelöst. Das Denken erweitert sich hin zu einer größeren Komplexität und zu einer größeren Distanz zum eigenen Erleben. Die individuellen Unterschiede im Entwicklungstempo können sehr groß sein, so dass genaue Altersangaben unzulässig sind.

Realistische Kinderbücher befassen sich mit solchen Themen, die die Erlebniswelt der Kinder direkt oder indirekt betreffen und realistisch dargestellt werden. In diesen Kinderbüchern sind die Hauptfiguren ein oder mehrere handelnde Kinder. Alltagserlebnisse in Familie, Schule und Kindgruppe werden in vielen Variationen aufgegriffen. Viele dieser Erlebnisse hatten die Kinder selbst schon und sie erinnern sich gerne an sie. Gerade diese Vertrautheit erleichtert auch das Lesen (siehe Kapitel Erstlesebücher). In diesen realistischen Kinderbüchern werden bereits **vorhandene Erfahrungen und Erkenntnisse bestätigt** evtl. durch etwas Neues ergänzt. Durch die Ähnlichkeit in ihrem eigenen Erleben werden die Kinder in ihrem Selbstbewußtsein bestätigt und bestärkt. Die **eigenen Gefühle** und Handlungen werden durch die Identifikation mit der oder den Hauptfiguren im gleichen Alter viel bewußter und vielleicht auch schon reflektierter. In den »einfacheren« realistischen Kinderbüchern sollten die dargestellen Konflikte und Probleme dem Erfahrungsschatz des Kindes nicht zu fremd sein, da sonst die Kinder Verständnisschwierigkeiten haben. Hier ist es sehr wichtig die Situation des lesenden Kindes genau einschätzen zu können, damit die Kinder durch die Problemdarstellung im realistischen Kinderbuch nicht emotional überfordert sind.

Problemorientierte Inhalte werden im realistischen Kinderbuch von den Autoren sehr häufig gewählt. Es gibt kaum noch tabuisierte Themen. Hinsichtlich der Intensität der Problemdarstellung in den realistischen Kinderbüchern gibt es große

Kinderbücher – das größte aller (Lese-)Abenteuer

Unterschiede. Das Themenspektrum innerhalb der problemorientierten realistischen Kinderbücher ist sehr weit gefasst:

- Tod *(Birgit; Gudrun Mebs)*,
- Behinderungen *(Die Vorstadtkrokodile; Max von der Grün)*,
- Scheidung *(Heini eins bis fünf; Achim Bröger)*,
- Aggressionen/Gewalt *(Wehr dich Mathilda!; Annika Holm)*,
- Kinder in anderen Ländern *(Liebe Tante Vesna, Marta schreibt aus Sarajevo; Margaret Klare)*,
- Arbeitslosigkeit *(Hörst du den Fluss Elin?; Gudrun Pausewang)*,
- Sexueller Missbrauch *(Katrins Geheimnis; Marion Mebes)*

Bei der Auswahl muss stark auf die **Art und Weise der Problemdarstellung** geachtet werden, denn eine harte Konfrontation ohne Rücksicht auf die Bedürfnisse und die Verarbeitungsmöglichkeiten der Kinder kann die pädagogische Absicht des realistischen Kinderbuches ins Gegenteil verkehren. So aber kann das Kind erfahren, dass andere auch solche Probleme haben und es nicht alleine damit ist. Diese Erkenntnis kann sehr entlastend für ein Kind sein. Zudem wird die Problematik überhaupt in Worte gefasst – es gibt keine Sprachlosigkeit über dieses Problem mehr. Das Kind kann sich nun mit seinen eigenen Verhaltensweisen auseinander setzen, sie überdenken und beurteilen. Die realistischen problemorientieren Kinderbücher können aber auch Erwachsenen und pädagogischen Fachkräften einen **Einstieg in eine Thematik** bieten, die dann vertieft werden kann, um Kinder mit entsprechenden Problemstellungen zu begleiten.

Es ist also notwendig eine Balance zu finden zwischen einer harmonischen Schilderung des Alltaglebens der Kinder und einer kritisch-problemorientierten Darstellung der Realität.

2.3 Fantastische Kinderbücher

»Es gibt Menschen, die können nie nach Phantasien kommen, und es gibt Menschen, die können es, aber sie bleiben für immer dort. Und dann gibt es noch einige, die gehen nach Phantasien und kommen wieder zurück. Und sie machen beide Welten gesund.« (*»Die unendliche Geschichte«*, Michael Ende)

Träumen Sie Ihr Land Phantasien. Wie sieht es dort aus? Was kann man dort tun? Wen trifft man dort? Wie fühlt man sich dort? Malen Sie Ihre Eindrücke von Ihrem Land Phantasien auf und tauschen Sie sich in einer Kleingruppe darüber aus.

Kinderbücher – das größte aller (Lese-)Abenteuer

Pädagogische Überlegungen zu den Fantasievorstellungen der Kinder

Mit Fantasie oder Vorstellungsvermögen wird der Prozess der Umwandlung von vorhandenen Wahrnehmungen, Erfahrungen und Vorstellungen zu neuen Gebilden (Fantasievorstellungen) bezeichnet. Jeder Mensch verfügt **grundsätzlich** über **Fantasie**, wobei es hinsichtlich der Intensität, des Umfangs und der Qualität der Fantasievorstellungen Unterschiede gibt. Die geistige Welt des Kindes unterscheidet sich von der des Erwachsenen völlig (siehe Kapitel Märchen). Eine Trennung von Fantasievorstellungen und Realitätserleben ist erst ab dem Schulkindalter möglich. Erst dann entwickelt sich das Weltbild des Kindes in die Richtung eines zunehmenden Realismus, wobei ein Eintauchen in die Fantasiewelten des Buches immer möglich ist. Hierbei wecken fantastisch-philosophische Kinderbücher eine besondere Faszination bei den Kindern.

Es gibt folgende Varianten der fantastischen Kinderbücher:
(Vgl. Kinder- und Jugendliteraturlexikon)

- Im fantastischen Kinderbuch existieren eine reale und eine Welt nebeneinander. Durch bestimmte »Weltenübertrittsarten« ist es möglich aus der realen in die fantastische Welt zu gelangen und auch wieder zurück zu kehren. Beispiele: *Wir pfeifen auf den Gurkenkönig*, Christine Nöstlinger; *Die unendliche Geschichte*, Michael Ende; *Zwiggel, der Zwerg*, Ali Mitgutsch.

- Die Geschichte des fantastischen Kinderbuches spielt von Anfang bis Ende in der realen Welt. In der realistischen Umwelt tauchen fantastische Figuren oder Elemente auf. Beispiele: *Karlson vom Dach*, Astrid Lindgren; *Hanno malt sich einen Drachen*, Irina Korschunow

- Im fantastischen Kinderbuch gibt es nur die fantastische Welt mit nur in dieser Geschichte existierenden, eigenen fantastischen Bewohnern und Gesetzmäßigkeiten. Beispiel: *Der kleine Hobbit*, J.R.R. Tolkien

Pädagogische Bedeutung des fantastischen Kinderbuches

»Alles, was an Großem in der Welt geschah, vollzog sich zuerst in der Fantasie eines Menschen... Deshalb brauchen Kinder Bücher, an denen ihre Fantasie wachsen kann.« (Astrid Lindgren)

Nehmen Sie Stellung zu diesem Zitat und begründen Sie die Wichtigkeit der fantastischen Literatur für Kinder aufgrund Ihrer bisherigen Erfahrungen.
Welche Gefahren sehen Sie, wenn Kinder ausschließlich fantastische Bücher lesen würden?

Das fantastische Kinderbuch kann einen **Ausgleich zur Lebenssituation** des lesenden Kindes bieten. Die Leser können ihre Bedürfnisse und Wünsche, die sie im realen Leben nicht ausleben können in die literarischen Figuren hineinprojizieren. So können unausgesprochene und geheime Wünsche und Träume wahr werden und

Kinderbücher – das größte aller (Lese-) Abenteuer

dadurch für das Kind befriedigend und befreiend wirken. Fantastische Kinderbücher können auch einen **wichtigen Beitrag zur Bewältigung von Problemen** oder gar psychischer Krisen leisten. Dem kindlichen Leser können durch die fantastische Lektüre neue, bisher nicht genutzte Möglichkeiten aufgezeigt werden, sich selbst, seine Umwelt und seine Mitmenschen zu betrachten. Durch den meist positiven Ausgang der fantastischen Geschichte kann der Leser Mut bekommen, von sich aus etwas an seiner Situation zu verändern. Kinder haben beim Lesen der fantastischen Kinderbücher viel Spaß, werden unterhalten oder verfolgen die spannende Handlung, so dass sie vom eigenen Alltag mit dessen Problemen abgelenkt werden. Gerade das fantastische Kinderbuch ist sehr vergnüglich zu lesen und bietet Unterhaltung mit vielen humorvollen Effekten. So kann eine **Distanz zu den eigenen Schwierigkeiten** geschaffen werden, die alleine dadurch besser verarbeitet werden, dass von den Problemen abgelenkt und so eine Möglichkeit des **Ausgleichs und der Entspannung** geboten wird. Fantastische Kinderbücher können auch die Aufgabe übernehmen Wissen, Informationen oder pädagogische Absichten an die Leser zu transportieren, wobei die Kinder dabei grundsätzlich in ihrer **Fantasieentwicklung** gefördert werden.

2.4 Das Tierbuch

Kinder zeigen Tieren gegenüber eine besondere Zuneigung und fühlen sich zu »ihrem« Tier besonders hingezogen. Gerade die Wahl eines Lieblingstieres kann einiges über das eigene Erleben des Kindes und über seine eigene Befindlichkeit ausdrücken.

Jeder Ihrer Kleingruppe überlegt, wie er jeden Einzelnen erlebt und welches Tier von den wahrgenommenen Verhaltensweisen, Stärken oder Schwächen des Einzelnen her am besten zu diesem passt. Diese Tiere werden notiert und dann weitergegeben. Jeder notiert sich zuerst die Tiere, die er erhält. Dann folgt das Auswertungsgespräch, in dem nachgefragt und begründet wird, warum dieses Tier ausgewählt wurde.

Die besondere Affinität zwischen Tieren und Kindern, die sich schon im Tierbilderbuch zeigt, hält auch im Grundschulalter unvermindert an oder steigert sich noch. Es gibt zahlreiche Kinderbücher, die in realistischer oder fantastischer Form von Tieren handeln. **Im Tierbuch stehen ein oder mehrere Tiere im Mittelpunkt der Darstellung und bestimmen dementsprechend die Handlung.**

Folgende Formen des Tierbuches sind zu nennen, wobei Typmischungen möglich sind.

- Das Tier steht stellvertretend für den Menschen und sein Handeln.
- Tier und Mensch bilden eine in der Regel positiv gesehene Gemeinschaft.
- Die Welt des Tieres wird ohne Bezug zum Menschen als eigener Bereich dargestellt.
- Der Mensch berichtet sachlich wissenschaftlich über das Tier (siehe auch Sachbuch).

Gegen das Tierbuch gibt es heftige Einwände. Dem Tierbuch, in dem Tiere besonders vermenschlicht dargestellt werden, wird vorgeworfen, ein völlig falsches Bild vom Tier und dadurch eine falsche Einstellung zu diesem zu vermitteln. Das Tier wird nicht in seinem Wesen respektiert und dem Kind werden keine angemessenen Verhaltensweisen dem Tier gegenüber aufgezeigt. Tierliebhaber befürchten eine Erziehung zur Tierquälerei oder aber zu einer mitunter lebensgefährlich unrealistischen Sicht vom Tier.

Nehmen Sie zu diesen Vorwürfen gegen das Tierbuch in einer Diskussionsrunde mit einem Gesprächsleiter aus Ihrer Gruppe Stellung.

Das Tierbuch wird aber auch positiv gesehen, denn es geht darin nicht haupsächlich um die Informationsvermittlung über Tiere, sondern um das Wiederfinden der eigenen Situation in dem Verhalten des Tieres. Das Tier kann dafür Modell sein, was auch der junge Mensch werden will und kann. Die Auseinandersetzung mit Tierbüchern fördert somit das soziale Lernen bei Kindern. Das Kind identifiziert sich mit den Tieren und lebt mit ihm Bedürfnisse nach Wärme, Geborgenheit und köperlicher Zuwendung aus. Bei den sachlicheren Formen des Tierbuches werden tatsächlich Sachinformationen über den Lebensraum und das Verhalten der Tiere vermittelt. Bei einer erlebnishaften Darstellung wird das Interesse der Kinder durch die gefühlsmäßige Beziehung zum Tier noch verstärkt.

Als Fazit ist festzuhalten, dass es bei jeder Position Argumente gibt, die gerechtfertigt sind. Das Tierbuch ist nur eine Möglichkeit unter vielen anderen, die Situation der Kinder darzustellen und durch die Ergänzung durch andere Kinderbuchkategorien, wie das Sachbuch, werden die Nachteile verringert.

2.5. Klassiker im Kinderbuch

Viele Verlage setzen seit einiger Zeit auf Bewährtes oder erweitern ihre sogenannten »Klassikerreihen«. Es hat sich eine Wende zum Traditionellen, zum Bekannten vollzogen.

Der Begriff des **»Klassikers«** in der Kinder- und Jugendliteratur wird auf sehr unterschiedliche Titel angewandt. Es ist ein buntes Gemisch höchst unterschiedlicher Werke. Das macht eine Begriffsbestimmung sehr schwierig. Eine einzig mögliche Lösung scheint zu sein, die klassischen Kinderbücher von ihrer Wirkung her zu beschreiben, denn sie sind Lieblingsbücher der Kinder im Laufe der Zeit geworden und die Wertschätzung ihnen gegenüber hält noch immer an. Insgesamt haben diese Kinderbücher also eine hohe kulturelle Bedeutung auf dem Literaturmarkt.

Als mögliche **Gründe für die Rückkehr zur klassischen Literatur** lassen sich die erheblichen Orientierungsprobleme des Lesepublikums anführen. 4000 neue Titel pro Jahr auf dem Jugendbuchmarkt lassen leichter zu Bekanntem greifen, als sich in der unübersichtlichen Fülle zu orientieren. Zudem hat der Verdrängungskampf unter den Verlagen sich so verschärft, dass sich eine Absicherung der Verlagsrisiken durch die bewährten »Longseller« als notwendig erweist. Möglich wäre aber auch eine Reaktion des Lesepublikums, das die fast pausenlose Problemdarstellung in der

 Kinderbücher – das größte aller (Lese-)Abenteuer

Jugendliteratur satt hat und auf literarische Fantasien und Abenteuer zurückgreift. Klassische Kinderbücher überschreiten auch Publikumsgrenzen, da sie oft in den verschiedensten Medien (Film, Kassette, Zeitschrift) vertreten sind und so einen hohen Bekanntheitsgrad erhalten haben.

Gerade die klassischen Kinderbücher bieten **vielfältige Möglichkeiten des lesepädagogischen Einsatzes** und Umgangs mit ihnen. So kann alleine die Suche nach der Herkunft der Klassiker den Medienverbund verdeutlichen. Filme, Hörspiele, Spielsachen, Werbung werden in ihrer produktorientierten Aufmachung aufgeschlüsselt und Verwandlungen und Aktualisierungen werden aufgedeckt. Hier können auch medienpädagogische Ansätze wie die vielfältige Nutzung und der Vergleich von Medien in der sozialpädagogischen Praxis verwirklicht werden.

Als Beispiel ließe sich *Pippi Langstrumpf* von *Astrid Lindgren* anführen, die gerade im Medienverbund vielfältige Erfahrungserlebnisse ermöglicht. Bei den klassischen Kinderbüchern bietet sich der **Vergleich von Leseerfahrungen mehrerer Generationen** an. Hier können Gespräche mit verschiedenen Altersstufen angeregt werden, z.B. durch Interviews der Eltern oder Großeltern. Gesellschaftliche Rahmenbedingungen werden durch die Leseeindrücke erfahrbar gemacht. Als Buchbeispiel bietet sich *Das fliegende Klassenzimmer* oder *Das doppelte Lottchen* von *Erich Kästner* an. Eine **Analyse des geschlechtsspezifischen Rollenverhaltens** ist durch Vergleich der Hauptfiguren in den klassischen Kinderbüchern gut möglich. Gerade die Leseerfahrungen solcher Klassiker prägen das Bild, das sich die jungen Leser und Leserinnen von den Geschlechtern machen. Möglich wäre hier beispielsweise folgende Aufgabenstellung: Mädchen sind wie... ; Jungen sind wie... . Es sollen eigene Aussagen und ein Vergleich der Jungen- und Mädchendarstellung in Kinderbüchern gesammelt werden. Auch eine **interkulturelle Erziehung** mit Klassikern der Kinderbuchliteratur ist möglich. Es bietet sich der Vergleich internationaler Hauptfiguren wie z.B. *Pinocchio* oder *Michel aus Löneberga* geradezu an. Durch diesen Vergleich können die Unterschiedlichkeit des Umfeldes oder der Darstellung bezogen auf die jeweilige Übersetzung deutlich gemacht werden.

3. Kriterien für die Auswahl von Kinderbüchern

Die Auswahl der Kinderbücher sollte mit der **Situation der Zielgruppe** begründet sein. Das können Themen, Interessen, Bedürfnisse und Wünsche der Kinder sein, aber auch aktuelle, beobachtbare Situationen in der Kindergruppe an sich. Das Kinderbuch kann aus verschiedenen Lieblingsbüchern der Kinder bzw. aus den Erfahrungen, die die Kinder mit Büchern in der Schule und zu Hause schon gemacht haben, gefunden werden.

Ein neuer Kinofilm oder eine neue Fernsehsendung, die die Kinder anspricht, kann ebenso Anlass sein das dazugehörige Kinderbuch auszuwählen. **Aktionen von Verlagen, Büchereien oder des Buchhandels** können aufgegriffen und bei den Kindern thematisiert werden. **Rahmenthemen, Gruppenthemen oder Projektthemen** können durch Kinderbücher ergänzt und vertieft werden. Sie können aber auch als Motivationsanreiz zu einem Thema hinführen. Mit Alterszuordnungen bei der Auswahl von Kinderbüchern sollte die pädagogische Fachkraft sehr vorsichtig umgehen, da die Kinder sich individuell sehr unterschiedlich entwickeln können. Trotzdem ist der **entwicklungspsychologische Faktor** nicht zu vernachlässigen, denn bei den Kindern sollte auf ihren bisherigen Fähigkeiten und Kenntnissen mit dem ausgewählten Kinderbuch aufgebaut werden.

Für den Einsatz in der Kindergruppe sind dann die in Frage kommenden **Kinderbücher** zu **beurteilen** und nach bestimmten Kriterien auszuwählen. Vor einer Bewertungsanalyse sollte die pädagogische Fachkraft das Buch ohne Kriterien **spontan auf sich wirken lassen** und ganz auf ihr eigenes Empfinden achten. Dann kann eine **kritische Beschäftigung und eine Analyse** mit den Kinderbuch folgen. Die im nachfolgenden aufgeführten Hauptkriterien können dabei Vorschläge und Hilfestellungen sein.

Für die Kinder ist eine **gute Aufmachung des gesamten Buches** und eine **gute Verständlichkeit** des Textes sehr wichtig. Das reicht von der äußeren Umschlaggestaltung, Titel- und Klappentextgestaltung, ebenso wie Textgestaltung und Textgliederung, zur sprachlichen Gestaltung, zur Erzählhaltung, Handlungs- und Zeitstruktur und zur Hauptfiguren- und Personencharakteristik. Des weiteren sollte das Kinderbuch lesemotivierend sein und **Leseanreize** in sich haben. Dazu gehören Spannungsmomente des Textes, Identifikations- und Projektionsmöglichkeiten oder auch Möglichkeiten des Miterlebens z.B. durch treffende Illustrationen. Inhaltlich muss das ausgewählte Kinderbuch einen **Bezug zum Leben der Kinder** haben. Hier geht es um die Möglichkeiten des Wiedererkennens eigener Erfahrungen, Konflikte, Ängste und Wünsche, die aber auch eine von der Realität abgetrennte Phantasietätigkeit in Gang setzten kann. Kinderbücher sollten auch **pädagogische Kriterien** erfüllen, zu denen z.B. der Abbau von Vorurteilen, die emotionale und soziale Anteilnahme und die Möglichkeiten der Selbstreflexion gehört. Es sollte auch überprüft werden, welche Normen und Werte (z.B. Rollendarstellung) dem Kinderbuch zugrunde liegen.

 Kinderbücher – das größte aller (Lese-)Abenteuer

 Wählen Sie in der Gruppe Kinderbücher aus, beurteilen und analysieren Sie diese. Stellen Sie Ihr ausgewähltes Kinderbuch im Rahmen eines »Literarischen Cafe´s« vor.

4. Lesepädagogische Ideen und Umsetzungsmöglichkeiten von Kinderbüchern

Folgende methodische Hinweise können für jedes Kinderbuch erarbeitet werden und sollen Möglichkeiten eröffnen, sich innerhalb der Kindergruppe mit Kinderbüchern länger und intensiver zu beschäftigen.

Zuerst ist es nach der Auswahl eines Kinderbuches notwendig, sich **dem Inhalt, den Hauptfiguren** und der **Handlung anzunähern**. Dies kann auf vielfältige Weise geschehen, wobei die Kinder ganzheitlich angesprochen werden sollen. Eine emotionale Einstimmung kann gerade für jüngere Kinder durch eine Handpuppe, ein Stofftier oder eine andere Spielfigur geschehen. Es können Sinneserfahrungen thematisch zum Kinderbuch ermöglicht werden, oder Spielerfahrungen neu eröffnet werden. Dabei soll an die Lebenssituation der Kinder angeknüpft werden und persönliche Bezüge zum Kinderbuch angebahnt und vorbereitet werden.

Beim Lesen selbst muss vor allem die **Lesefreude** und der **Lesegenuss** der Kinder im Vordergrund stehen. Dafür bedarf es gemütlicher Leseorte und vorbereiteter Plätze, an denen ungestört gelesen werden kann. Diese Orte können mit Hilfe der Kinder nach deren individuellen Bedürfnissen und Geschmack gestaltet werden. Das individuelle Lesen benötigt aber hin und wieder doch eine Begleitung bzw. eine Unterstützung. Hier können Gesprächsrunden für einzelne Kinder sehr hilfreich sein und motivationsfördernd wirken. Eine weitere Möglichkeit besteht in dem Notieren von

Kinderbücher – das größte aller (Lese-)Abenteuer

Leseeindrücken oder Fragen auf Lesekarten oder in einem Lesetagebuch, das evtl. auch von allen Kindern geführt werden kann. Die Lesebegleitung einer pädagogischen Fachkraft bedarf aber des Fingerspitzengefühls, denn diese soll nicht als Kontrolle von bei den Kindern empfunden werden. Der Zeitraum, den jedes Kind zum Lesen seiner Lektüre benötigt muss sich dem individuellen Tempo der Kinder anpassen.

Die **Leseeindrücke** eines Buches können mit den Kindern **vertieft bzw. in Aktivitäten umgesetzt** werden. Der Zeitpunkt für die Vertiefung kann ganz der Kindergruppe entsprechend gesetzt werden, denn es müssen nicht alle Kinder das Buch ganz fertig gelesen haben. Gerade durch das gemeinsame Tun ergibt sich evtl. ein Motivationsschub, das Buch noch fertig zu lesen. Eine Vertiefung kann sich ganz am Buch orientieren, so dass einzelne Szenen, Handlungselemente und Figuren des Buches kreativ umgesetzt werden können. Dazu bieten sich Rollenspiele, Malaktionen, Theaterstücke mit selbsthergestellen Puppen, Schattentheater oder das Drehen eines Videos an.

Darüber hinaus können sich aber auch auf einer anderen Handlungsebene Vertiefungsmöglichkeiten eines Kinderbuches eröffnen, wenn Lernorte durch das Thema des Buches außerhalb der Einrichtung erschlossen werden. Dies kann z.B. ein Tierschutzverband oder ein Tierheim aufgrund eines Tiersachbuches sein oder ein Asylantenwohnheim aufgrund eines realistischen Kinderbuches zum Thema. Außerdem können Kinderbücher motivieren und anregen, eigene Geschichten zu schreiben. Hier bieten sich insbesondere Bücher mit Kurzgeschichten als Anregung und »Mutmacher« an, z.B. *Das Traumboot* von *Erwin Moser*.

Am Beispiel des **Projektes »Begegnungen zwischen jungen und alten Menschen«** sollen die lesepädagogischen Ideen und Umsetzungsmöglichkeiten von Kinderbüchern beispielhaft dargestellt werden.

Kinderbücher – das größte aller (Lese-)Abenteuer

Didaktische Überlegungen zum Projektthema »Begegnungen zwischen jungen und alten Menschen«:

Obwohl die Anzahl älterer Menschen in unserer Gesellschaft sehr hoch ist, wachsen nur noch wenige Kinder mit ihren Großeltern auf. In der Regel leben die Klein- bzw. Restfamilien alleine für sich. Eine Annäherung und Begegnung zwischen jungen und alten Menschen gerade über Kinderbücher kann ein Anstoss für einen Austausch zwischen den Generationen sein.

Aus folgenden Gründen sollten Kinder Bücher angeboten bekommen, die die Begegnung zwischen jungen und alten Menschen thematisieren:

- Auseinandersetzung mit eigenen Vorstellungen zum Thema »Jungsein« und »Altsein«

- Kennenlernen von unterschiedlichen Lebenssituationen alter Menschen

- Eigene Erfahrungen mit älteren Menschen überdenken

- Literarische Unterschiede in der Darstellungsweise von alten Menschen erkennen

- Bereitschaft wecken, auf ältere Menschen zuzugehen

- Unterschiedliche Begegnungsmöglichkeiten zwischen jungen und alten Menschen kennenlernen

Die Hinführung und Motivation zum Projektthema kann vielseitig und längerfristig durchgeführt werden. So kann z.B. eine Umfrage an die Kinder zum Thema »Jungsein« und »Altsein« der Einstieg sein:

- Wie sieht ein junger Mensch für dich aus?
  Beschreibe oder male ihn!

- Wie sieht ein alter Mensch für dich aus?
  Beschreibe oder male ihn!

- Welche alten Menschen kennst du?
  Was tun sie?

- Wie alt möchtest du gerne werden? Wie möchtest du leben?

Der Bezug des Themas zur eigenen Lebenssituation kann gut über die eigenen Großeltern hergestellt werden. Informationen, Fotos und Interviews über und mit den Großeltern können der Anfang sein. Hobbies, Lieblingsspeisen, Lieblingslieder oder Lieblingsspiele als Kinder können Themenanlässe sein, um mit den eigenen Groß-

Kinderbücher – das größte aller (Lese-)Abenteuer

eltern in Kontakt zu treten. Zudem könnten die Kinder Geschichten über ihre Großeltern in einem Geschichtenbuch aufschreiben und sammeln: Meine Oma..., Mein Opa... Es kann auch ein Würfelspiel »Mensch red´mit mir – über meine Großeltern« hergestellt werden (siehe Hinweise zum Umgang mit dem Buch). Lieblingsrezepte, Lieblingsspiele der Großeltern sollten ausprobiert werden, wenn möglich mit den Großeltern selbst, die in die Einrichtung eingeladen werden könnten.

Zu dem Projektthema »Begegnungen zwischen jungen und alten Menschen« gibt es eine ganze Reihe von Kinderbüchern, die ganz unterschiedliche Zugangswege zum Thema ermöglichen bzw. sehr unterschiedlich die Begegnung zwischen jungen und alten Menschen darstellen. Folgende Titel können nur eine kleine Auswahl sein:

- Boie, Kristen: Opa steht auf rosa Shorts, Hamburg 1994

- Bröger Achim: Oma und ich, Zürich 1986

- Donnelly, Elfie: Servus Opa, sagte ich leise, Hamburg 1990

- Härtling, Peter: Alter John, Weinheim 1981

- Härtling, Peter: Oma, Weinheim 1975

- Lornsen, Boy: Tante Jeske, München 1994

- Mebs, Gudrun: »Oma!« schreit der Frieder, Aarau 1995

- Nöstlinger Christine: Mr. Bats Meisterstück oder die total verjüngte Oma, Hamburg 1986

Zu diesem Thema gibt es die empfehlenswerte Broschüre »Jung und Alt« der Internationalen Jugendbibliothek (Adresse siehe Anhang) mit einer Literatursammlung und nützlichen Anregungen; des weiteren ist eine Projektbeschreibung »Projekt Jung und Alt« mit Grundschulkindern von Barbara Keller-Bittner als Ideenanregung anzuführen.
    Das Projektthema lässt durch **verschiedene methodischen Möglichkeiten** vertiefen. Wichtig für die Auswahl der Möglichkeiten ist es, die Reaktionen und Interessen der Kinder aufgrund der individuellen Leseerlebnisse zu erkennen und zu berücksichtigen. Die pädagogische Fachkraft weiß meistens nicht, wie das Projekt weiter verläuft, denn die Kinder und die Situation in der Einrichtung bestimmen den weiteren Verlauf entscheidend mit.

Für den weiteren Verlauf könnte Kontakt zu alten Menschen aufgenommen werden, z.B. die Großeltern einladen, ein Altenheim besuchen oder Seniorennachmittage in die Einrichtung einladen.

Kinderbücher – das größte aller (Lese-)Abenteuer

Die ausgewählten Kinderbücher könnten auch kreativ umgesetzt und bei einer solchen Begegnung vorgeführt oder dargestellt werden.
Es könnten Interviews von Passanten über das Thema »Altsein« durchgeführt und eine Art Reportage mit eigenen Geschichten in Form einer Zeitschrift herausgegeben werden.

Überhaupt könnten individuelle Eindrücke zum Thema gut über Geschichten oder Bilder zum Thema »Wenn ich alt bin, dann...« verarbeitet und ausgedrückt werden.

Jugendbuch
– zwischen Fantasie und Wirklichkeit

Bild von Edvard Munch, 1894

Jugendbuch – zwischen Fantasie und Wirklichkeit

Suchen Sie eine Buchhandlung auf und informieren Sie sich über Jugendbuchklassiker und über Jugendbücher, die sich zur Zeit am besten verkaufen. Fragen Sie nach Broschüren, in denen neue Jugendbücher aufgeführt und evtl. mit einer Inhaltsangabe versehen sind. Erstellen Sie an einer Pinnwand eine Tabelle mit den Rubriken:

1. Jugendbuchklassiker
-
-
-

2. Aktuelle Jugendbücher
-
-
-

Jeder Schüler/jede Schülerin pinnt seine/ihre Informationen (Titel der Bücher) an die Wand. Beginnen Sie mit einer Vergleichsanalyse, die ein signifikantes Ergebnis zulässt. Decken sich die Ergebnisse oder sind deutliche Unterschiede erkennbar? Fassen Sie die Ergebnisse zusammen, um eine konkrete Aussage zu den Rubriken zu erhalten. Bitte bewahren Sie die Broschüren der Buchhandlung für nachfolgende Kapitel auf.

1. Was ist ein Jugendbuch?

Unter Jugendbuch werden alle Bücher zusammengefasst, die für heranwachsende Jungen und Mädchen ab dem ca.12. Lebensjahr konzipiert sind. Die Themenbereiche sind weit gefasst und beschäftigen sich mit der direkten Lebenssituation von Jugendlichen, aber auch mit fantastischen Geschichten. Jugendbücher weisen in aller Regel ein hohes Spannungspotential auf. Jugendliche wollen nicht nur Hilfe und Identifikationsfiguren zur Bewältigung ihrer momentanen Lebenssituation, von Interesse sind auch Bücher, die in andere Welten und Abenteuer entführen und von konkreten Problemen eher ablenken.

Das Jugendbuch umfasst folgende Kategorien:
- das problemorientierte Jugendbuch
- das historisch orientierte Jugendbuch
- das sozial orientierte Jugendbuch
- das entwicklungsorientierte Jugendbuch
- das Jugendsachbuch
- das Mädchenbuch
- das Abenteuerbuch

1.1 Das problemorientierte Jugendbuch

»Dass die gesellschaftlichen Probleme und Entwicklungen jeder Zeit auch die Inhalte der Literatur und Jugendliteratur beeinflussen, unterliegt keinem Zweifel. Es wird schwierig sein, irgendeinen Aspekt des heutigen gesellschaftlichen Lebens zu finden, der nicht auch in der Kinder- und Jugendliteratur seinen Niederschlag gefunden hätte, und mir scheint, dass sich in dieser Tatsache auch der Umstand ausdrückt, dass ganz allmählich eine andere Einschätzung der jungen Menschen Platz gegriffen hat. Man betrachtet sie nicht als klein und zu jung für die Probleme der Welt, sondern hält sie für fähig, alle diese Probleme jeweils auf ihrer Erfahrungsebene zu begreifen. Man kapselt die jungen Leute nicht mehr ab, man bezieht sie in die Aufgaben ein, Lösungen für die Probleme unserer Zeit zu finden, Mitverantwortung im Maße ihrer Kräfte und Möglichkeiten zu übernehmen« (Hans-Georg Noak, »Die Jugendliteratur – Ein Spiegel der Gesellschaft«)

Überblick über die Themenbereiche des problemorientierten Jugendbuches:

Das problemorientierte Jugendbuch			
Freundschaft	Außenseiter	Krankheit	Schule
Liebe	Gesellschaftspolitik	Behinderung	Ausbildung
Sexualität	Zeitgeschichte	Tod	Berufswahl
eigene Identität	Krieg		Jobs
Reifungsprozeß		Todessehnsüchte	u. a.
Erwachsenwerden	Gewalt	Suizid	
Emanzipation	Kriminalität		
Familie	Kultur	Drogen	
Ablösung und Krise	Religion	Sucht	
u. a.	Sekten	u. a.	
	u. a.		

Das problemorientierte Jugendbuch befasst sich inhaltlich mit den Zuständen innerhalb der Gesellschaft und versucht Missstände und Widersprüche aufzudecken. Hochgesteckte Ziele wie **Toleranz, solidarisches Verhalten und die Bereitschaft zur Verständigung** können aber nicht durch einseitige Betrachtung erreicht werden. Das problemorientierte Jugendbuch sollte eine Grundlage bieten, um den Jugendlichen eine Orientierung und Sozialisierung zu ermöglichen.

1.1.1 Das historisch orientierte Jugendbuch

In historischen Problembüchern finden sich auch **Darstellungen zeitgeschichtlicher Situationen**, die z.B. durch das Eingehen auf Vorurteile, Verfolgung und Krieg zu persönlichen Erkenntnissen und Einsichten verhelfen sollen (*»Das Tagebuch der Anne Frank«*). Diese Erfahrungen können dazu beitragen, die Hintergründe genau zu

Jugendbuch – zwischen Fantasie und Wirklichkeit

beleuchten. Konflikte des menschlichen Zusammenlebens werden aufgezeigt und bieten die Möglichkeit **globale Zusammenhänge zu erfassen** und **soziale Kompetenz zu vermitteln**.

Bücher über den zweiten Weltkrieg und das dritte Reich befinden sich derzeit reichlich auf dem Markt. Interessant und informativ ist das Buch von Horst Burger mit dem Titel: »*Warum warst du in der Hitler-Jugend? Vier Fragen an meinen Vater*«. »Warum habt ihr da mitgemacht?«, »Wie konnte es so weit kommen?«, sind Fragen, die nichts an Brisanz verloren haben. In Erzählungen aus der jüngsten Vergangenheit werden auch Themen aufbereitet, die eine menschenverachtende Politik deutlich an den Pranger stellen.

1.1.2 Das sozial orientierte Jugendbuch

Jugendbücher, die sich mit sozialen Problemen auseinandersetzen sind vielfältig.

- Erzählerisch werden aktuelle und relevante soziale Probleme wie **Aggressivität und Gewalt, Krisen, Konflikte und Erpressung in der Gesellschaft** aufgegriffen. Das Jugendbuch zeigt sich – wie andere literarische Gattungen auch – wegweisend und hilfreich zur Entwicklung von autarkem Verhalten. Immer mehr Jugendliche werden zu Opfern krimineller Gangs und müssen »Schutz- und Wegegeld« bezahlen. Aus Angst vor Gewalt und Bloßstellung sind sie gezwungen, deren Forderungen zu erfüllen. In »*Supertrick*« von Geneviev Gray werden diese Situationen aufgegriffen und **Lösungen aufgezeigt**. Im »*Schokoladenkrieg*« von Robert Gomier zerbricht der Held an seinem Versuch, sich gegen eine Bande zu stellen, die eine ganze Schule unter Druck setzt.

- Die Auseinandersetzung mit der **Außenseiter- oder Minderheitenproblematik**, die heute bereits häufig in Bilderbüchern aufgegriffen wird, ist ein aktueller Themenbereich des Jugendbuches. Die Geschichten sollten die Lebensweisen von Menschen aus anderen Ländern nicht nur exotisch und interessant darstellen, sondern müssen **Anteilnahme** und eine **Erkenntnisbildung ermöglichen** z.B., dass auch Menschen aus anderen Ländern ein Recht auf Gesundheit und Glück haben. Hierbei sollte beachtet werden, dass Kultur und Religion, soziales Umfeld und Staatsformen nicht verteufelt werden, sondern als Grundlage zum Verständnis des Geschehens dienen. Eine einseitige Schilderung, Schuldzuweisung und Polemik bieten sich nicht an, sondern sind abzulehnen. Soziale und wirtschaftliche Not kann, realistisch dargestellt, dem Jugendlichen eine **Mitverantwortung übertragen und einen Einblick in die Zusammenhänge bieten**. Geeignete Bücher zu dieser Thematik sind z.B. »*Achmed M. im Bahnhofsviertel*« von Antol Feid, »*Fremd wie der Fisch dem Vogel?*« von Monika Springer und »*Fremd zwischen zwei Welten*« von Nicole Boumaaza. Hierbei handelt es sich um eine authentische, ernste Geschichte, die aufzeigt, welche Auswirkung die Diskriminierung anderer Menschen haben kann.

In dem Buch »*Prinzessin, wir machen eine Fliege*« von Helmut Sakowski, wird das Problem von ausländischen Jugendlichen in Deutschland beleuchtet. Ein kurdisches Mädchen steht kurz vor der Abschiebung in ihr »Heimatland«. Gibt es noch einen Ausweg?

Auch im Buch »*Trag mich über die Berge*« von Elizabeth Laird wird der Konflikt kurdischer Menschen verdeutlicht. Dieses Buch wurde mit dem Preis »Buch des Monats des Bundesministerium und Kunst«, Wien ausgezeichnet.

Fernseh- und Rundfunkanstalten vermitteln häufig eine recht einseitige Betrachtung von aktuellen Geschehnissen. Dem interessierten Jugendlichen bieten sich derzeit viele geeignete Jugendbücher, die ihm die Möglichkeit geben, hinter die Kulissen von Auseinandersetzungen zu schauen.

- **Soziale Kälte und Gleichgültigkeit**; in einer Ellenbogengesellschaft zu leben hat jeder Jugendliche schon einmal am eigenen Leibe erfahren. Muss man sich anpassen, funktionieren um geliebt zu werden und Erfolg zu haben? In dem Buch von Annemarie Stoltenberg »*Gegen den Strom*« erfahren die Leser wie jeder eine **Chance** hat, **gegen Feigheit und Gleichgültigkeit** vorzugehen. Es soll eine Anleitung zur Zivilcourage vermitteln, um für Menschen und Ideen auch einzustehen.

1.1.3 Das entwicklungsorientierte Jugendbuch

Die Entwicklungsproblematik von Heranwachsenden bildet die Grundlage dieser Jugendbücher. **Das Jugendalter ist gekennzeichnet durch Veränderungen im biologischen und psychosozialen Bereich** und erstreckt sich von der Vorpubertät (Entwicklung bis zur Geschlechtsreife), über die Pubertät (Selbstorientierung und -findung), bis zur Adoleszenz (Übergang ins Erwachsenenalter). Diese Phase wird durch eine Vielzahl von Veränderungen begleitet. Ungewohnte sexuelle Regungen, konfuses Innenleben, Ziellosigkeit, fehlende Selbsteinschätzung und übersteigerte Reaktionen können u.a. diese Entwicklung begleiten. Auf der **Suche nach Anerkennung und Selbstfindung** orientiert sich der Heranwachsende immer stärker am sozialen Umfeld und versucht sich häufig vom Elternhaus durch Opposition zu lösen. In der Gruppe der Gleichaltrigen (Peer-Groups) versucht er einen **Status zu erwerben**. Das Streben nach Verselbständigung und Ablösung vom Elternhaus kann nur gelingen, wenn ein Anschluß an eine Peer-Group bereits erfolgt ist.

Freundschaft und Clique

Ein Bedürfnis des Menschen ist es, Freundschaften zu erlangen, die sich als tragfähige Beziehung erweisen. Sich jemandem anvertrauen können, sich verstanden zu fühlen, sich austauschen können, sich ohne »Maske« anerkannt und geliebt zu fühlen, gerade davon träumen auch junge Leser.

Beschreibung eines geeigneten Jugendbuches zum Thema Freundschaft: »Klas und Kim. Eine Zerbrechliche Freundschaft« aus dem Norwegischen von Gabriele Haefs

Klas hat Probleme mit seinem Vater und sucht die Freundschaft zu Kim, der ganz andere Sorgen hat. Klas steht unter dem Einfluss seines Vaters, der mit seinem Ehrgeiz aus Klas einen großen Fußballspieler machen möchte. Klas kann und will dem nicht entsprechen. Aber wie soll er sich dem mächtigen Vater entziehen? Klas wagt

 Jugendbuch – zwischen Fantasie und Wirklichkeit

erste Schritte in die Eigenständigkeit durch die Freundschaft zu Kim. Kim wohnt ohne seine Eltern mit dem Autobastler Sharky im Nachbarhaus. Undurchsichtige Geschäfte zwischen Sharky und einem Schrotthändler, das Verschwinden von Sharky und Kim, sind Handlungsabläufe, die auf den Leser bedrückend wirken. Die Freundschaft zwischen Kim und Klas ist keinesfalls »zerbrechlich«, wie der Untertitel des Buches verharmlosend meint, sondern existentiell notwendig und gleichzeitig auch bedroht durch Kims Eltern, die ihren Sohn wieder nach Hause holen wollen. Die Handlung findet zwischen den Menschen statt und ist eine Geschichte um Gefühle und Freundschaft. Die Hauptpersonen sind auf der Suche nach Anerkennung, nach etwas Liebe, nach einem Zipfel vom Glück. Die Autorin beschreibt den tristen Alltag, das Schicksa ihrer Hauptfiguren in einer knappen lakonischen Sprache. Sie verweigert auch am dramatischen Höhepunkt jede Emotionalisierung. Erst am Ende, als keine Hoffnung mehr in Sicht ist, dringt plötzlich durch die kargen, düsteren Sätze ein wenig Licht. Klas rafft sich auf und schreibt einen Brief an seine Mutter, die vor den Schlägen des Vaters geflüchtet ist. Und da muss er auch einmal lächeln. Lächeln! Dieses Buch erfordert Geduld und Durchhaltekraft. Es lockt nicht durch seine Handlungen; es gilt vielmehr, hinter die Fassade zu blicken und eigenen Gefühlen nachzuspüren. Die Konfliktsituationen zwischen Eltern und im Ablösungsprozess befindlichen Jugendlichen ist klassisch und typisch. Gleichzeitig wird auch deutlich, welche Sorgen sich Eltern um ihre Kinder machen. Das Bedürfnis nach einer heilen Welt ist genauso ersichtlich, wie das Bedürfnis nach Abgrenzung und Selbstfindung.

Von Freundschaften erzählen viele Jugendbücher, aber immer in Verbindung mit anderen Themenbereichen, wie z.B.

- Freundschaft und Drogen
- Freundschaft und Abenteuer
- Freundschaft und Kriminalität
- Freundschaft und Sexualität

 Suchen Sie aus den Broschüren der Buchhandlung diese und weitere Verknüpfungen heraus, und erstellen Sie an Ihrer Pinnwand Rubriken zu diesen Bereichen. Heften Sie die verschiedenen Titel unter diese Einteilung (siehe Freundschaft und Behinderung). Gehen Sie in die Bibliothek und suchen Sie ein Buch aus diesen Themenbereichen heraus, lesen Sie dieses und stellen Sie den Mitschülern das Buch mit einer kurzen Inhaltsangabe vor.

Liebe und Sexualität

Autonomie, Identität, Abhängigkeit, Rollenfindung und Sexualität sind Themenbereiche, die den Reifungsprozeß von Heranwachsenden begleiten. Die geschlechtliche Entwicklung, der Bereich zwischen Kindheit und Erwachsenenwelt wurde lange Zeit tabuisiert oder nur oberflächlich abgehandelt. Das Gedicht von Beate Timmer (aus: Ausbrechen) stellt die Unschlüssigkeit dem Leben und der Liebe gegenüber deutlich dar: »**Brech ich nun auf, sag ich nun, dass ich dich, geh ich jetzt endlich, vielleicht?**« Es wurden einige geeignete Bücher veröffentlicht, die diesen Lebensabschnitt authentisch und einfühlsam beschreiben und das Gefühlswirrwarr von Jugendlichen sehr deutlich machen. Geeignete Bücher sind z.B. »*Herzflattern*« von N. Kohlhagen und R. Boldt, die sich mit Schwärmereien für den Lehrer, zärtlichen Gefühlen gleichgeschlechtlicher und heterosexueller Verliebtheit auseinandersetzen. Romantik und Unsicherheit beschreibt N. Kohlhagen in seinem Buch »*Nachtigall und Lerche*«. Im Oetinger Verlag ist eine Serie von A. Jacobsson und S. Olsson erschienen, die sich über die Titelfigur »Bert« auf humorvolle Weise den Problemen dieser Altersgruppe stellt. Z. B.: »*Berts Herzenskatastrophen*«, »*Berts hemmungslose Katastrophen*« und »*Berts jungfräuliche Katastrophen*«, u.a.

Buchbeschreibung eines interessanten Jugendbuches zum Thema Pubertät und Sexualität: »Die Unanständigen« (Cecille Dressler Verlag)

Das Jugendbuch beschreibt die vielseitigen Probleme von Jugendlichen in der Pubertät. Der pädagogische Zeigefinger und die gutgemeinten Tipps der Erwachsene, werden ersetzt durch Witz und beißende Ironie. Die siebzehnjährigen Zwillinge Mick und Topsy sind die Unanständigen, die sich dem unbeschwerten Lebensgenuss hingeben. Sie schockieren ihre Umgebung mit sexuellen Anspielungen und machen aus der erotischen Komponente ihrer geschwisterlichen Beziehung so gar kein Geheimnis. Die Eltern sind über das Verhalten ihrer Kinder nicht im geringsten beunruhigt, dazu sind sie zu sehr mit sich selbst beschäftigt. Die Mutter kümmert sich mehr um ihren Liebhaber, der ein Alkoholproblem hat; der Vater beschäftigt sich mit kuriosen Erfindungen. Und dann ist da auch noch Eugen, der Sohn aus erster Ehe, der homosexuelle Dichter, der sich mit Kochrezepten über den Tod seines Freundes hinwegzutrösten versucht. Welch eine chaotische Welt, im Vergleich mit der bürgerlichen Ordnung und Vernunft, in der Thomas, der Nachbarsjunge aufwächst. Thomas wird zur äußersten Pünktlichkeit erzogen und leidet unter dem Gesundheitswahn seiner Mutter, sehnt sich nach Freiheit, Übermut und Lebensfreude, die durch seine Eltern schon im Keim erstickt werden. Thomas beobachtet das Treiben im Nachbarhaus mit Faszination und Schrecken. Seine Eltern sind besorgt, als er immer mehr Zeit mit den Zwillingen verbringt. Später entwickelt sich zwischen ihm und Topsy eine eher komplizierte Liebesbeziehung. Leider endet die Beziehung nicht in der erwünschten Ehe, Thomas ist enttäuscht. Durch die Beziehung zu den Zwillingen ist Thomas am Ende selbst nicht mehr in der Lage, an einem konventionellen Leben festzuhalten. Aus dem Wunsch nach Zusammengehörigkeit und Gemeinschaft, schließt er sich der dänischen Widerstandsbewegung gegen die deutschen Faschisten an. Dies geschieht nicht aus politischen Engagement und Weitsicht, sondern zeigt sich eher als Sinn-

 Jugendbuch – zwischen Fantasie und Wirklichkeit

suche. Am Ende des Krieges wird er in eine ungewisse Zukunft entlassen. Die Normen der Erwachsenenwelt werden durch groteske Übersteigerungen entmystifiziert. Die bürgerliche Sexualmoral wird vorgeführt und ironisch betrachtet. Konkrete Alternativen für einen anderen Lebenswandel werden nicht erteilt, sind aber von Jugendlichen auch nicht erwünscht.

Leseprobe zum Thema unerfüllte Liebe und Sinnsuche:
»Die neuen Leiden des jungen W.« von Ulrich Plenzdorf

»Ich wurde einfach das Gefühl nicht los, Dieter sollte vielleicht gar nicht wissen, dass Charlie mich eingeladen hatte. Ich ging auch höchstens einen Schritt in das Zimmer. Komischerweise sagte Charlie: Haben wir eine Rohrzange? Ich analysierte rasant die Lage und kam zu dem Schluss, dass Charlie die Sache mit der Rohrzange mitspielte. Sofort kriege ich wieder diesen Schüttelfrost. Dieter fragt: Wozu brauchst du´ne Rohrzange? Rohrbruch? Und ich: Kann man so sagen. Übrigens brauche ich tatsächlich diese Zange. Für die Spritze. Ich hatte zwar etwas in der Art aufgerissen in einem ollen Schuppen. Bloß, die war dermaßen vergammelt, dass einer sich damit höchstens noch ein Loch ins Knie hauen konnte. Dann gaben wir uns die Pfoten, und Dieter machte: Na? Das war dieses Onkel-Na. Hätte bloß noch gefehlt, dass er rangehängt hätte: Junger Freund. Haben wir uns denn seit unserer letzten Zusammenkunft gebessert, oder haben wir immer noch diese Flausen im Kopf? Für gewöhnlich brachte mich so was sofort auf die Palme, und auch diesmal war ich sofort oben. Aber ich nahm mich zusammen und kam wieder runter und war ganz der bescheidene, vernünftige, gereifte Junge, der ich seit kurzem war, Leute. Ich weiß nicht, ob sich das einer vorstellen kann – ich und bescheiden... . Außerdem sah ich natürlich, das Charlie rot wurde. Ich meine, ich sah es nicht. Ich konnte sie die ganze Zeit einfach nicht ansehen. Ich hätte sonst wahrscheinlich irgendeine Riesenidiotie gemacht. Aber ich merkte es. Wahrscheinlich ging in dem Moment ihr größter Traum in Erfüllung, dass ich und Dieter gute Freunde wurden.«

Die Sprache des Buches orientiert sich sehr stark an der Ausdrucks- und Denkweise der jungen Leserschaft und ist doch tiefgründig. Verschiedene literarische Formen werden zu einer Einheit zusammengefügt. Es ist ein Roman, der sowohl eine Dokumentation, eine persönliche Schilderung und zum Teil auch Elemente eines Berichtes aufweist.

 Na, neugierig geworden? Dann leihen Sie sich bitte das Buch in der Bibliothek aus und lesen Sie es unter folgen Gesichtspunkten:
1. *Persönliche Daten des Edgar Wibeau*
2. *Freundschaften*
3. *Problemsituation zu Hause*
4. *Problematik in der Beziehung zu Charlotte*
5. *Todesfolge (Unglück oder Suizid?)*

Tod

Alle Belange des menschlichen Daseins finden auch in der Jugendliteratur ein Forum. Das Thema Tod ist ein Bereich, der auch Heranwachsende betrifft. Sie erleben Todesfälle in der Familie, in der Nachbarschaft, oder im eigenen Freundeskreis. Trotzdem werden sie häufig in die Verarbeitung nicht mit einbezogen. Sie stehen mit ihren Gefühlen und Ängste alleine. Der Umgang mit dem Tod ist heikel und komplex und bedarf einer genauen Betrachtung. Oft entstehen Befürchtungen und Ängste durch den Verlust eines geliebten Menschen. Auch ohne äußeren Anlaß setzen sich Jugendliche intensiv mit der Endlichkeit des Lebens auseinander. Der Gedanke an Suizid taucht bei fast jedem Jugendlichen zu irgendeinem Zeitpunkt auf.

Buchbeschreibung eines Jugendbuches zum Thema Tod und Gefühle: »Joschi und Uri« von Monika Hartig

Joschi wird konfrontiert mit ihrer Urgroßmutter, die in den Haushalt der Familie aufgenommen wird. Joschi wünschte sich lieber eine Schwester und ist grenzenlos enttäuscht. Die Beziehung ist belastet durch die Wut und Aggression, die das Kind auf seine Eltern und die Urgroßmutter hat. Joschi muss sich um die Urgroßmutter kümmern und erlebt dabei, wie andere Menschen mit dieser Situation umgehen. Langsam wächst auch ihr Zutrauen zur Urgroßmutter. Die Wahrnehmung verändert sich und Joschi entwickelt am Ende eine liebevolle Zuneigung. Eine Einweisung ins Heim wird durch sie verhindert. Als die Urgroßmutter sehr krank wird, wird für Joschi sichtbar, dass der Tod bevorsteht. Das Kind erlebt jetzt hautnah die Krankheit und den Tod und hat keine Möglichkeit damit umzugehen oder die Tatsache zu verarbeiten. Am Ende des Buches geht Joschi jedoch gestärkt und mit neuem Selbstvertrauen neue Wege. Das Buch stellt eine menschliche Reifung dar und macht den Konflikt zwischen den verschiedenen Generationen deutlich. Das Buch gibt Hoffnung, dass man auch schwierige Lebenssituationen und -umstände meistern kann. Gefühle werden offen dargestellt. Wut, Ärger, Eifersucht, Widerspruch, Freude, Kummer, Ungeduld, Scham und Trauer sind mehrere Problemkreise, die gut miteinander verbunden wurden.

- *Gefühlsbox: Schreiben Sie auf verschiedene Zettel die oben aufgeführten Gefühle und legen Sie diese in einen Kasten. Jeder Schüler zieht einen Zettel und versucht die Gefühle pantomimisch darzustellen.*
- *Berichten Sie, wie in ihrer Familie Entscheidungen getroffen werden und schildern Sie den Umgang und die Verarbeitung von wichtigen oder bedrohlichen Ereignissen. Wie gehen Sie heute mit Kummer und Ängsten um? Können Sie sich mitteilen, austauschen oder versuchen Sie, das Problem alleine zu lösen. Welche Voraussetzungen müssen für Sie geschaffen werden, damit Sie sich öffnen können? Sollten Ihre Mitschüler ihr Verhalten ändern, damit man besser über Gefühle sprechen kann? Schreiben Sie auf, welches Verhalten eine Voraussetzung zum gegenseitigen Vertrauen darstellt. Jeder Schüler/jede Schülerin heftet ihren Wunsch an die Pinnwand. Resümee: Ist Ihre Klasse in der Lage, eine Umgebung des Vertrauens zu schaffen? Was muss sich evtl. verändern?*

Ausbruch und Fluchtmotiv

Ausbruch aus der alltäglichen Situation, Flucht vor Auseinandersetzungen mit den Eltern ist ein Motiv, mit dem sich viele Jugendbücher auseinandersetzen. Es zeigt die Stimmung und Probleme junger Menschen, den Generationskonflikt, Anforderungen die nicht erfüllt werden können oder wollen und Belastungen, die scheinbar oder tatsächlich nicht mehr verarbeitet werden. Der Jugendliche scheut die Konfrontation und flieht. Das Ausreißen, die Flucht, die Suche nach einem Ausweg aus verfahrenen Situationen, die Suche nach einem alternativen Leben sind Ursachen für ein Problemlösungsverhalten, das den Jugendlichen gefährden kann. Die Flucht in Drogen, Alkohol, Gewalttätigkeit, Kriminalität, Sekten etc. sind Bereiche, die Heranwachsenden eine scheinbare Alternative bieten und ihnen Ablenkung von ihren Problemen versprechen. Dogmen und klare autoritäre Führung werden von manchen Jugendlichen gerne angenommen, da sie selbst keine Entscheidungen mehr treffen müssen und sie sich sicher und geborgen in einer Gemeinschaft fühlen. Dies erklärt auch die Flucht in Sekten und rechtsgerichtete Gruppierungen. Das Buch »Erwachsene reden. Marco hat was getan« von Kirsten Boie. Hier stellt sich die Frage nach den Hintergründen von Übergriffen auf ausländische Mitbürger. Wie konnte es so weit kommen? Wer trägt die Schuld?

Nehmen Sie nun wieder Ihre Broschüren aus der Buchhandlung und suchen Sie Themenfelder heraus, die sich mit folgenden Bereichen beschäftigen:

                1. Sekten   2. Drogen
    3. Gewalt   4. Kriminalität   5. Ausländerfeindlichkeit

Wählen Sie eines der beschriebenen Bücher aus und versuchen Sie den Ursprung und die Zusammenhänge für dieses Verhalten zu erfassen. Erstellen Sie ein Plakat mit Ursachen und Auswirkungen von Fehlverhalten und ein zweites mit möglichen Alternativen. Stellen Sie sich folgende Fragen: Wie könnte man mit schwierigen Situationen umgehen? Welche Hilfen gibt es? Kennen Sie gefährdete Jugendliche? Können Sie selbst hilfreich einwirken? Wo erleben Sie Überforderungen und wie gehen Sie damit um?

2. Kriterien zur Beurteilung eines Jugendbuches:

- **Inhaltliche Aussagen im Jugendbuch**

Achten Sie darauf, dass kein Hass oder menschenverachtende Polemik verbreitet, sondern sachlich und umfassend informiert wird. Zusammenhänge müssen deutlich sein; Übertreibungen sind nur zu akzeptieren, wenn sie als solche eindeutig zu erfassen sind. Aggressionen, Gewalttätigkeiten und Fremdenhass dürfen nicht verherrlicht oder stillschweigend geduldet werden. Durchsetzungsvermögen und Erfolg sollte

Jugendbuch – zwischen Fantasie und Wirklichkeit

nicht als Ergebnis von Ausgrenzung, Hinterlist, Betrug oder Erpressung dargestellt sein. Liebe, Sexualität und ein positives Körperbewußtsein dürfen nicht nur mit konservativen Wert- und Normvorstellungen verknüpft sein, sondern sollten Verständnis für die spezifischen Schwierigkeiten dieser Lebensphase ausdrücken. Indirekte erzieherische Beeinflussung und die Verkündung absoluter Wahrheiten ist abzulehnen.

- **Erziehungsfunktion des Jugendbuches**

- **Sprachqualität und Anspruch**

Welche Anforderungen würden Sie an ein gutes Jugendbuch stellen?
Überprüfen Sie an einigen bekannten Jugendbüchern, ob diese nur unterhalten wollen oder sich in Sprache und Inhalt ernsthaft mit Problemfeldern auseinandersetzen. Achten Sie auch darauf, ob die Gestaltung altersgerecht und ansprechend ist.

3. Einsatzmöglichkeiten von Jugendbüchern in der sozialpädagogischen Praxis:

Der Anspruch der Jugendliteratur auf Freizeitgehalt und eigene Interessenlage widerspricht einer Einsatzmöglichkeit, die gezielt eine Problematik vermitteln will. Um das Interesse des Jugendlichen zu wecken, gibt es allerdings einige Möglichkeiten.

1. Fragenkatalog zum Interessengebiet der Jugendlichen, um gezielt Bücher empfehlen zu können.

2. Buchausstellungen zu bestimmten Problemfeldern

3. Jugendliche stellen selbst ihre Lieblingsbücher vor

4. Besuche auf Buchmessen mit Autorengesprächen

5. Autorenlesungen mit anschließender Diskussionsrunde

(Der Bundesverband der Friedrich-Bödecker-Kreises e.V. bringt regelmäßig ein Autorenverzeichnis heraus, indem lesefördernde Veranstaltungen, Autorenlesungen und Workshops aufgeführt sind. Alle darin enthaltenen Autoren sind bereit, Lesungen in Schule und Freizeiteinrichtungen durchzuführen. Die Broschüre des Bundesverbandes erhalten Sie in ihrer Buchhandlung oder können Sie direkt beim Herausgeber bestellen. Die Anschrift entnehmen Sie bitte dem Literaturverzeichnis).

Jugendsachbuch – die Welt die mich umgibt

1. Was ist ein Jugendsachbuch?

Das Sachbuch gewinnt immer stärker an Bedeutung in der Jugendliteratur. Es will den älteren Leser, ab dem 12. Lebensjahr ansprechen. In diesem Alter lässt sich ein starkes Interesse an Wissensbüchern feststellen. Jugendsachbücher verstehen sich eher als freiwillige Lektüre, die im privaten Bereich konsumiert wird. Der Jugendliche setzt sich eigenständig mit den Sachinformationen auseinander, ohne von Schule und Lerntätigkeit belastet zu sein. Dadurch wird die Interpretation dem Jugendlichen selbst übertragen. Die Auseinandersetzung mit Sachgebieten und Ereignissen wird für Jugendliche dann interessant, wenn sie unterhaltend dargeboten werden. Während beim Vorschulkind Sachbücher aus der näheren Umgebung (Spiel, Hobby, Haustiere usw.) das Interesse am Lesen wecken, stehen beim jugendlichen Leser häufiger Bücher aus Wissenschaft und Technik im Vordergrund; immer öfter auch Bücher über Software und Internet, die spielerisch oder unterhaltend Wissenswertes vermitteln. Im Jugendsachbuch gehen die formalen Anforderungen und die inhaltliche Auseinandersetzung weit über das Kindersachbuch hinaus.

1.1 Formale Unterscheidungskriterien

Man unterscheidet, wie bereits beim Kindersachbuch erwähnt, zwischen sachlich informierenden und unterhaltenden, erlebnishaften Sachbüchern.

Das unterhaltende, erlebnishafte Sachbuch

Das unterhaltende Sachbuch versucht Wissenswertes so aufzubereiten, dass es für den Jugendlichen nicht nur informativ, sondern auch motivierend und spannend geschrieben ist. Die Begegnung mit rationalen Sachverhalten werden zum Erlebnis und führen zu einem höheren Lesegenuss. **Schicksale, Ereignisse, Taten und Charaktere können als Kulisse dienen, dürfen aber nicht das Thema, die Sachinformation bzw. die Fakten in den Hintergrund treten lassen.** Wissen wird erlebbar transportiert und erreicht den Leser unmittelbar, da nüchterne Schilderungen der lebendigen Erzählung weichen.

Beispiel für unterhaltende Sachbücher:

Viele Verlage bieten mehrere Reihen zu verschiedenen Themenbereichen an. Der Tessloff Verlag hat sich erfolgreich auf dem lukrativen Sachbuchmarkt behauptet. Neue und interessante Themen werden in der Reihe »Was ist Was ?«, ständig erweitert und aktualisiert.

Ein schönes und eindeutig unterhaltendes Sachbuch ist z.B. »Polar, der Titanic-Bär«, hier erzählt der Bär von der Reise mit der Titanic, dem Untergang und einer glücklichen Rettung.

Das sachlich, informierende Jugendsachbuch

In diesen Jugendsachbüchern versuchen die Autoren den Wissensdrang und die Neugierde bzw. den Lerntrieb anzusprechen. Sie sind zweckgerichtet und möchten unter-

Jugendsachbuch – die Welt die mich umgibt

richten, ein Thema aufzeigen und Zusammenhänge verdeutlichen. Das Wissen des Lesers soll bereichert und gesteigert werden, ohne Verklärung und mit dem Verzicht auf »Transportmittel«. Das reine Wissen, die Tatsachen als solche, sollen für sich alleine sprechen. Bei der Darlegung von Sachverhalten wird auf eine ausmalende Erzählung verzichtet. Kulissen oder Rahmenhandlungen spielen keine Rolle, spezifische Fachbereiche stehen im Vordergrund.

Beispiele für sachlich informierende Sachbücher:

Der Buchmarkt hat erkannt, dass rein informativ gehaltene Sachbücher beim jungen Leser wenig Interesse wecken. Heute gibt es außer den Nachschlagwerken und Lexika nur noch wenige Sachbücher aus diesem Bereich. Der Esslinger Verlag hat in seiner Buchreihe *»Wie ist das?«* ein Sachbuch entwickelt, das dem Anspruch »sachlich informierend« gerecht wird. Allerdings sind auch diese Bücher mit interessanten Bildern und kleinen Geschichten ausgeschmückt, ohne jedoch über eine Rahmenhandlung zum Wissen zu führen.

1.2 Überblick über Themenbereiche des Jugendsachbuches

Technik und Wissenschaft	Mensch und Gesundheit	Kunst und Kultur
Natur und Umwelt	Ehtik und Religion	Spiel, Sport und Hobby
Tiere und Pflanzen	Biographien und Lexika	Geschichte und Politik

Der Antrieb des Menschen sich mit Neuem auseinanderzusetzen, ergibt sich aus der Neugierde, und dem Wunsch etwas über Zusammenhänge zu erfahren. Beim Menschen spricht man auch von einem angeborenen Lerntrieb. Die Umwelt wird betrachtet und ruft beim Menschen häufig ein Bedürfnis nach Begreifen, Verstehen und Erfassen hervor.

Die Windmühle soll als grafische Darstellung verdeutlichen, dass alles, was uns umgibt, das Interesse wecken und die Fantasie »beflügeln« kann.

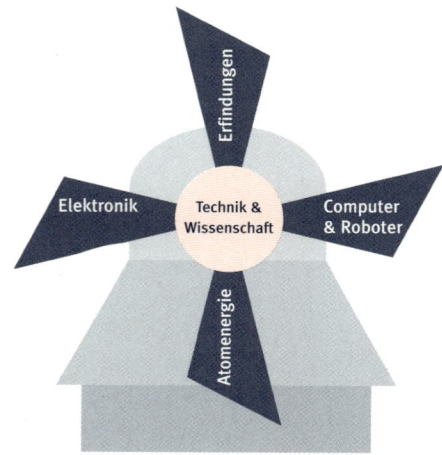

Jugendsachbuch – die Welt die mich umgibt

Erstellen Sie – mit Hilfe Ihrer Broschüren – weitere Windmühlen zu den oben genannten Themenfeldern.

2. Beurteilungskriterien

Grundsätzlich erschließt sich ein rein informatives Sachbuch in der Regel nur Jugendlichen, die bereits über Vorkenntnisse verfügen oder ein ausgeprägtes Interesse an einem bestimmten Bereich haben. Die meisten jungen Leser lassen sich eher von Büchern begeistern, die über das Wissenswerte hinaus auch unterhaltend und spannend geschrieben sind.

Ideal sind Sachbücher die

- schwierige Themenbereiche spannend aufbereiten und Interesse wecken;
- Inhalt und Sprache spielerisch und mit Leichtigkeit verknüpfen und gleichzeitig sachlich richtig informieren;
- tiefgründige Sachinformationen lebhaft und faszinierend beschreiben;
- Figuren und Charaktere ansprechend und bewegend darstellen und den Jugendlichen in die Welt des Wissens zu »entführen«;
- das Sensationsbedürfnis des Jugendlichen befriedigen.

Zusammenfassend kann gesagt werden das Sachbuch sollte:
spielerisch, leichtverständlich, tiefgründig, informativ, präzise, fachkundig, wirklichkeitsnah, bewegend, realistisch, spannend, sachlich richtig, lebensnah und faszinierend sein. Bei einer Sachbuchanalyse müssen diese Begriffe einer Überprüfung standhalten. Nur wo der Jugendliche motiviert und begeistert werden kann, ist er evtl. auch bereit, sich mit neuen Sachverhalten auseinander zu setzen.

3. Einsatzmöglichkeiten in der sozialpädagogischen Praxis

Wie bereits am Anfang erwähnt, versteht sich das Sachbuch als Lektüre für den privaten Bereich. Der Jugendliche sollte sich frei mit den Themenbereichen auseinandersetzen, die ihn ansprechen oder zu denen er eine Affinität hat. Es gibt jedoch Möglichkeiten diese Altersgruppe über interessant gestaltete Ausstellungen oder Autorenlesungen zu animieren (siehe auch Jugendbuch »Einsatzmöglichkeiten in der sozialpädagogischen Praxis«).

Außerdem können bestimmte Themenfelder, die heute fast jeden Jugendlichen motivieren, zu einer tiefgründigeren Betrachtung genutzt werden. Viele Jugendliche verbringen ihre Freizeit mit Video- oder Computerspielen; hier könnte man auch auf Vorkenntnisse im Umgang mit dieser Technik zurückgreifen und Bücher über Lernprogramme und Anleitungen zur Hausaufgabenhilfe im Internet anbieten.

Das Abenteuerbuch – in der Welt des Außergewöhnlichen

Schreiben Sie auf ein Blatt, was für Sie persönlich ein Abenteuer sein könnte. Jeder legt nun seinen Beitrag in eine Kiste. Die Kiste wird der Reihe nach herumgegeben, einzelne Blätter werden gezogen und vorgelesen. Nun soll erraten werden, von wem der Beitrag stammen könnte. Stimmt die Fremd- und Selbsteinschätzung überein oder müssen Sie Ihr Bild, das Sie sich von Ihren Mitschülern gemacht haben, überdenken?

1. Was ist ein Abenteuerbuch?

Das Abenteuerbuch findet seine Anhängerschaft in der Altersgruppe der 10 – 15 jährigen Kinder und Jugendlichen und kann an bestimmten Merkmalen erkannt werden.

1.1 Merkmale des Abenteuerbuches:

- Hohes Spannungspotential mit einer gesteigerten Dynamik
  - Gefahren müssen überwunden
  - Probleme bewältigt
  - Umwege und Verwicklungen erlebt
  - Bedrohungen muss standgehalten werden, bevor es zu einem befriedigenden Ende kommen kann

- Spielt in fremdartigen Gegenden und zeigt Spannendes und Außergewöhnliches
  - Nicht das Alltägliche, sondern das Besondere, das Überraschende steht im Vordergrund der Handlung
  - Die Handlung geht weg vom Vertrauten und entführt in extreme Situationen, die vom Helden bzw. der Heldin, unter schwierigsten Umständen gemeistert werden müssen, um die persönliche Sicherheit und Unversehrtheit zu garantieren
  - Besonderer Einfallsreichtum und Erfindungsgabe hilft den Helden ihre Aufgabe zu meistern

- Wirklichkeitsnähe und Schilderungen, die für den Leser gut nachvollziehbar sind
  - Bei allem Wunderbaren und Außergewöhnlichen geraten die Helden in Situationen, die tatsächlich oder in Zukunft lösbar sind
  - Die Leistungen der Helden liegen nicht außerhalb des Möglichen und sie erhalten keine Hilfe von übersinnlichen Mächten
  - »Milieu und äußere Umstände können zwar sehr ungewöhnlich sein, Ereignisse und Zufälle erstaunliche Ausnahmen darstellen, sie bewegen sich aber innerhalb der faktisch existierenden oder jedenfalls denkbaren Welt« (K. E. Maier, Jugendliteratur)

Das Abenteuerbuch – in der Welt des Außergewöhnlichen

Eine Abgrenzung zum erlebnishaft geschriebenen Sachbuch ist nicht immer leicht. Das Sachbuch hat einen höheren Informationsgehalt, das Abenteuerbuch ist spannend und führt in fremdartige Gegenden, in denen Außergewöhnliches stattfindet. Gemeinsam ist beiden, dass sie den Erlebnishunger, das Bedürfnis nach Sensation und Freiheit stillen wollen. Die Suche nach Kameradschaft und das Fernweh sind Elemente, die in der Abenteuerliteratur einen höheren Stellenwert aufweisen. Auch die Abgrenzung zur erwachsenen Abenteuerliteratur ist manchmal schwierig. Nur aufgrund der Aufmachung, an evtl. vorhandenem Bildmaterial kann eine klare Einteilung erfolgen. Oft findet man auch auf dem Buchband oder bei Verlagswerbungen keine klare Altersangabe. Jugendliche, die eine Affinität für dieses Genre aufweisen, sind häufig auch im Erwachsenenalter begeisterte Anhänger der Abenteuerliteratur. Die Diskrepanz zum Märchen ist durch den Realitätsbezug dieser Gattung sichtbar.

1.2 Systematisierung und Einteilung des Abenteuerbuches

Das Abenteuerbuch besteht aus vielen Facetten und Spielarten. Eine Einteilung kann nach verschiedenen Gesichtspunkten erfolgen:

- **Der entwicklungspsychologische Gesichtspunkt**
  Nach dem entwicklungspsychologischen Gesichtspunkt erfolgt eine Einteilung nach den verschiedenen Altersstufen, bzw. nach Schuljahrgangsstufen.

- **Der literarische Gesichtspunkt**
  Hierbei erfolgt die Einteilung entsprechend der literarischen Form des Abenteuerbuches, z.B. handelt es sich um einen Roman, eine Erzählung oder eine persönliche Schilderung etc.?

- **Einteilung nach inhaltlichen Kategorien**
  Um eine Übersicht über die Vielzahl der Abenteuerlektüren zu erhalten, empfiehlt es sich, eine Einteilung nach den verschiedenen Kategorien vorzunehmen. (Siehe auch K. E. Maier, Jugendliteratur)

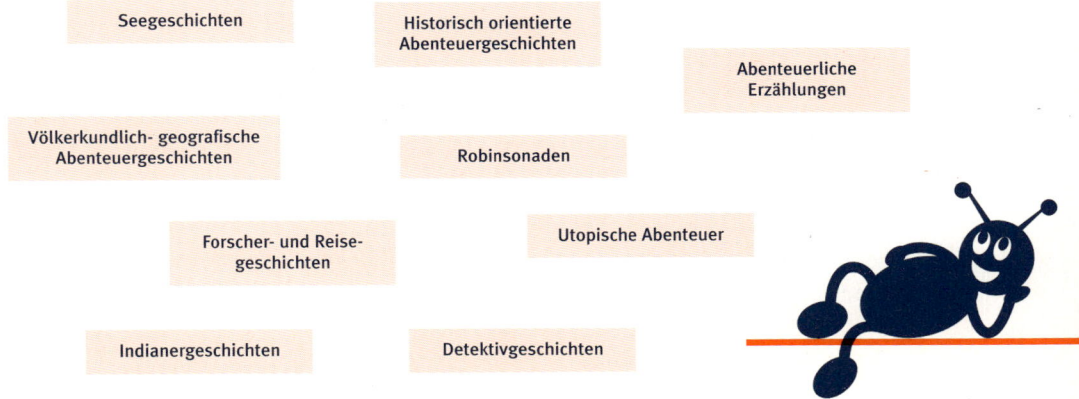

1.3 Inhaltliche Kategorien

1.3.1 Robinsonaden

Daniel Defoe schrieb im 18. Jahrhundert das bekannte Abenteuerbuch *»Robinson Crusoe«*. Dieser Klassiker beschreibt die Charakterentwicklung eines Mannes, der in jungen Jahren England verlässt und durch einen Schiffbruch auf eine einsame Insel verschlagen wird. In den folgenden Jahren entwickelt sich Crusoe zu einem selbstverantwortlichen, pflichtbewussten und gottesfürchtigen Mann, der die Isolation nutzt, um über sein Leben und den Menschen in der Welt zu reflektieren. Viele Krisen lassen Crusoe erkennen, dass er die ihn umgebende Natur gestalten muss, um in ihr existieren zu können. Defoe beschreibt die Pionierarbeiten des Helden sehr detailiert.

Neben der individuellen Entwicklung des nun autarken Helden übt die politische und geistige Freiheit des Helden auf der Insel, sowie die völlige Befreiung von gesellschaftlicher Bevormundung eine grosse Faszination auf den Leser aus.

Aufgrund seines durchschlagenden Erfolges und seines richtungsweisenden Einflusses in der europäischen Literatur – der des realistischen Abenteuerbuches – fand sein Werk viele Nachahmer.

Obwohl auch heute noch das zentrale Thema vieler Robinsonaden das Inselmotiv ist, besteht das wahre Kennzeichen dieser Gattung in der absoluten Abgeschiedenheit von Gesellschaft und Zivilisation. Die sich daraus ergebenden Konsequenzen, die ursprunghafte Anfangslage, in der sich der einzelne Mensch oder die Gruppe zurechtfinden und bewähren muss, sind Inhalt einer echten Robinsonade.

1.3.2 Seefahrergeschichten

Die mutige, abenteuerliche aber auch männliche Auseinandersetzung mit dem Element Wasser ist Thema historischer Seefahrergeschichten. Der Kampf gegen die Elemente, das Wagnis der Eroberung neuer Wege, die Verlässlichkeit wahrer Kameradschaft, die Auseinandersetzung mit Piraten, aber auch berechtigter oder unberechtigter Ungehorsam lassen heute noch die Herzen der Leser höherschlagen. Entstanden sind viele dieser Geschichten zur Zeit der Segelschiffahrt in England. Klassiker dieser Gattung sind *»Die Schatzinsel«* von R.L. Stevenson, aber auch die Walfängergeschichte *»Moby Dick«* von H. Melville. Erwähnenswert sind auch *»Der Seewolf«* von J. London und G. Sachses Buch *»Die Meuterei auf der Bounty«*.

Da es in Zeiten der relativ gefahrlosen Ozeanüberquerungen an aktuellem Geschichtsstoff mangelt, spielen auch viele der neuen Seefahrergeschichten in vergangenen Zeiten.

1.3.3 Völkerkundlich- geografische Abenteuergeschichten

Diese Bezeichnung beschreibt die wohl am häufigsten geschriebene und gelesene Form des Abenteuerbuches. Vor dem Hintergrund fremder Länder und Landschaften, aber auch fremder Kulturen und kultureller Gepflogenheiten werden hier aussergewöhnliche Begebenheiten, Taten und Schicksale geschildert. Eine Abgrenzung zum Sachbuch, das über fremde Länder informiert, ist insofern möglich, dass hier Kenntnisse über andere Lebensformen, aus der Intention der Autoren heraus, eher zwei-

trangig sind. Dennoch sollte der bildende Anteil nicht unterschätzt werden, den der Leser, sozusagen als Beiwerk, aufnimmt. Kenntnisse, die in spannende Begebenheiten eingebettet sind, prägen häufig mehr als pure Informationsvermittlung.

Bei der Auswahl eines völkerkundlichen Abenteuerbuches sollte aber, gerade mit Blick auf die weltweite Verständigung, darauf geachtet werden, dass gesellschaftliche, politische und auch wirtschaftliche Verhältnisse in anderen Ländern objektiv dargestellt werden.

Inzwischen gibt es keinen Ort auf der Erde, den die Abenteuerliteratur noch nicht aufgegriffen hätte.

1.3.4 Das historisch orientierte Abenteuerbuch

Auch beim historisch orientierten Abenteuerbuch ist die Abgrenzung zum Sachbuch nicht immer möglich. Eine eindeutige Zuordnung zur Abenteuerliteratur lässt sich jedoch dann vornehmen, wenn die Konzentration auf Einzelschicksalen oder speziellen Ereignissen liegt und die Dynamik und Besonderheit der Handlung erkennbar ist. Die Anziehungskraft dieser Gattung liegt mit Sicherheit in dem Erlebnisreiz, der von der Handlung ausgeht. Häufig gehen die Autoren auch von bereits vorhandenen Vorkenntnissen über die geschichtlichen Hintergründe aus. Eine Analyse zeigt, dass nicht alle Epochen der Zeitgeschichte gleichmässig bearbeitet wurden, »Zielzeiten« unterliegen wohl auch dem kulturellen Wandel. Abzulehnen ist historische Abenteuerliteratur, die falsch verstandene patriotische Gesinnungen und Kriegsbegeisterung vermittelt.

1.3.5 Indianergeschichten

Eine Verbindung völkerkundlicher aber auch historischer Abenteuerliteratur stellen die Indianergeschichten dar. Die Bandbreite der Erzählungen erstreckt sich seit über 200 Jahren von wahren Horrorgeschichten über die Brutalität mancher Stämme bis hin zu sensiblen Beschreibungen der Lebensumstände der Indianer Nordamerikas. In den letzten Jahren gibt es eine neue Entwicklung in der Indianerliteratur. Die Indianerthematik wird von der sozialpolitischen und ethnologischen Seite aufgerollt, wobei auf ein abenteuerliches Element weitgehend verzichtet wird. Sozialkritisch geschrieben beeindruckt das schwere Schicksal dieser Völker viele junge Leser.

Indianergeschichten sollten altersgemäß aufgeteilt werden. Während die klassische Indianerliteratur sich für den jugendlichen Leser eignet, sind für jüngere Kinder solche Bücher vorzuziehen, die das Leben der Indianer eingebunden in eine Umweltgeschichte und bezogen auf Kindheitserlebnisse und -probleme aufzeigen.

1.3.6 Utopische Abenteuergeschichten

Bereits in den vergangenen Jahrhunderten entwarfen die Menschen Utopien, Schilderungen von Zuständen und Ereignissen der Zukunft, die an keinem bestimmten Ort festzumachen sind. Es handelt sich hierbei um gedankliche Konstrukte, die sich mit den politischen, wirtschaftlichen, naturwissenschaftlich-technischen aber auch sozialen Leben der Zukunft befassen. Zum Teil liegt den romanhaften Ausführungen eine erzieherische Intension zugrunde, die in überzogener Weise die zukünftige gesell-

Das Abenteuerbuch – in der Welt des Außergewöhnlichen

schaftliche Entwicklung aufzeigen will. Eine andere Form der utopischen Abenteuergeschichten zeichnet Wunschbilder idealer Gesellschaften auf. Der Franzose Jules Verne (1828-1905) gilt als Vater der neueren utopischen Literatur, wobei der Roman *»Die Reise von der Erde zum Mond«* inzwischen zu den ersten realistischen Abenteuergeschichten zählt.

Neben vielen gesellschaftskritischen Werken u.a. von George Orwell *»1984«* und Aldous Huxley *»Schöne neue Welt«* bestimmt die moderne Science Fiction Literatur heute häufig das Bild der utopischen Abenteuergeschichten. Technische Spekulationen, verbunden mit dem Eroberungsgeist der Menschheit und den sich vielleicht in der Zukunft ergebenden Möglichkeiten der Überwindung menschlicher Grenzen z.B. bei der Überwindung der Zeit, finden vor allen Dingen bei den jugendlichen Lesern einen großen Anklang.

Eine breite Masse der Science Fiction Literatur verzichtet zugunsten von sensationellen Geschehnissen und Spannungseffekten auf eine tiefergehende und plausible Erläuterung der möglichen zukünftigen Umstände. Dennoch gibt es etliche gelungene utopische Abenteuergeschichten, die es dem Leser ermöglichen, alternative Sicht- und Denkweisen zu entwickeln, sich im Bereich des Möglichen zu bewegen und kreative Übertragungen zu vollführen.

1.3.7 Fantastische Abenteuergeschichten

Im Gegensatz zu den utopischen Abenteuergeschichten erhebt die fantastische Abenteuergeschichte nicht den Anspruch an mögliche realistische Gegebenheiten anzuknüpfen. Ähnlich wie im Märchen existieren hier zwei Welten miteinander, die Handlung spielt in die magische irreale Welt hinein. Außernatürliche und unerklärliche Begebenheiten tragen zur Handlung bei, Themen und Inhalte sind häufig Sagen und Legenden entliehen. Ein bekannter Autor fantastischer Abenteuerromane ist z.B. Michael Ende.

1.3.8 Detektivgeschichten

Auch Detektivgeschichten werden zur Abenteuerliteratur gezählt. Kriterien hierfür sind die bereits beschriebenen Merkmale wie gesteigerte Dynamik, außergewöhnliches Geschehen, besondere Gefährdung oder Leistung der Handlungsträger und der Bezug zum real Möglichen. Der Held der Detektivgeschichte zeichnet sich durch logisches Denkvermögen, Kombinationsgabe und Schnelligkeit in der Auffassung aus. Auf körperliche Stärke wird zugunsten von besonderem Mut und Kaltblütigkeit verzichtet. Zu den klassischen Detektivgeschichten zählt insbesondere Charles Dickens *»Oliver Twist«*, als Vorläufer kann man auch Geschichten von Mark Twain benennen. Die Jugenddetektivgeschichte, mit Kindern oder Jugendlichen als aktiven Handlungsträgern, hat sich im Laufe des 20. Jahrhunderts entwickelt. Sehr bekannt ist Erich Kästners *»Emil und die Detektive«*. In diesen Geschichten spielen Erwachsene eine untergeordnete Rolle. Der einzelne Detektiv oder die Gruppe von Jugendlichen bewegt sich in einer relativ autonomen Jugendwelt. Detektivgeschichten für den jugendlichen Leser ziehen die bekannte Umwelt mit ihren zivilisatorischen Verhältnis-

Das Abenteuerbuch – in der Welt des Außergewöhnlichen

sen vor. Auch Romanschauplätze wie Burgen, Ruinen und Höhlen liegen im näheren geografischen Umfeld.
Das Angebot an Detektivgeschichten erstreckt sich über eine grosse Bandbreite. Beliebt sind Detektivgeschichten, die sich als Serien über Jahre hinweg erstrecken und bei denen die Helden immer neuen Kriminalfällen gegenüberstehen. Beispielhaft sind die Serien der »???«, die von verschiedenen Autoren unter dem Namen Alfred Hitchcock herausgegeben werden. Ein bekanntes Einzelwerk ist z. B. »*Kalle Blomquist*« von Astrid Lindgren.

2. Bedeutung der Abenteuerliteratur

- Erfüllt Sehnsüchte (Fernweh, Kameradschaft, Abenteuer, Faszination...)

- Identifikation (mit den Helden, mit Rollenzuweisungen, mit Freiheitswusch, stellvertretende Wunscherfüllung...)

- Konfliktlösung (Auswege aus schwierigsten Situationen, sich Aufgaben stellen und diese bewältigen...)

3. Gefahren der Abenteuerliteratur

Der Spannungsgehalt dieser Gattung ist sowohl die Begründung für den Konsum als auch die größte Gefahrenquelle. Wenn der Jugendliche sich ausschließlich mit der Abenteuerliteratur beschäftigt, läuft er Gefahr, für andere Literatur abzustumpfen. Häufig ist der Leser nicht mehr in der Lage die »unwichtigen« Details zu lesen, er blättert weiter zu der nächsten Attraktion, zum nächsten Höhepunkt. Triviale Abenteuerbücher oder Fortsetzungsromane bergen die Gefahren, dass der Leser nicht mehr aus der Spannung entlassen wird. Jugendliche, die in ihrer Persönlichkeit instabil sind oder mit ihrem momentanen, realen Leben nicht zurechtkommen, können der Wirklichkeit ganz entrinnen. Folgeerscheinungen können z.B. Größenfantasien, Tagträume, Rückzug aus dem Alltäglichen und Flucht in immer neue »Abenteuer« sein.

Mädchenbuch – ein Buch, wirklich nur für Mädchen!

1. Was ist ein Mädchenbuch?

In der Literatur wird ein Mädchenbuch als Buch beschrieben, das sich ausschließlich an Mädchen zwischen dem neunten und dem sechzehnten Lebensjahr wendet. Die Intention des Mädchenbuches ist es, das Mädchen bei der Findung seiner sozialen Rolle zu unterstützen. Dass diese Intention sowohl negative als auch positive Aspekte aufweist, beweißt die schon seit Jahren anhaltende Diskussion um die Sinnhaftigkeit dieser Abspaltung von der allgemeinen Jugendliteratur.

Alle Kinder sind gleich, nur Jungen sind gleicher?

Die Dominanz des männlichen Geschlechtes über das weibliche Geschlecht wurde in den letzten Jahrhunderten durch verschiedenste Theorien und Auslegungen derselben immer wieder beschworen. Zum Beweis der universellen und naturgegebenen Überlegenheit führten Männer Argumente aus der Religion – das Weib ist dem Manne untertan, weil es von Gott so geschaffen wurde – später aber auch aus vermeintlich naturwissenschaftlichen Quellen an. Die Mutterschaft als wesentlichster Inhalt des Frauenlebens definierte kinderlose Frauen als von ihrer ursprünglichen Bestimmung schuldhaft abweichende »Unfrauen« und rechtfertigte geschlechtsbedingte Arbeitsteilung. Auch die scheinbare biologische Unterlegenheit der Frau hinsichtlich Kraft, Ausdauer und Aggressivität mehrte den Ruhm des Mannes als Jäger, Beschützer, Krieger und Ernährer. Im 19. Jahrhundert bestätigten darwinistische Theorien diese Überzeugung, indem sie per Unterordnung der individuellen Bedürfnisse gegenüber der Arterhaltung, den Ausschluss der Frauen aus Bildung und Erwerbstätigkeit zum Wohle des Überlebens der Gattung propagierten. Auch galten weibliche Umstände als behindernd und schwächend, wenn nicht sogar als krankhafte und abnorme Zustände, die die Fähigkeiten der Frauen beeinträchtigten. Auch der von Freud als »normal« betrachtete Mensch war männlich, für Frauen bedeutete ihre Anatomie ihr Schicksal.

Die traditionelle Entwicklungspsychologie, die von einer unterschiedlichen Entwicklung der Geschlechter ausgeht, ist umstritten. Wissenschaftliche Geister scheiden an der Frage, ob geschlechtsspezifische Verhaltensweisen angeboren oder sozial erworben wurden. Erschwerend für die Erkennung ist die Tatsache, dass typisch männliches oder weibliches Verhalten sehr früh erlernt und später als angeboren interpretiert werden kann.

Lotte Schenk-Danzinger unterscheidet in der vorpubertären Entwicklung die Knaben von den Mädchen. Sie beschreibt diese Entwicklungphase des Jungen – in Abhängigkeit zu unserer Kultur – als eine Zeit des erhöhten Bewegungsbedürfnisses, der gesteigerten Aggressivität und einer ausgeprägten Freude an Sinneseindrücken. Abenteuerlust und Unfugbereitschaft lebt der Junge zumeist in einer Gruppe Gleichaltriger und Gleichartiger aus. Körperliche Hygiene, aber auch Pünktlichkeit und pedantische Ordnung können bei männlichen Jugendlichen beinahe als Zeichen einer Zwangsneurose gewertet werden. Haltungsverfall in der Schule ist durch unordentliche Schultaschen und Schriftbilder erkennbar, nicht jedoch in einem Nachlassen der intellektuellen Leistungsfähigkeit. Ganz im Gegenteil wird das formale Denken beim

 Mädchenbuch – ein Buch, wirklich nur für Mädchen!

Knaben nun in zunehmendem Maße leistungsfähig. »Die Vorpubertät des Knaben ist durch eine ausgeprägte Wissbegierde gekennzeichnet..., das Interesse richtet sich auf die Anfänge, Urheber, Konstrukteure, Erfinder und Entdecker.« Das konstruktive Spiel der Knaben wandelt sich. Statt mit dem »sieht aus wie« zufrieden zu sein, möchte das männliche Kind nun Dinge, die tatsächlich real funktionieren. Jungen schätzen Zauber- und Chemiekästen. Tagträume von Knaben werden als Folge des Bedürfnisses nach einem Eigenleben dargestellt. Den Erlebnishunger, die Abenteuerlust und der Wissensdurst der Knaben wird in der heutigen großstädtischen Umgebung bevorzugt durch Bücher gestillt. »Abenteuerbücher, Wildwester und utopische Romane gewinnen an Bedeutung«.

Dieser Entwicklung stellt sie die Vorpubertät der Mädchen gegenüber. Diese setzt bereits etwas früher ein und beginnt als »positiv getönte Erregungsphase mit körperlicher Unruhe, starkem Rededrang und der Bereitschaft, über alles ohne Grund zu lachen«. Nachdem das Mädchen anfänglich noch bereit ist, an kleineren Unternehmungen teilzunehmen oder diese gar zu organisieren, folgt eine Phase der »labilen Affektivität«. Die Mädchen zeigen nun ein launisches, zerfahrenes und albernes Benehmen, werden inaktiv, scheuen jegliche Bewegung und betrachten das Lesen als Lieblingsbeschäftigung. Haltungsverfall beim Mädchen führt Frau Schenk-Danzinger auf eine Umschichtung der Wertungen und Interessen im Zusammenhang mit einer zunehmenden Erotisierung der Umwelt zurück. Es handelt sich auch nicht um einen Verfall der Arbeitshaltung, sondern eher um ein Zurücktreten der sachlichen Interessen. Die Mädchen empfinden weniger Lust beim Lernen und neigen zu rezeptivem Verhalten. Mädchen haben wenig Bedürfnis nach Gruppenbildungen, »hängen Tagträumen nach«, die zunehmend erotischen Charakter annehmen. Konflikte mit dem Elternhaus entspringen nicht dem Gefühl der Ungerechtigkeit, sondern aus der Überempfindlichkeit und Bequemlichkeit des Mädchens.

Obwohl Frau Schenk-Danzinger berechtigte Zweifel an der Naturgegebenheit dieser Phase anmeldet, spiegelt sowohl die Wortwahl als auch der Abschluss des Kapitels über die Vorpubertät des Mädchens eine allgemeine gesellschaftliche Einstellung wieder. »Jeder Anlass zur Klage verschwindet allerdings, sobald das Mädchen vor eine echte Aufgabe gestellt wird, etwa in einem Krankheitsfall zu pflegen oder Haushaltspflichten zu übernehmen.«

»Mädchen« sein ist nicht nur das Ergebnis biologischer Prozesse, sondern immer die gesellschaftliche Rolle, die einem durch Erwartungen und Einstellungen der sozialen Umgebung zugewiesen wurde. Rollenverhalten wird heute häufig auf subtile Art und Weise vermittelt, die Möglichkeiten es aufzudecken sind heute wesentlich schwerer als früher, da das Bemühen um rollenneutrales Erziehen echt ist. Rollenspezifische Muster werden unter einer Decke vermeintlicher Liberalität,

Mädchenbuch – ein Buch, wirklich nur für Mädchen!

Großzügigkeit und Toleranz gehalten. Auf diese Weise werden alte Vorurteile ungewollt bestätigt. Wen wundert dann der Einsatz typischer Mädchenbücher, früher wie auch heute noch, als Instrument zur Prägung der »Weiblichkeit«?

2. Das traditionelle Backfischbuch – was Mädchen wissen sollten

Die Existenz des klassischen Backfischbuches reicht bis zum Beginn des 19. Jahrhunderts zurück. Ausgehend von der bürgerlichen Aufklärung mit ihrem Erziehungsoptimismus, dem sich allmählich herausbildenden Wertekanon von Pflicht, Selbstbeschränkung, Altruismus und Tugend sowie der Entstehung eines bürgerlichen Literaturmarktes und der Freude an Unterhaltungsromanen, handelte es sich hierbei zunächst um Erziehungsromane, die die Sozialisation der höheren Töchtern erleichtern sollten. Lehrhafte Unterhaltung sollte dem noch außerhalb der staatlichen Erziehungsinstitutionen stehenden Mädchen Standesbewusstsein und rollenangepasstes Verhalten vermitteln. Inhaltlich handelte es sich zumeist um Erbauungsschriften und Sittenlehren, deren Hauptfigur, das bürgerliche Mädchen, durch tugendhaften Lebenswandel von ihrem Glück – Mann – gefunden wurde oder sich durch unangepasstes Verhalten ins wohlverdiente Unglück trieb. Geschrieben wurden diese Bücher von Frauen wie Thekla von Gumpert mit ihren »*Backfisch*« Geschichten, Emmy von Rhoden »*Der Trotzkopf*« und Else Ury »*Das Nesthäkchen*« Die moderne Buchindustrie des 20. Jahrhunderts brachte dann u.a. die großen und sehr bekannten Serien von Marie-Luise Fischer und Enid Blyton hervor, die trotz zunehmendem Rollenbewusstsein, Kenntnis der Rollenproblematik und einem differenzierteren Blick auf die Entwicklung im Jugendalter noch viele alte Stereotypen bei äußerlichem Kulissenwandel beinhalten.

3. Das konventionelle Backfischbuch – Kinder, Küche, Kirche?

Das konventionelle Backfischbuch orientiert sich am bürgerlichen Mittelstand. Hauptperson ist noch immer das wohlbehütete Mädchen aus einer heilen Welt. Trotz zeitgenössischer Bezüge werden gesellschaftliche Konflikte zumeist ausgespart, manchmal beschönigt. Probleme bei der Übernahme der Geschlechterrolle werden, soweit sie überhaupt vorhanden sind, auf individueller und persönlicher Ebene gelöst. Das Bezugsfeld der Figur ist eindeutig die Familie, sowohl die Herkunftsfamilie als auch die Zukünftige. Dass politische Einflussmöglichkeiten bestehen, wird ausgeblendet. Die Protagonistinnen erhalten größere Freiräume in der eigenen weiblichen Lebensgestaltung, häufig dargestellt als Rebellion des Mädchens gegen Rollenzumutungen, finden aber am Ende doch zu sich selbst, geben ihre eigenen Ziele auf, besinnen sich auf ihre traditionellen Frauenrollen, um als passiv abwartende und anschmiegsame Braut erkannt zu werden. Daher spielen auch Berufwünsche eine lediglich untergeordnete Rolle, meist findet eine Beschränkung auf typisch weibliche Berufe statt, die die eigentliche Hausfrauen- oder Mutterrolle erweitern. Die Arbeitswelt im sozialen, künstlerischen oder haushälterischen Bereich wird beschönigt. Stereotype weibliche Eigenschaften und Verhaltensweisen vermitteln noch immer das Leitbild des »richtigen«

 Mädchenbuch – ein Buch, wirklich nur für Mädchen!

Mädchens. Hierzu zählen unter anderem Tier- und Kinderliebe, Selbstlosigkeit, Opferbereitschaft, Fürsorglichkeit und Harmoniesucht. Weibliche Sexualität wird tabuisiert, die Mädchen wirken asexuell, spröde, passiv und kaum sinnlich und werden vom Partner, der als Mischung von Vater und Bruder dargestellt wird, niemals bedrängt.

Die Erzählung in Ich-Form erleichtert die Identifizierung und baut Distanz ab. Malte Dahrendorf hat spezifische Strukturmerkmale des Backfischbuches herausgearbeitet, darunter

- eine subjektivierende Erzählweise; alles Geschehen (Handlung, Personen) wird auf die Person der Heldin hin zentriert

- das Fehlen von literarischen Mitteln, die der Leserin über den Abstand vom Erzählten Abstand von sich selbst gewinnen lassen.

Der Erzählinhalt besteht aus der Beschreibung von Lebensabschnitten der Mädchen, wobei zugleich den Alterserwartungen entsprochen wird. Die vorpubertierenden Mädchen können als »wilde Hummeln« manchen fröhlichen Streich spielen, bevor sie als Pubertierende wahrhaft neugierig auf ihr Leben als Frau werden. Vor dem HappyEnd kommt es immer zu einer Ansammlung gerade noch nachsichtig geduldeter weiblichen Entgleisungen »Aus unserer kleinen wilden Pucki war vor einigen Jahren ein schlimmer Puck geworden. Jetzt hat sich dieser Puck wieder in eine liebenswerte Pucki verwandelt. Möge dies in Zukunft so bleiben« oder es sind noch einige intrigenhafte Hindernisse zu überwinden bevor »der eine kommt, der Herz und Seele gefangen nimmt« aus Trott: Pucki, verschiedene Bände.

 Bilden Sie in der Klasse Arbeitsgruppen zu je vier Personen nach dem Zufallsprinzip. Hierzu werden Spielkarten gezogen, es treffen sich jeweils die Könige, die Damen, Buben, Zehner, usw. Übertragen Sie nun die folgenden Begriffe auf weiße Karteikarten. Ordnen Sie dann die Charaktereigenschaften einem typischen Jungen oder einem typischen Mädchen zu. Kleben Sie die Charakterkarten in einer Hierarchie auf zwei verschiedenfarbige Tonkartons.

Stellen Sie die Ergebnisse in der Gesamtklasse vor.

Charaktereigenschaften:
flexibel, vorsichtig, selbstsicher, kontaktfreudig, frech, treu, tolerant, zärtlich, sozial, genau, höflich, liebevoll, sensibel, mutig, asexuell, sportlich, phantasievoll, offen, ehrlich, rücksichtsvoll, stark, gelassen, konfliktfähig, still, pünktlich, durchsetzungsfähig, ordentlich, konfliktfähig, kreativ, geduldig, belastbar, aktiv, freundlich, fürsorglich, verlässlich

Überprüfen Sie verschiedene Formen der Mädchenliteratur hinsichtlich der benannten Charaktereigenschaften.

4. Das emanzipatorische Mädchenbuch

Neben den Mädchenbüchern, in denen die gesellschaftliche Rolle als Essenz des biologischen Schicksals dargestellt wird und solchen, in denen individuelle, sozial irrelevante Mädchenschicksale dargestellt werden, entwickelte sich seit den 60er Jahren ein neues Genre. Einflussreich waren hier Beispiele aus den skandinavischen Ländern mit dem Anspruch auf Selbstverwirklichung, auch im sexuellen Bereich, sowie Mädchenbücher der ehemaligen DDR, in denen die Protagonistinnen durchaus politisch interessiert und primär auf berufliche Verwirklichung aus sind.

Die Zielsetzung dieser Mädchenbücher beinhaltet Aufklärung und Emanzipation. Sie sind eine sinnvolle und produktive Möglichkeit, die Leserin über ihre Situation aufzuklären und ihr neue und weitere Rollenmöglichkeiten vorzustellen. Emanzipatorische Mädchenbücher sind also eine tatsächliche Hilfe bei Identitätsfindung.
Ideal sind Mädchenbücher,

- die sich mit der Realität kritisch auseinandersetzen statt glatte, rein private Lösungen anzubieten;

- die Emanzipation als langwierigen, gesamtgesellschaftlich relevanten Prozess darstellen, indem sowohl Konfliktbereitschaft als auch Solidarität benötigt wird;

- die Rollenklischees hinterfragen und statt fester Leitbilder ein variantenreiches, kreatives und rollenflexibles Verhalten aufzeigen;

- die eine Auseinandersetzung mit alternativen Lebensformen ermöglichen und durch realistische Darstellung konkreter Beispiele weiblicher Lebensgestaltung – zu allen Zeiten und an allen Orten – der Leserin zu einem distanzierten Blick auf die eigene Entwicklung verhelfen und sie bei der Bewältigung von Identitätskrisen unterstützen;

- die weibliche Sexualität nicht tabuisieren, sondern einen aktiven, selbstbestimmten, lustbetonten Umgang mit weiblicher Erotik und Sexualität und deren Folgen propagieren;

- die aktives weibliches Konfliktlösungsverhalten beschreiben und nicht immer ein »Happy-End« haben;

- die den Berufsalltag realistisch darstellen und der Leserin vermitteln, dass auch typische Männerberufe einem Mädchen offenstehen.

Nava Semel gelang es mit ihrem Buch *»Gerschona«,* aktuelle Zeitgeschichte mit dem Prozess der Reifung und Erkenntnis der jungen Hauptfigur zu verbinden. Die Jüdin Gerschona kommt einige Jahre nach Ende des 2. Weltkrieges nach Israel, um dort mit ihrer Familie ein neues Leben zu beginnen. Vorsichtig erfragt sie die Lebensumstände ihrer Familie auf der Suche nach dem eigenen Ursprung und dem eigenen Standort im Leben. Tilde Michels beschreibt in *»Lena vom Wolfsgraben«* das Leben in den 20er Jahren in einem abgelegenen Teil Österreichs. Lena wird mit 12 Jahren heimatlos und muss als Magd auf einem Hof arbeiten. In den folgenden Jahren entwickelt sie zunehmend Mut und Selbstbewusstsein, genug um in einer Stadt eine Lehre als Näherin zu beginnen. Die Theaterwelt des 18. Jahrhunderts bietet die Kulisse für einen Roman von Irene Ruttmann, die die Flucht eines Mädchens aus dem väterlichen Gasthaus in die Welt der Komödianten schildert. *»König für einen Tag, Nehmt die Wäsche weg, die Komödianten kommen«* beschreibt die Entwicklung der jungen Friederike. Der Autorin Monika Feth ist in ihrem Buch *»Die blauen und die grauen Tage«* neben der einfühlsamen Schilderung des Zusammenlebens zwischen Alt und Jung auch eine sehr gute Beschreibung der an Alzheimer erkrankten Grossmutter gelungen, die nicht in ihrem Leid erstarrt, sondern aktiv ihr Leben gestaltet, solange sie hierzu noch in der Lage ist. Ein Buch, das zwar nicht an den westlichen Anforderungen an die Emanzipation zu messen ist, dennoch einen Beitrag zur Verbesserung der Lebenssituation der Frauen in Westafrika beitragen möchte, stammt von Abdoua Kanta. *»Lelee, das Hirtenmädchen«* erscheint trotz harter Lebensumstände nicht als bedauernswertes Opfer, sondern als selbständiges aktives junges Mädchen.

Bereits 1973 erschien *»Das rosarote Mädchenbuch«* von Hedi Wyss. Die Schweizer Jugendbuchautorin schrieb das erste Mädchenbuch in Deutschland und der Schweiz, das sich im Gegensatz zum traditionellen Mädchenbuch mit der Emanzipation der Frauen auseinandersetzt. Zusammen mit ihrem weiteren Werk *»Rotstrumpf«* durchbrechen diese Bücher, inhaltlich wie stilistisch, die Grenze zwischen den Jugendbüchern und der Erwachsenenliteratur.

Die Österreicherin Christine Nöstlinger schreibt seit Beginn der 70er Jahre sehr erfolgreiche Jugend- und insbesondere Mädchenbücher. Fast schon als Klassiker könnte ihre Geschichte von *»Ilse Janda, 14«* gelten. In *»Einen Vater habe ich auch«* setzt sich die Autorin als Ich-Erzählerin voller Ironie, aber auch Selbstironie mit ihrer Lebenssituation als »Scheidungskind« auseinander und betreibt aktive Lebenshilfe an sich selbst.

Auch die emanzipatorische Mädchenliteratur beschäftigt sich häufig mit dem beginnenden Interesse am anderen Geschlecht, der Veränderung des eigenen Körpers. Peter Härtlings Darstellung einer Kinderliebe in *»Ben liebt Anna«* beschreibt die Aufregungen und Unsicherheiten, die Jugendliche durchleben, wenn sie zum ersten Mal Zuneigung oder Liebe zu einem Menschen ausserhalb der eigenen familiären Bande entwickeln.

Liebe und Sexualität wird heute in vielen Mädchenbüchern sehr offen dargestellt, wobei auch homosexuelle Beziehungen fair beschrieben werden. Gefahren und Folgen wie z.B. Aids oder auch Schwangerschaften werden thematisiert.

Comics
– umstrittene Literatur in Bildern

Mickey Mouse, Superman und Ich!

Comics – umstrittene Literatur in Bildern

Comicfiguren werden lebendig

Überlegen Sie, welche Comicfiguren Sie aus Ihrer Kindheit kennen.
Notieren Sie sich auf einzelnen Kärtchen je eine Comicfigur.
Tauschen Sie sich in der Kleingruppe aus:

- Beschreiben Sie die Comicfiguren, die Sie kennen.
- Beschreiben Sie, was Ihnen an dieser Figur gefallen oder missfallen hat.
- Beschreiben Sie, wie Ihre Umwelt auf das Lesen von Comics reagiert hat.

Ihre gesamte Gruppe wird nun in zwei Gruppen eingeteilt. Pro Gruppe wählen Sie mindestens zehn Comicfiguren aus, die Sie der anderen Gruppe pantomimisch vorstellen sollen. Dabei können Tücher oder andere Requisiten zur Verkleidung genutzt werden. Die andere Gruppe versucht nun die pantomisch vorgestellten Comicfiguren zu erraten, bzw. stellt dann ihrerseits die ausgewählten Comicfiuren vor.

Nach dem Spielen der Comicfiguren kann eine allgemeine Gesprächs- und Austauschrunde in der Großgruppe unter folgenden Aspekten stattfinden:

- Zeigen Sie auf, ob Sie als Kind/Jugendlicher gerne Comcis gelesen haben.

- Beschreiben Sie die Reaktion der Umgebung (Eltern/Freunde) auf das Lesen der Comics.

1. Begriff und Definition von Comics

Das Wort »**Comic**« hat das Komische, Komödiantische zum Inhalt. Die ersten Comics hatten diesen Begriff auch zu Recht, denn über die Witzzeichnungen und lustigen Bildergeschichten sollte gelacht werden.

Wer aber heute von »Comics« spricht, meint nicht nur lustige Geschichten, sondern **jede Form der Bildergeschichten, die in einer Bild-Text-Kombination eine Handlung erzählen**.
Die Bildgeschichte erreicht ihre Leserinnen und Leser über die Zeitung, Illustrierte, Heft, Album und Buch in **großer Auflage**.

Viele Comicfiguren werden durch eine **multimediale Vermarktung** vom Kinofilm, von der Fernsehserie bis zum Spielzeug und zur Bettwäsche einem viel breiteren Publikum vertraut. Man spricht in diesem Zusammenhang auch von einem Medienverbund.

2. Entstehung und Weiterentwicklung der Comics

Die Bildgeschichte als solche hat eine lange Vorgeschichte. Verschiedene Autoren verweisen dabei auf die graphisch erzählten Geschichten in **alten Kulturen** (Papyrusrollen, Wandzeichnungen, Fresken), auf mittelalterliche Flugblätter und Bilderbögen *(z.B. Nürnberger Bilderbogen)* und auf die **Vorläufer der Comics** im 19. Jahrhundert z.B. Heinrich Hoffmann *»Der Struwwelpeter«* (1844) und Wilhelm Busch *»Max und Moritz«* (1858).

Die eigentliche **Entstehung der Comics** liegt in den USA um die Jahrhundertwende begründet. Die damaligen Zeitungsverleger konkurrierten um ihre Leser und setzten dazu erstmals Abenteuer- und Bildgeschichten in Fortsetzungen ein. Wer die besten Bildgeschichten und damit die beliebtesten Illustratoren besaß, hatte mit einer Steigerung der Auflagenzahlen zu rechnen. Beispiele für solche Bildgeschichten sind: *»The Yellow Kid«* 1895, *»The Katzenjammer Kids«* 1897.

In den Jahren **zwischen 1929 und 1939 entstanden die Klassiker** des modernen Comic-Strip: Pat Sullivan mit *»Felix the cat«* 1923, Walt Disney mit *»Mickey Mouse«* 1928, Edgar Rice Borroughs mit *»Tarzan, Herr des Dschungels«* 1929, Elzie Segar mit *»Popeye«* 1929, Alexander Raymond mit *»Flash Gordon«* 1934, Jerry Siegel und Joe Schuster mit *»Superman«* 1937; Harold Forstner mit *»Prinz Eisenherz«* 1938 und andere mehr.

Nun entwickelte sich der Comic zu einer Art **internationalen Sprache,** die in der ganzen Welt populär wurde und eine erste nationale Begegnung und Auseinandersetzung mit den Comics in der jeweiligen Landessprache ermöglichte. Eine weitere Comicwelle kam nach dem zweiten Weltkrieg nach Deutschland z.B. mit *»Pogo«* von Walter Kelly oder *»Die Peanuts«* von Charles Schulz.

In den **50er Jahren wurden die Comics heftigst kritisiert** und von Seiten der Pädagogen und der Jugendschutzbehörden angegriffen. Als Hauptkritik wurde angeführt, dass Comics Gewalt verherrlichen und zur Kriminalisierung der Jugend beitragen würden. Als eine Art Gegenbewegung wurde in den 60er Jahren eine differenziertere und emotionsfreiere Analyse der Comics gefordert. Doch letztendlich konnte der Erfolg der Comic-Literatur nicht eingeschränkt werden. Dazu beigetragen haben erfolgreiche Comics wie z.B. *»Asterix und Obelix«* von Albert Uderzo und René Goscinny und die Verarbeitung der Comics in der Pop-Art z.B. durch Roy Lichtenstein.

Während in Europäischen Ländern wie Frankreich oder Italien Comics selbstverständlich geworden sind, gibt es hierzulande nach wie vor Akzeptanzschwierigkeiten. Wie überall gibt es auch im Comicbereich große Qualitätsunterschiede. Diese gilt es wahrzunehmen, zu prüfen und zu beurteilen. Das **heutige Angebot von Comics ist unüberschaubar und verwirrend**. Es werden laufend neue Comics produziert und genauso schnell wieder vom Markt genommen. Zudem gibt es keinerlei Systematisierungen der Comicerscheinungen. Insgesamt ist es also nicht leicht, das aktuelle Comicangebot zu überblicken.

3. Gestaltungselemente von Comics

Im Laufe der Geschichte des Comics haben sich die einzelnen Elemente der Gestaltung der Comics weiterentwickelt. Alle Comic-Arten haben aber bestimmte gleiche oder ähnliche Merkmale in ihrer bildnerischen und ihrer inhaltlichen Gestaltung.

Zunächst ist festzuhalten, dass in Comics immer eine Geschichte oder Szene in Bildern erzählt wird. Hinzu kommt oft ein erklärender Text, der in verschiedenen Erscheiungsformen in das Bild integriert wird. Von einer Bildgeschichte kann man sowohl bei einem Einzelbild, als auch bei der Aneinanderreihung von Bildern sprechen. Zwei grundsätzliche Gestaltungsmöglichkeiten sind hier zu erkennen:

a) Die weite Bildfolge mit relativ komplexen Einzelbildern zwischen denen ein großer zeitlicher Abstand liegen kann.

b) Die enge Bildfolge mit geringem zeitlichen Abstand und einem Schwerpunkt auf der Darstellung von Bewegungsprozessen.

Beispiel a)

Beispiel b)

3.1. Formale Bildgestaltungsmerkmale

- Die bildnerische Gestaltung der Comic-Figuren und Handlungsorte wird auf die wesentlichsten Merkmale reduziert und damit oft auch schematisiert.

Comics – umstrittene Literatur in Bildern

So stehen z.B. bestimmte Darstellungsformen der Comicfiguren für bestimmte Wesensmerkmale der dargestellten Personen (Beispiel: Stoppelbart für zwielichtige Figuren)

Comicbeispiel für Bewegung
- Die Bewegung innerhalb der Bildgeschichte wird durch unterschiedliche Formen des zeichnerischen Ausdrucks erzeugt; z.B. durch Bewegungslinien oder Staubwölkchen; oft aber auch durch die Aneinanderreihung von Bilderfolgen.

Drei Beispiele für Zeichensprache
- Die Comic-Illustration wird mit immer wiederkehrenden Bildsymbolen (der sog. Zeichensprache) ausgestattet. Dadurch sollen unter anderem Gefühlslagen dargestellt werden.

- Bei der farblichen Gestaltung der Comic-Hauptfiguren werden oftmals Signalfarben (Rot, blau, gelb) gewählt, damit das Wiedererkennen leichter fällt.

Comicbeispiel für Froschperspektive
- Verschiedene Darstellungsmöglichkeiten des Films wurden auf das Medium Comic übertragen z.B. Totale, Zoom/Detailaufnahme, Froschperspektive

- Die zeichnerische Integration des Textes kann auf verschiedene Arten erfolgen:

durch eine Sprechblase mit einem zum Sprecher zeigenden Dorn. Auch die Art des Sprechens kann ausgedrückt werden z.B. Schreien durch fett linierte Sprechblasen oder Flüstern durch eine gestrichelte Linie;

durch eine Denkblase;

durch eine Textbox;

durch die sog. Comicsprache, bei der Geräusche sichtbar gemacht werden (lautmalende Geräuschveranschaulichung).

 Wählen Sie verschiedenste Comicsgeschichten aus (z.B. aus der Bücherei) und untersuchen Sie die Vielfältigkeit der Comics anhand der Bildgestaltungsmerkmale.

3.2 Inhaltliche Merkmale des Comic

Der heutige Comicmarkt bietet eine verwirrende Fülle von inhaltlich unterschiedlichsten Comic-Arten. Eine grobe Einteilung ist durch die inhaltliche Ausrichtung des Comics möglich:
- Adventure-Comics (Abenteuer-Comics): Hier wird das Abenteuer, das Abenteuerlich Futuristische, die Action zum Thema der Comics gemacht. Dieser Themenbereich ist wohl der umfangreichste im gesamten Comicangebot. Beispiele: *Superman, Tim und Struppi, Asterix und Obelix.*

- Funnies (Lustige Comics): In dieser Comic-Kategorie soll amüsant unterhalten werden. Das »Lustige« wird durch Karikaturen, Wortwitz, hintergründige Anspielungen, Situationskomik, aber auch durch Schadenfreude thematisiert.
Beispiele: *Mickey Mouse, Hägar, Peanuts, Felix*.

- Educational Comics (Informationscomics): Mit dem Medium Comic werden Informationen oder Lerninhalte an den Leser/Rezipienten herangetragen.
Beispiele: *Die zehn Gebote, Bibel im Bild, Safer-Sex-Comic*.

- Adult Comics (Erwachsenencomic): Dieses Comic-Genre wendet sich an den Erwachsenen. Die für diese Zielgruppe produzierten Comics setzen bestimmte Fähigkeiten wie z.B. Ironieverständnis oder Wortspielereien voraus, um die Inhalte der Comics überhaupt vollständig erfassen zu können. Zudem sind die Themen wie z.B. Sexualität oder Kriminalistik ganz auf die Erwachsenenwelt abgestimmt.
Beispiele: *Barbarella, Werner*.

Je nach inhaltlicher Ausrichtung der Comics sind bestimmte Typen von Handlungsfiguren notwendig. So brauchen Adventure-Comics unbedingt einen Helden. Die **Heldenfigur** ist eine starke und überlegene, Gerechtigkeit ausübende Persönlichkeit, der es mit Hilfe ihrer individuellen, oft auch übermenschlichen Kraft, Intelligenz und ihrem Mut gelingt, die unglaublichsten Schwierigkeiten zu meistern – meist aber nur bis zur nächsten Comicfolge. Durch das Schema der Heldenfigur ist die Handlungsstruktur damit ebenso klar vorgegeben: es **kämpft immer das Gute** – vertreten durch die Heldenfigur – **gegen das Böse**. Das geschieht in den verschiedensten Variationen mit immer dem gleichen Ausgang, denn weder das Gute, noch das Böse haben je eine Chance auf Veränderung.

Die Funnies benötigen für ihre Handlungsfiguren eher **Antihelden oder Versagertypen**. Bei diesen Figurentypen werden Eigenschaften hervorgehoben, die sonst in unserer Gesellschaft einen eher negativen Stellenwert haben, nämlich z.B. Dummheit oder mangelnden Realitätssinn. Beispiele für solche Figurentypen sind Charly Brown oder Donald Duck. Der Antiheld ist den anderen Comicfiguren oft unterlegen. Hier baut die schematische Handlungsstruktur der Comics auf die **Schadenfreude** bzw. **auf einen hintergründigen Humor**.

Eine weitere Haupthandlungsfigur der Comics ist die **vermenschlichte Tierfigur**, der menschliche Züge und Eigenschaften zugeordnet werden. Je nach Ausrichtung dieser Eigenschaften erscheinen die Figuren eher schlau *(Mickey Mouse)*, tollpatschig *(Donald Duck)* oder auch feinsinnig *(Snoopy)*. Viele jugendliche Leser besitzen grundsätzlich eine große Affinität zu Tieren, die durch diese Comictypenfigur aufgegriffen wird.

Erweitern Sie Ihre bisherige Comicanalyse. Arbeiten Sie die vorherrschen Hauptfigurentypen mit ihren besonderen Eigenschaften und der dementsprechenden schematisierten Handlungsstruktur heraus.

Comics – umstrittene Literatur in Bildern

4. Kindercomic-Arten: ein Überblick

Um die gesamte Bandbreite der Kindercomic-Arten erfassen zu können, soll im Nachfolgenden ein Überblick über das Angebot von Kindercomics gewagt werden. Diese Angebotspalette ist sehr kurzlebig und kann deshalb nur der eigenen Orientierung dienen. Grundlage für diese Zusammenfassung ist der Beitrag von H. Jürgen Kogelmann »Das Comic-Angebot« aus dem Handbuch der Medienerziehung im Kindergarten.

Disney-Comics

Die wichtigste Gruppe der Kindercomics sind die Funnies, unter ihnen besonders die Disney-Comics. »Mickey-Mouse« wird seit 40 Jahren produziert, wobei das Interesse an Disney-Comics hierzulande eher zunimmt. Das liegt unter anderem auch an der Einführung neuer Zeichentrickserien im Fernsehen (Disney-Club).
Beispiele: *Mickey-Mouse; Duck Tales; Donald Duck; Chip und Chap*

Lustige Fernsehcomics

Die Fernsehsendungen spielen als »Werbetrommel« eine wichtige Rolle für die Kindercomics. Seit der ersten Hälfte der 70er Jahre, als in deutschen Fernsehprogrammen Zeichentrickserien in großem Umfang und mit viel Erfolg angelaufen waren, gab es schnell produzierte Comic-Hefte mit diesen Figuren. In der Branche werden diese Kindercomics als TV-Ableger bezeichnet und sie existieren fast immer nur so lange, wie das Pendant im Fersehen läuft.
Beispiele: *Biene Maja, Heidi, Alfred J. Kwak, Tom &Jerry.*

Comics für das Vorschulalter (vier bis sechs Jahre)

Jüngere Kinder sind als Zielgruppe für Comics erst vor einigen Jahren entdeckt worden. Dabei kann unterschieden werden zwischen typischen Vorschulmagazinen für »Noch-nicht-Leser« und Comicmagazinen für die »Schon-etwas-Leser«. Inhalte sind traditionelle Bilder-, Lese- bzw. Vorlesegeschichten.
Beispiele: *Bussy Bär, Sesamstraße, Goldbärchen*

Spielzeugweltencomics für Mädchen

Diese Comics kann man angesichts der vorherrschenden farblichen und inhaltlichen Töne als »Plüschfiguren-Comics« bezeichnen. Die wichtigsten auf dem Markt befindlichen Serien basieren auf Figuren, die von der amerikanischen Spielzeugindustrie entwickelt wurden (z.B. Mattel). Meist sind die ins Bild gesetzten weiblichen Figuren anziehend, hübsch und fast ausschließlich an ihrer Erscheinung interessiert. Selbstverständlich spielt Heiraten- und Geheiratet-werden-Wollen eine große Rolle.
Beispiele: *Regina Regenbogen; Glücksbärchi, Lady Lockenlicht*

Spielzeugweltencomics für Jungen

Auch hier gehen die wesentlichen Impulse von den großen amerikanischen Spielzeugkonzernen aus. Inhaltlich handelt es sich um Actiongeschichten mit oftmals

einem hohen Anteil an Fantasy-Elementen.
Beispiele: *Masters of the Universe, HeMan, Skeletor.*

Mädchencomics – Pferdegeschichten

In dem Leben eines Mädchens gibt es die wohl unvermeidbare Phase der Begeisterung für Pferde. Logischerweise werden alle Medien, die sich dieses Themas annehmen von Mädchen gerne gelesen. Die typischen Mädchen-Pferde-Comics bieten neben abgeschlossenen Comicgeschichten einen kurzen Teil mit Nachrichten über Turniere, Reiter und Pferde, Pferdequiz oder einer Reportage über Pferderassen.
Beispiele: *Die neue Conny, Wendy, Lissy.*

Gespenster-Comics

Diese Comics wenden sich vor allem an Mädchen zwischen neun und zwölf Jahren und vermitteln einen kontrollierten wohlig angenehmen Schauer, ohne zu ängstigen. Charakteristisch ist hierbei fast immer die Verbindung von Übersinnlich-Irrealem mit Romantischem.
Beispiele: *Vanessa, Gespenster-Geschichten.*

Superheldencomics

1938 entwickelten Zeichner die Figur »Superman«, die zum Prototyp eines ganzen Typus von Geschichten werden sollte. Wegen der graphischen Komplexität und dem dynamischen Stil der Zeichnungen werden diese Comics nur selten von jüngeren Kinder gelesen. Superhelden sind als Thema in Kindercomics überholt.
Beispiele: *Superman, Batman, Spiderman.*

Gagcomics

Besonders erfolgreich wurden im deutschen Sprachraum die Geschichten mit den tollpatschig-dummen Geheimagenten »Clever und Smart«. Eine deutsche Produktion ist »Werner«. Für diese Art Humorcomics interessieren sich zunehmend männliche Jugendliche.
Beispiele: *Werner, Clever und Smart.*

Abenteuercomics

In diesen Comics geht es um Spannung, Abenteuer, Dynamik und überraschende Lösungen. Handlungsträger können sowohl weibliche als auch männliche Figuren sein. Diese Comics behandeln – ähnlich wie Abenteuerbücher – eine Geschichte pro Comicband.
Beispiele: *Tim und Struppi, yoko tsuno, January Jones, Lucky Luke.*

Kostenlose Werbecomics

Kostenlose Werbecomics sind eine von der Auflagenhöhe her nicht zu unterschätzende, aber selten beachtete Comicgruppe. Einige Serien existieren schon seit vielen Jahren. Die kostenlos abgegebenen und regelmäßig erscheinenden Comics mit einem meist kleinen Beschäftigungs- und Korrespondenzteil, dienen natürlich der Kundenbindung.
Beispiele: *Lurchis Abenteuer, Sumsi, Marc &Penny, Knax.*

Folgende Trends sind bei den Kindercomics festzustellen:

- Comics sind ein Teil des Medienverbundes. Fernsehen, Spielwaren, Cassetten, Videos mit den entsprechenden immer wiederkehrenden Figuren stehen den Kindern zur Auswahl und begünstigen sich gegenseitig in ihrer Popularität.

- Die Comics werden genau auf bestimmte Zielgruppen hin produziert. Hier wird immer mehr differenziert und Alter, Geschlecht und Interessen werden besonders berücksichtigt.

5. Kriterien für die Beurteilung von Comics

Comics gehören zu unserer Literaturlandschaft und werden zudem von Kindern gerne gelesen.
   Warum lesen Kinder gerne Comics? Sie finden Comics lustig, leicht zu lesen, erfreuen sich an den vielen bunten Bildern, finden sie spannend oder aufregend und außerdem sind sie billiger als Bücher.
   Kinder greifen aber meist wahllos zu einem Comic-Angebot am Kiosk oder im Buchhandel – oft aufgrund von Empfehlungen der Freunde. Folgende Gesichtspunkte können bei der Comicauswahl helfen um qualitativ hochwertige Comics herauszufinden :

- Welche Eigenschaften besitzen die Haupthandlungsfiguren?
  Besitzen die Figuren individuelle, orginelle Eigenschaften oder werden sie als auswechselbare Charaktere dargestellt?

- Welche bildnerische und inhaltliche Gestaltungsmittel werden vom Comicautor gewählt?

- Welche Textqualität ist vorhanden? Sprechen die handelnden Figuren ganze Sätze? Werden Informationen sachlich richtig dargestellt? Muss man den Text lesen, um die Geschichte zu verstehen oder genügt das alleinige Betrachten der Bilder?

- Stehen brutale gewaltsame Action-Szenen im Vordergrund oder handelt es sich um eine kindgemäße bebilderte Geschichte?

- Läßt der Illustrationsstil der Comics Freiräume für die eigene Fantasie, für die eigenen Vorstellungen? Sind die Bilder orginell gezeichnet, von guter Farbqualität oder sind es Massenproduktionen?

- Ist die Handlungsstruktur durchschaubar oder gibt es überraschende Wendungen und Entwicklungen im Handlungsverlauf?

Comics – umstrittene Literatur in Bildern

Beurteilen Sie verschiedenste Comics mit Hilfe dieses Kriterienkataloges und erstellen Sie eine Empfehlungsliste.

6. Pädagogischer Umgang mit Comics

Der Lesevorgang eines Comics wird im Nachfolgenden genauer analysiert, um die Anforderungen, die an einen Comic-Leser gestellt werden besser einschätzen zu können.

Wie wird ein Comic gelesen?

Das Lesen von Comics ist ein komplexer Prozess, der mit der Entschlüsselung eines Codes verglichen werden kann. Zuerst muss der Leser den Beginn und die Reihenfolge der Bildergeschichte erkennen. Aus der erlernten Schreib- und Leserichtung geht deshalb jeder Comicleser von links oben nach rechts unten vor. Die weitere Reihenfolge bestimmt dann der Illustrator oder der Autor des Comic – manchmal sogar mit Pfeilen, durch das Hervorheben bestimmter Bilder oder das Nummerieren der Bilder. Bei den Bildern muss der Comicleser die einzelnen Bildzeichen zu deuten verstehen, d.h.:

- die Symbole der Bildzeichen erkennen und in den inhaltlichen Kontext der Comic-Handlung einordnen,

- die Körper- und Bewegungssprache der handelnden Figuren richtig interpretieren.

Aber auch der Text muss gelesen und interpretiert, sowie den sprechenden Personen zugeordnet werden. Im weiteren Verlauf des Comicslesens müssen die sog. »Leerstellen« zwischen den einzelnen Comicbildern erfasst und gefüllt werden. Dadurch ergibt sich erst aus der Aneinanderreihung der Bilder eine komplexe Handlungsfolge. Bild und Texterfassung geschieht oft gleichzeitig bzw. wird in ihrer Intensität und in ihrer Schwerpunktbetrachtung von dem jeweiligen Comicleser bestimmt.

Manche Erwachsene, die in ihrer Kindheit nie das Comiclesen »gelernt« haben, haben heute oft Verständnisschwierigkeiten dabei. Die meisten Kinder haben aber ein gutes Erfassungsvermögen, wozu sicherlich auch die zunehmende Visualisierung unserer Umwelt beiträgt.

Wie beurteilen Pädagogen die Wirkung von Comics?

In den 50er Jahren wurde das Massenmedium Comic pauschal als Kitsch-, Schund- und Schmutzliteratur verdammt und war in pädagogischen Kreisen sehr verpönt. Inzwischen hat sich die pädagogische Diskussion gewandelt hin zu einem differenzierten Sachurteil. Geschichtliche und gegenwärtige Argumente der Gegner und Befürworter der Comics werden im Folgenden komprimiert und stichwortartig aufgeführt:

Comics – umstrittene Literatur in Bildern

Argumente gegen Comics:	Argumente für Comics:
• Comics lähmen die Fantasievorstellungen (sog. Bildidiotismus) • Comics hemmen die Sprachentwicklung bzw. die Erweiterung des Wortschatzes • Comics beeinträchtigen die Lesefähigkeit – lassen die Lesekultur schwinden • In Comics werden Gewalttätigkeiten und Brutaltiäten verherrlicht • In Comics werden asoziale Verhaltensweisen verstärkt • Comics sind ein Medium, um der Realität zu entfliehen	• Comics steigern die Wahrnehmungsfähigkeit • Comics sind eine besondere eigene literarische Ausdrucksform • Comics stimulieren die Lesefähigkeit und schulen die Aufmerksamkeit • Comics bieten eine Ventilfunktion bei Aggressionen an (Katharsisfunktion) • Comics erfüllen ein Bedürfnis nach Abenteuer und Spannung • Comics sind unterhaltend, informativ und bieten die Möglichkeit im Alltag einmal »abzuschalten«

Eine exakte empirische Erforschung der Wirkungen von Comics auf den Rezipienten steht immer noch aus.

Karusselldiskussion (siehe didaktisch-methodische Hinweise im Vorwort)

Alle sprechen miteinander über Comics – Fragenkatalog zur Diskussion:

- Haben Sie Comics als Kind gerne gelesen? Wenn ja, welche?
  Wenn nein, warum nicht?
- Welche Meinung haben Ihre Eltern zum Thema Comics vertreten?
- Würden Sie es erlauben, dass Schulkinder Comics in Ihrer Einrichtung lesen?
  Begründen Sie Ihre Entscheidung!
- Würden Sie das Lesen von Comics fördern?
- Fördern Comics Ihrer Meinung nach den sprachlichen Ausdruck?
  Begründen Sie Ihre Meinung!
- Welche Comicfigur wären Sie als Kind/Jugendliche gerne gewesen?
  Was hat Sie an dieser Figur fasziniert?
- Glauben Sie, dass Kinder Sachinhalte (z.B. Englisch) durch Comics leichter lernen?
  Begründen Sie Ihre Meinung.
- Warum glauben Sie, dass Comics in einem schlechten pädagogischen »Ruf« stehen?
- Warum lesen Kinder Comics gerne? Welche Gründe sehen Sie dafür?
- Glauben Sie, dass Comics die Lesefähigkeit beeinträchtigen?
- Unter welchen Bedingungen finden Sie Comics gewaltverherrlichend?
  (z.B.»Superman«)

Comics – umstrittene Literatur in Bildern

Auswertung der Karuselldiskussion
Austausch über folgende Aspekte:
Wie haben Sie die Karuselldiskussion erlebt und empfunden?
Haben Sie neue Erfahrungen/Meinungen kennengelernt?
Sind Ihre eigenen Einstellungen bestätigt worden?
Gibt es noch Wünsche nach vertiefendem Austausch?

7. Comics in der sozialpädagogischen Praxis

In jeder sozialpädagogischen Einrichtung gibt es Kinder, die Comics kennen. Eine Untersuchung von Dietrich Grünwald über die Comicpräsenz im Kindergarten zeigt folgende Ergebnisse:

96% aller Kinder im Kindergarten kennen »klassische« Comicfiguren,
69% aller Kinder bringen Comics mit in den Kindergarten,
86% aller Kinder im Kindergarten reden über Comics.

Aufgabe einer pädagogischen Fachkraft ist es, die **tatsächliche Comicpräsenz in ihrer Einrichtung herauszufinden**. Es gilt das Interesse und das Bedürfnis nach Comics aufzuspüren. Dies kann durch Befragung oder Beobachtung geschehen.

*Erstellen Sie eine **Situationsanalyse** bezüglich der Nutzung von Comics in Ihrer Praxiseinrichtung. Beobachten oder befragen Sie die Kinder:*

Wieviele Kinder bringen Comics mit in die Einrichtung?
Wer liest Comics? Welche Comics werden gelesen?
Welche Comicfiguren sind bekannt?

Lesen und betrachten Sie mit den Kindern Comics, befragen Sie die Kinder, was ihnen an den Comics gefällt.
Kommen Sie mit Kollegen oder Eltern ins Gespräch über ihre Comicerfahrungen und ihre pädagogische Bewertung der Comics.
Stellen Sie die Ergebnisse Ihrer eigenen Untersuchung zusammen und werten Sie diese aus. Sie können die Untersuchungsergebnisse durch Plakate, Stellwände etc. den Kollegen, Kindern oder Eltern präsentieren.

Durch eine Situationsanalyse zum Thema Comics haben Sie als pädagogische Fachkraft **Comics zu einem Thema in der Einrichtung** gemacht und können durch die Auswertung entscheiden, ob ein Interesse oder ein Bedürfnis für eine intensivere Auseinandersetzung mit diesem Medium vorhanden ist. Je nach Zielgruppe (Schulkinder,

Comics – umstrittene Literatur in Bildern

Vorschulkinder, Eltern) und Interessenslage muss die **Auseinandersetzung mit dem Phänomen Comics** dann geplant und gestaltet werden.

Folgende Ideensammlung für ein »Comic-Projekt« soll **Anregungen** geben, sich an dieses Thema heran zu wagen:
Zuerst ist sicher ein Austausch über das Medium Comic alleine durch die Situationsanalyse in Gang gesetzt worden. Diese **Gespräche** können aber durch genauere Fragestellung noch vertieft werden:

- Beispielsweise kann ein Austausch über die Art der Spannung (wodurch wird Spannung im Comics erzeugt?) oder die Art des Witzes (was ist daran jetzt lustig und komisch?) in den Comics stattfinden;
- es können die Comic-Hauptfiguren mit ihren Charaktereigenschaften erarbeitet werden;
- es kann auch ein Austausch über Besonderheiten in der bildnerischen oder textlichen Darstellung stattfinden, wobei gleichzeitig auch das Spektrum der Comics, die die einzelnen Kinder kennen durch unbekannte Comics erweitert werden kann.

Bei bloßen Gesprächen sollte aber eine Auseinandersetzung mit dem Medium Comics nicht stehen bleiben. Gerade ein kreativer Umgang mit den Comics reizt sehr und kann dadurch eine kreative Auseinandersetzung mit dem Herstellungsprozess eines Comics in Gang setzen.

- So können beispielsweise eigene Comics mit bekannten Comicfiguren neu zusammengestellt werden und unter ein besonderes Thema gestellt werden z.B. »Asterix trifft Snoopy« oder »Superman, der traurige und kraftlose Versager«.

- Comics werden mit leeren Textblasen in verschiedenen Gruppen neu getextet und dann verglichen.

Mädchenbuch – ein Buch, wirklich nur für Mädchen!

- Ein Fotocomic soll zu einem freien Thema selbst erfunden (oder auch nachgestellt), hergestellt und getextet werden.

- Eine Comicgeschichte kann die Rahmenhandlung für ein Video werden (evtl. mit Musik).

- Eine Comicgeschichte kann auf Folien (Overhead-Projektor) farbig gestaltet und mit Schatteneffekten inszeniert werden.

- Comicgeschichten werden auf leeren Diarahmen selbst gestaltet.

Fenstertheater mit Comicfiguren

Ein Fenster ist der Rahmen für eine selbstinszenierte Comicgeschichte mit bekannten Comicfiguren:

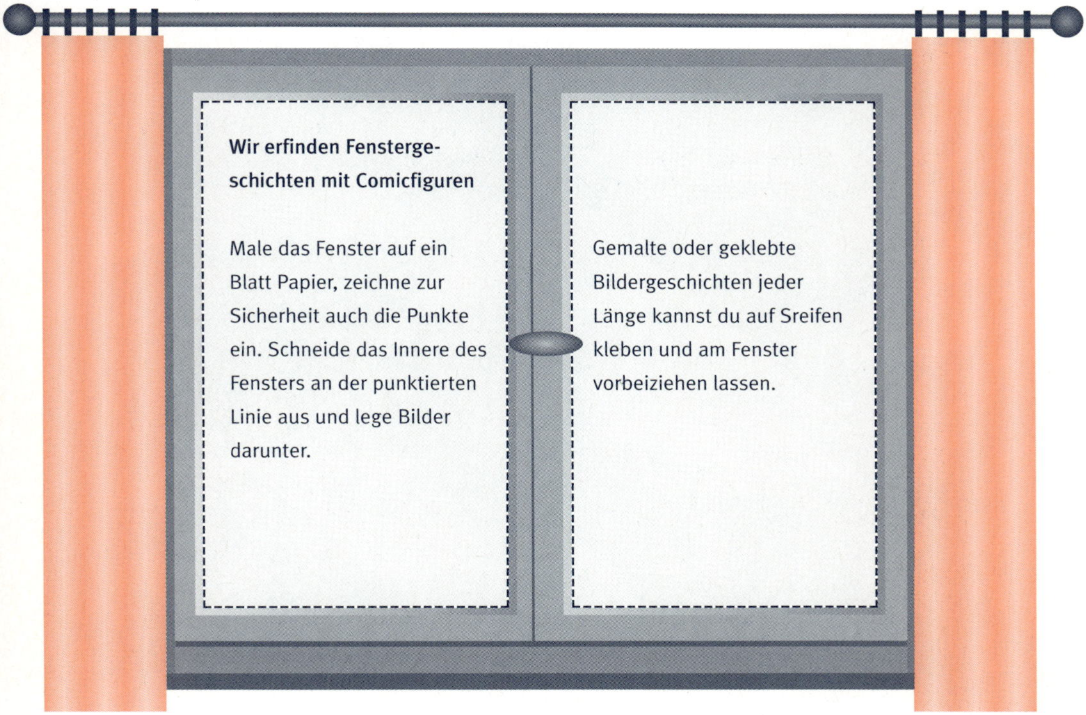

Wir erfinden Fenstergeschichten mit Comicfiguren

Male das Fenster auf ein Blatt Papier, zeichne zur Sicherheit auch die Punkte ein. Schneide das Innere des Fensters an der punktierten Linie aus und lege Bilder darunter.

Gemalte oder geklebte Bildergeschichten jeder Länge kannst du auf Sreifen kleben und am Fenster vorbeiziehen lassen.

Kinder- und Jugendzeitschriften – meine eigene Zeitschrift!

Kinder- und Jugendzeitschriften – meine eigene Zeitschrift!

Eigene Erfahrungen mit Zeitschriften:
Sprechen Sie in Kleingruppen über Ihren heutigen Zeitschriftenkonsum:

- Überlegen Sie, welche Zeitschriften Sie lesen.

- Beschreiben Sie, wo Sie Zeitschriften lesen.

- Analysieren Sie, warum Sie Zeitschriften lesen.

Sprechen Sie in Kleingruppen über Ihren Zeitschriftenkonsum als Kind bzw. Jugendlicher:

- Überlegen Sie, welche Zeitschriften Sie gelesen haben.

- Analysieren Sie, warum Sie als Kind/Jugendlicher diese Zeitschrift gelesen haben.

- Beschreiben Sie Reaktionen Ihres Umfeldes auf das Lesen von Zeitschriften.

Erstellen Sie in kleineren Gruppen eine Collage aus Zeitschriften zum Thema »Das schöne Leben in den bunten Magazinen«. Vergleichen Sie die einzelnen Elemente der Collage und entdecken Sie Unterschiedliches bzw. Ähnliches. Analysieren Sie, welche Wirkung diese Darstellung der Realität auf die Betrachter hat.

1. Begriff der Kinder- und Jugendzeitschriften

Mit dem Begriff »Kinderzeitschrift« werden speziell für Kinder bis zu 12 Jahren produzierte und periodisch (wöchentlich, monatlich, vierteljählich) erscheinende, gedruckt Publikations- und Kommunikationsmittel bezeichnet. Sie enthalten einerseits Informationen zur Wissensvermittlung, andererseits Unterhaltung und Verhaltensanleitungen für die Kinder. Jugendzeitschriften werden für Jugendliche ab 12 Jahren produziert.

Es können folgende Erscheinungsformen der Kinder- und Jugendzeitschriften unterschieden werden:

- Eigenständige kommerzielle Kinder- und Jugendzeitschriften, die entweder am Kiosk als Einzelausgabe erhältlich sind, oder über Verlage mit einem Abonnement bezogen werden können.

- Eigenständige, nichtkommerzielle, zum Teil auch kostenlose Kinder- und Jugendzeitschriften von Verbänden, Gemeinschaften und Vereinigungen.

Kinder- und Jugendzeitschriften – meine eigene Zeitschrift!

- Eigenständige und kostenlose Werbezeitschriften für Kinder und Jugendliche, die oft als Beigabe oder Werbegeschenk abgegeben werden.

- Integrierte, evtl. herausnehmbare Kinderseiten in Erwachsenenzeitschriften und Erwachsenenzeitungen.

2. Geschichte der Kinder- und Jugendzeitschrift

Kinderzeitschriften stehen am **Anfang** der Geschichte **der deutschen Kinderliteratur** überhaupt. Die Kinder des gehobenen Bürgertums und des Adels waren die Adressaten der am Ende des 18. Jahrhunderts erscheinenden Kinderzeitschriften. Es existierte zum einen eine Kinderbeilage »Wochenschrift zum Besten der Erziehung und der Jugend« von C. Böckh (1771) und zum anderen die eigenständische Zeitschrift für Kinder »Leipziger Wochenblatt für Kinder« von J. Ch. Adelung (1772) bzw. »Der Kinderfreund« von Ch. F. Weiße (1775 – 1782). Diese Kinderzeitschriften enhielten moralische Belehrungen und Verhaltensregeln, kurzweilige Unterhaltungselemente und sachkundige Unterweisungen.

Bis zur zweiten Hälfte des 19. Jahrhunderts gab es inhaltlich nur wenige Veränderungen: lediglich die moralischen Belehrungen wurden mehr und mehr verdrängt. Aber **gestalterisch** war es jetzt möglich, den **Text farbig** zu **illustrieren**.
In unserem Jahrhundert gelang es weder den Comics noch dem Fernsehen die Kinder- und Jugendzeitschriften auf dem Medienmarkt zu verdrängen.
Der Kinder- und Jugendzeitschriftenmarkt ist schwer erfassbar, denn es gibt vielfältigste Erscheinungen bzw. auch Einstellungen, die die Übersicht erschweren.

Deutlich wird aber folgende Entwicklung: die **anvisierte Zielgruppe** des Zeitschriftenangebotes **wird immer jünger** und die Zeitspanne, in der ein neues Produkt erscheint und dann vom Markt genommen wird, wird immer kürzer.

3. Die Kinderzeitschrift

3.1 Überblick über den Kinderzeitschriftenmarkt

Im deutschsprachigen Raum haben sich die ersten Zeitschriften für Vorschulkinder durch die Diskussion um die Vorschulerziehung in der 60er Jahren entwickelt. Die intensive Förderung ihrer Kinder ist natürlich auch heute vielen Eltern ein großes Anliegen. Die Kinder sollen in den verschiedensten Bereichen für die Schule und das spätere Leben vorbereitet werden. Meist suchen die Eltern für sich selbst Rat und Unterstützung in Erziehungsfragen und gleichzeitig Anregungen zum Lernen, Basteln, Spielen und Beschäftigen für ihre Kinder.

Kinder- und Jugendzeitschriften – meine eigene Zeitschrift!

Diese Bedürfnisse werden mit verschiedenen **Zeitschriftenkombinationen für Erwachsene und Kinder** aufgegriffen. Innerhalb einiger Erwachsenenzeitschriften gibt es eine Extra-Beilage, eine Kinderzeitschrift für sich. Beispiele für solche Zeitschriften wären: *Eltern for family mit Quix, Familie & Co mit Spiele & Co, Spielen und lernen mit Spiel mit*. Neben der Förderung steht die Beschäftigung der Kinder mit diesen Zeitschriften im Vordergrund. So werden einzelne Themen (z.B. Computer, Fußball) nur angerissen und viele Anregungen (z.B. Bastelbogen) zum selber beschäftigen gegeben.

Spezielle eigenständige Zeitschriften nur für Kinder mit schulvorbereitendem bzw. schulvertiefenden Inhalten sind sowohl am Kiosk, wie über den Abonnementvertrieb zu erwerben. Hier wird ein **breites Themenspektrum** für die Vorschulkinder angeboten: Farben sollen sortiert werden, Zahlenräume erfasst werden, erste Leseversuche oder Schreibversuche werden unterstützt, Übungen zur Verkehrserziehung werden angeboten, sachkundliche Inhalte werden speziell für diese Altersgruppe aufbereitet, aber auch Spiel- und Bastelthemen werden berücksichtigt. Beispiele für Kinderzeitschriften für Vorschulkinder: *Bussie Bär, Winnie Puh, Spatz, Hoppla, Olli und Molli*.

Für Grundschulkinder gibt es regelrechte **Schülermagazine** mit einem **vielfältigen Themenspektrum**. Mal-, Schreib- und Rechenanregungen, verschiedene Beiträge aus Natur, Umwelt und Technik, unterschiedliche Themen in einer Fremdsprache, Beiträge aus der Geschichte und der Gesellschaft werden mit farbigen Illustrationen versehen und meist im Abonnement vertrieben. Während manche Zeitschriften sehr viel Werbung enthalten, wird bei anderen völlig darauf verzichtet. Beispiele für Schülerzeitschriften: *Benni, Flohkiste 1/2, Mücke, O! kay, Treff*.

Eine weitere Erscheinungsart der **Kinderzeitschriften** beschäftigt sich schwerpunktmäßig **mit nur einem Themengebiet** und versucht über dieses spezielle Thema ihre Zielgruppe anzusprechen. Beispiele hierfür sind zum Thema Natur und Tiere *Tu was, Tierfreund*; zum Thema Spielzeug *Barbie*; zum Thema Märchen *Märchenwelt*.

Ganz andere Absichten haben die Werbe- und Marketingfachleute durch das Angebot von **kostenlosen Kinderzeitschriften**. Sie haben das Kauf- und Entscheidungspotential der Kinder erkannt und sprechen die Interessen der Kinder durch Werbeangebote wie z.B. Riesenposter mit Tierkindern an. Die Werbestrategen versuchen hier eine **emotionale Bindung** der zukünftigen Kunden an die jeweilige Marke, die jeweilige Bank oder Apotheke aufzubauen. Als Beispiele hierzu sind *Medizini, Marc & penny, Salamander* zu nennen.

Bestellen Sie für Ihre Klasse Probeexemplare von Kinder- und Jugendzeitschriften, sowie die Broschüre »Kinder- und Jugendzeitschriften« beim Deutschen Jugendschriftenwerk (Adresse siehe Anhang). Verschaffen Sie sich einen Eindruck von den verschiedenen Kinder- und Jugendzeitschriften und arbeiten Sie die jeweils angesprochenen Themen in den Zeitschriften heraus.

3.2 Bedeutung und Funktion von Kinderzeitschriften

Eine Kinderzeitschrift ist eine Publikationsform ganz eigener Art. Sie ist kein Buchersatz oder ein besseres Comic, sondern eine eigene Literaturform. Ihr besonderes Spezifikum liegt in ihrem periodischen Erscheinen und der dadurch möglichen jeweiligen **Aktualisierung von Themen, Inhalten und Bildern**.

Zu den Aufgaben einer guten Kinderzeitschrift gehört die gut gestaltete Darstellung der Vielschichtigkeit des Kinderlebens. Die Interessensvielfalt der Umweltbeziehungen und der Sachbezüge mit denen die Kinder zurecht kommen müssen, müssen sich auch in der Kinderzeitschrift wiederfinden. Die Kinderzeitschrift hat somit die **Funktion der Informations- und Wissensvermittlung**. Gerade auch die Schülerzeitschriften wollen kognitiv fördern und neue Themenbereiche eröffnen oder schon bekannte vertiefen. Dies geschieht in den einzelnen Beiträgen in Form von Reportagen, Interviews, Erklärungen, Vergleichen oder Darstellungen von Experimenten. Zum Wesen einer Kinderzeitschrift gehört es somit, vielfältige Themen anzureißen und Interesse an diesen zu wecken. Dies kann dann die Voraussetzung zum eigenen Nachdenken, zur eigenen Vertiefung und zur eigenen Aktivität schaffen.

Kinderzeitschriften wollen ihre Leser aktivieren. Erst durch die aktive Auseinandersetzung mit Inhalten kann Wissen und Information tatsächlich gespeichert und behalten werden. Durch das aktive Tun wird Lernen ganzheitlich und beschränkt sich nicht nur auf ein passives Aufnehmen von Lerninhalten. Die Möglichkeiten der Kinderzeitschriften, ihre Leser zu aktivieren, sind vielfältig: Anregungen für Experimente zum selbst Ausprobieren, Spielanregungen aller Art, Gestaltungsvorschläge für Feste und Feiern, Einkaufstips, Zubereitungshinweise von Speisen, Sammlerhinweise, Vorschläge zur Lektüre von Kinderbüchern etc.

Kinder- und Jugendzeitschriften – meine eigene Zeitschrift!

Die einzelnen Verlage wollen die **Kinder** als Leserschaft mehr **in die Gestaltung der Zeitschrift einbinden**. Dadurch verstärkt sich der Identifikationsprozess mit der Zeitschrift und der Leser bleibt dieser Zeitschrift treu. Auch hier werden verschiedene Formen gewählt: Rätsel mit Preisausschreiben, Mal- oder Schreibwettbewerbe, Aufforderungen zu Stellungnahmen, Leserberatung. Welcher Leser möchte sein gemaltes Bild oder sein Gedicht nicht in der nächsten Erscheinung wiederfinden? Hier wird auch der **Umgang mit periodisch erscheinenden Presseerzeugnissen** eingeübt. Die Einstellung, sich aktiv mit Zeitschiften oder Zeitung auseinander zu setzen, sie zu nutzen und zu halten soll angebahnt werden.

Neben Information und Aktivierung ist der **Bereich der Unterhaltung** in einer Kinderzeitschrift besonders wichtig. Kinder haben ein Recht auf Unterhaltung und Ablenkung von ihrem meist anstrengenden Alltag. Zeitschriften können Wartezeiten oder Lücken angenehm füllen, sie können bei Termin- oder Leistungsdruck entspannen und trotzdem noch amüsant anregen. Zur Unterhaltung und Ablenkung dienen vor allem die Bilder, die Kurzgeschichten, Witze, Rätsel und Comic-Serien der Zeitschriften. Die Redakteure verzichten niemals auf diesen wichtigen Gestaltungsbereich ihrer Zeitschrift. Gerade aber hinsichtlich der bildnerischen Gestaltung könnte mehr Augenmerk auf Qualität gelegt werden.

4. Jugendzeitschriften

4.1 Überblick über den Jugendzeitschriftenmarkt

Der Jugendzeitschriftenmarkt ist ebenso wie der Kinderzeitschriftenmarkt durch Einstellungen, Neugründungen oder Fusionierungen ständig in Bewegung und deshalb schwer zu überschauen. Insgesamt sind vier unterschiedliche Jungendzeitschriftkonzeptionen festzustellen:

- Die mehrthematische Zeitschrift mit einer Vielzahl von Berichten aus der Musikszene, Aufklärung und Beratung, Fortsetzungsromanen und Feizeittips. Als Beispiel für die mehrthematische Jugendzeitschrift schlechthin ist *»Bravo«* zu nennen. Bravo steht für den Typ der unterhaltenden, konsumorientierten, kommerziellen Jugendzeitschrift, die sich wie keine andere auf dem Markt behauptet hat.

- Die monothematische Zeitschrift, in der nur ein spezielles Thema im Vordergrund steht. Dies können z.B. Sportthemen sein wie Tennis *(Tennis Magazin)* oder Snowboard *(Pleasure)*, aber auch eine Spezialmusikzeitschrift *(Megahits, Popcorn, Solo)*, die über das aktuelle Musikgeschehen berichtet.

- Die Zielgruppenzeitschrift will durch ihre spezielle thematische Ausrichtung ausgewählte Lesergruppen ansprechen. Dazu gehören die rein auf Mädchen bezogenen Jugendzeitschriften wie *Young Miss* oder *Mädchen* oder die auf Jungeninteressen abgestimmten Zeitschriften wie *Bravo Sport*.

- Der pädagogisch-konfessionell orientierte Mischtyp einer Jugendzeitschrift *(X-mag)* hat eine klare erzieherische Funktion, die aber mit einer professionellen Machart wie z.B. Berichten aus dem Musikbereich verknüpft ist.

Die Unübersichtlichkeit des Kinder- und Jugendzeitschritenmarktes wird erhöht durch die Vielzahl an nichtkommerziellen Produkten, mit teilweise sehr begrenzten Auflagen oder regional begrenzten Verkaufsgebieten und unterschiedlichen Erscheinungsweisen. Hier sind Organisationen und Verbände zu nennen, die Presseprodukte für Jugendliche herausgeben z.B. der Bund deutscher Pfadfinder, verschiedene Stadt- und Landesjugendringe, Bund der katholischen Jugend usw. Aber auch »kindereigene« Zeitschriften werden unter Anleitung von Sozialpädagogen, Lehrern und Bibliothekaren selbst herausgegeben. Dies geschieht ebenfalls regional sehr beschränkt und je nach Finanzlage auch unregelmäßig.

Analysieren Sie die Zeitschrift »Bravo«:
Arbeiten Sie heraus, welche Themen in der Jugendzeitschrift Bravo angesprochen werden.

Greifen Sie sich die Rubrik »Starberichte« heraus und analysieren Sie diese unter folgenden Aspekten:
- *Welche verschiedenen Star-Typen werden angeboten?*
- *Wie alt sind sie? Welche körperlichen Eigenschaften haben sie?*
- *Wodurch sind sie erfolgreich geworden? Was tun sie für ihren Erfolg?*
- *Welche Vorstellungen haben sie über Ehe, Familie, Freizeit und Arbeit, Privatleben und Politik?*
- *Welche Wünsche werden in dem Leser geweckt?*
- *Welche Wirkung können die Starberichte auf den Leser haben?*

Greifen Sie sich die Rubrik »Leserbriefe« heraus und analysieren Sie diese unter folgenden Aspekten:
- *Welche Sorgen und Probleme tauchen in den Leserbriefen immer wieder auf? Wie reagiert das Dr. Sommer-Team darauf?*
- *Warum wenden sich so viele Jugendliche an diese Rubrik?*
- *Welche anderen Möglichkeiten gegenseitiger Hilfe wären denkbar?*

4.2 Bedeutung und Funktion von Jugendzeitschriften

Die Jugendzeitschrift »Bravo« investiert sehr viel Zeit und Geld in Leserumfragen, Lesergespräche und Leserbriefe mit der Zielsetzung die Bedürfnisse und Interessen der Jugendlichen zu ermitteln. So wird herausgearbeitet, welche Musikgruppe oder welcher Musikstar gerade »in« ist oder welche Themen die Jugendlichen gerade beschäftigen. Das bedeutet also, dass dem **Bedürfnis nach einer eigenen Ausdrucks-**

form (einer eigenen Jugendkultur), **nach eigenen Interessen** – unabhängig von den Erwachsenen – nachgegangen wird. Diese dargestellte Jugendkultur ist konsum- und profitorientiert und nicht nur in der Jugendzeitschrift wieder zu finden, sondern auch in anderen Medien wie z.B. dem Fernsehen *(Bravo-TV)*.

Die **heimlich implizierten Wertvorstellungen** (beispielsweise Geschlechtsrollendarstellung, Harmonisierung in der Darstellung) werden vor allem durch die Bilder vermittelt, verstärkt oder auch verworfen. **Die Jugendlichen finden sich in den Jugendzeitschriften wieder:** Sie können anonym Informationen zu sexuellen Fragen beantwortet finden, sie können die neuesten Bilder ihrer Lieblingsgruppe oder ihres Lieblingsstars betrachten und so ein wenig an deren Leben teilhaben. Sie identifizieren sich mit den Jugendlichen der Fotostories oder den »erste-Mal-Geschichten« und können die in diesem Alter so wichtigen Vergleiche herstellen. Die Bedeutung dieser Themen und Bedürfnisse hält aber je nach Pubertätsentwicklung nicht sehr lange an, so dass es eine regelrechte Jugendzeitschrift-Entwicklungsphase geben kann. Die Jugendlichen werden hier mit **ihren Bedürfnissen und Interessen ernst genommen** – allerdings auf eine sehr kommerziellen Art und Weise. Jugendzeitschriften haben auch ein großes, nicht zu unterschätzendes **Themengewicht in der Jugendgruppe / Peer-Group**. Über sie wird geredet, sie wird gemeinsam gelesen oder ausgetauscht.

5. Beurteilung von Kinder- und Jugendzeitschriften

Kinder- und Jugendzeitschriften spielen zwar im Gesamtmedienbereich eine eher untergeordnete Rolle, jedoch können sie grundsätzlich – je nach Qualität – eine Lesemotivation darstellen und damit die eigene Auseinandersetzung mit bestimmten Themen anregen. Kinder im Vorschul- und Grundschulalter entscheiden selten alleine bei der Wahl der Kinderzeitschrift. Vielfach laufen Bestellungen über Eltern und Lehrer/Erzieher, die sich auf dem Zeitschriftenmarkt kundig machen müssen. Folgende Aspekte sollen helfen Kinder- und Jugendzeitschriften zu beurteilen.

- Inhalte und Themen der Kinder- und Jugendzeitschriften
  Zuerst ist es notwendig zu klären, für welche Inhalte und Themen sich das einzelne Kind/ der einzelne Jugendliche interessiert: Womit beschäftigt sich das Kind/ der Jugendliche? Welche Hobbies hat er? Eine Zeitschrift, die an den Interessen der Zielgruppe vorbeigeht, wird nicht genutzt und nicht gelesen. Bei der thematischen Ausrichtung der Zeitschrift ist es wichtig, sich grundsätzlich zu entscheiden, ob nur eine **Spezial-Themen-Zeitschrift** gewählt wird oder ob die Zeitschrift **abwechslungsreich** und vielseitig sein soll. Beides hat Vorteile und es muss individuell entschieden werden. Die Themen sollten in der Zeitschrift kindgerecht und im **Schwierigkeitsgrad** dem Alter der Zeitschriftenzielgruppe entsprechend dargestellt werden. Dieser einmal gewählte Schwierigkeitsgrad sollte konsequent durchgehalten werden. Informationen müssen sachlich richtig, anschaulich und verständlich erklärt werden; möglichst auch über Fotos und

Zeichnungen. Wichtig ist der **Aktivierungscharakter der Sachdarstellung**, welcher wirklich motivieren und anregen soll, sich eigenständig mit dem Thema auseinander zu setzen. Unterhaltungsinhalte (Rätsel, Bastelanleitungen) sollten phantasievoll und kreativ sein, Aufgaben müssen ausführlich erklärt und nachvollziehbar sein. Die Inhalte und Themenbereiche müssen übersichtlich angeordnet sein.

- Sprache der Kinder- und Jugendzeitschriften
  Für das sprachliche Verständnis ist es notwendig, dass eine **einfache zielgruppengerechte Wortwahl und Grammatik** gewählt wird. Es soll mit dem passiven Vokabular der Zielgruppe gearbeitet werden, Begriffe und Fremdwörter müssen verständlich erklärt werden. Aufgabenstellungen und Anleitungen brauchen eine Schritt-für-Schritt Erklärung, auch mit Bildbegleitungen. Jugendzeitschriften müssen sich natürlich ihrer Zielgruppe sprachlich etwas annähern und eine jugendorientierte Sprache benutzen. Ausgesprochene Themenzeitschriften (Snowbord, Motorrad) haben sicherlich ihren Insider-Jargon bzw. Fach-Jargon.

- Bildmaterial der Kinder- und Jugendzeitschriften
  Die **Qualität des Bildmaterials** ist oftmal **entscheidend für den Kauf** und damit der Nutzung einer Kinder- und Jugendzeitschrift. Für Jugendzeitschriften muss das Bildmaterial vor allem aktuell und nah am Geschehen sein. In Kinderzeitschriften sollten die Bilder Raum für die Phantasie der Kinder lassen, die eigene Geschmacksbildung anregen; Kitschig-grelle Darstellungen mit Verniedlichungen sollten vermieden werden. Illustrationen in Form von Zeichnungen, Fotos etc. sollten genauso viel Informationen oder Unterhaltung vermitteln wie der Text.

- Werbung in der Kinder- und Jugendzeitschrift
  Die Art und Weise, wie Werbung innerhalb der Zeitschrift plaziert wird, muss unbedingt auch als Beurteilungskriterium von Kinder- und Jugendzeitschriften gesehen werden, da Kinder leicht auf **verdeckte Werbebotschaften** hereinfallen. Sie verfügen noch nicht über eine kritische Einstellung zur Werbung. Demgegenüber stehen die ausgefeilten Vermarktungsstrategien großer Medien- und Spielwarenkonzerne. Unter dem Begriff »Merchandising« und »Medienverbund« werden umfassende Produktvermarktungsstrategien entwickelt, die für Kinder und Jugendliche nicht oder nur schwer durchschaubar sind. Besonders wichtig ist deshalb eine gut sichtbare Trennung zwischen Anzeigen-/Produktwerbung und redaktionellem Teil. Auch der Umfang an Werbung ist zu berücksichtigen, denn das Hauptziel einer Kinder- und Jugendzeitschrift kann es nicht sein, nur neue Produkte zu präsentieren.

Kinder- und Jugendzeitschriften – meine eigene Zeitschrift!

6. Sozialpädagogischer Einsatz von Kinder- und Jugendzeitschriften

Werden Zeitschriften von Kindern und Jugendlichen in sozialpädagogischen Einrichtungen genutzt, sollte die Erzieherin diese Lesemotivation ernst nehmen, fördern und für eine vertiefende Verarbeitung in der Gruppe einsetzen. Dazu ist zuerst eine Analyse der Bedürfnisse und Interessen der Kinder notwendig. Eltern können oft gar nicht alle aktivierenden Anregungen der Kinderzeitschrift aufgreifen und realisieren, so dass hierfür Raum in der sozialpädagogischen Einrichtung eingeräumt werden sollte. Experimente und Beobachtungen können dann tatsächlich mit den Kindern durchgeführt und manchmal auch relativiert werden, weil andere Zusammenhänge sich ergeben. Hier findet dann eine kritische Auseinandersetzung mit den Zeitschriften statt. Erzieherinnen können auch für ihre eigenen Sachthemen gut aufbereitete Informationen in Zeitschriften finden.

In der sozialpädagogischen Einrichtung kann es sich anbieten, nach einem Austausch und einer Analyse der Lieblingszeitschriften eine eigene Zeitschrift herzustellen. Dies verdeutlicht den Kinder und Jugendlichen den Herstellungsprozess einer Zeitschrift und lässt jeden im Rahmen seiner Möglichkeiten an der Herstellung einer eigenen Zeitung mitwirken. Beispielsweise brauchen Kinder sehr viel Mut und Selbstbewusstsein, um fremde Menschen zu interviewen und in der Zeitschrift darüber zu berichten. Doch gerade die Bewältigung dieser selbstgestellten Aufgabe (evtl. zu zweit und mit pädagogischer Begleitung) kann die eigene Person sehr bestärken und neue Fähigkeiten aufzeigen. Das Projekt »Herstellung einer einrichtungsspezifischen Zeitschrift« kann alle Altersstufen einbinden. Zudem kann die Zeitschriftenerstellung eine Möglichkeit der Öffentlichkeitsarbeit sein. Wichtig für die Herstellung einer »hausinternen« Zeitschrift sind folgende Rahmenüberlegungen:

- Wer soll die Zeitschrift lesen? Wer soll durch die Zeitschrift angesprochen werden?

- Wer arbeitet über einen längeren Zeitraum an diesem Projekt mit? Wie können Kinder und Jugendliche motiviert werden?

- Gibt es einen Raum oder einen festen Arbeitsbereich für die »Mitarbeiter« der Zeitschrift? Gibt es Geräte und Material für die Herstellung? (Schreibmaschine, Computer, Papier, Kassettenrecorder, Ablage, Sammelordner usw.)

Kinder- und Jugendzeitschriften – meine eigene Zeitschrift!

- Wer finanziert die Kopierkosten / die Druckereikosten? Was darf die Zeitschrift kosten? Wieviele Exemplare sollen hergestellt werden?

- Über welche Themen soll in der Zeitschrift berichtet werden? Nur ein Thema (Natur, die Einrichtung selbst, Tiere) oder bringt jeder seine Themenideen mit ein und es ergibt sich so eine bunte Zeitschrift?

- Wie soll der Rahmen der Ersterscheinung dieser Zeitschrift gestaltet werden? Werden die Eltern eingeladen? Gibt es ein Zeitschriftenfest?

Einen besonderen Anreiz und neue Erfahrungen kann eine Exkursion in eine Redaktion oder auch in einen Verlag oder eine Druckerei bieten. Vielleicht bahnt sich dadurch ein Kontakt zwischen der regionalen Zeitung und der sozialpädagogischen Einrichtung an.

Literatur

Bettelheim, Bruno: Kinder brauchen Märchen, München 1980
Conrady, Peter: Wie kann man Kindern Spaß am Lesen wecken? in: JuLit. 1/98
Deutsches Jugendinstitut (Hrsg.): Handbuch Medienerziehung im Kindergarten Teil 1 und 2, Opladen 1994
Diekhof, Mariele: Phantasien aus der Schatzkiste, Berlin 1998
Doderer, Klaus; Literarische Jugendkultur, Weinheim, 1992
Fetscher, Irin: Wer hat Dornröschen wachgeküsst, Stuttgart 1974
Gärtner, Hans: Spaß an Büchern, München 1997
Gaupp, Jürgens, Ling, Schnurrer: Phänomen Comics – transparent gemacht, Leinfelden-Echterdingen
Götte, Rose: Sprache und Spiel im Kindergarten, Weinheim 1981
Grünewald, Dietrich (Hrsg.): Kinder- und Jugendmedien, Weinheim 1984
Grünewald, Dietrich: Vom Umgang mit Comics, Berlin 1991
Guggenmos, Josef: Was denkt die Maus am Donnerstag, Weinheim 1998
Haas, Gerhard; Kinder- und Jugendliteratur, Stuttgart 1984
Hoff, Helga: Märchen geben Kindern Mut, Freiburg 1995
Hurrlemann Bettina (Hrsg.): Klassiker der Kinder- und Jugendliteratur, Frankfurt 1995
Kalwitzki, Sabine: Unser Kind kommt in die Schule, München 1996
Keller-Bittner, Barbara: Projekt »Jung und Alt«, München 1997
Krüss, James: Der Zauberer Korinthe, Hamburg 1997
Mähler, Bettina/ Kreibich, Heinrich: Bücherwürmer und Leseratten, Reinbek 1994
Maier, Karl Ernst: Jugendliteratur, Bad Heilbrunn 1993
Mallet, Carl-Heinz, Das Einhorn bin ich, München 1985
Marquart, Manfred: Einführung in die Kinder- und Jugendliteratur, Köln 1995
Mc Cloud, Scott: Comics richtig lesen, Hamburg 1994
Österreichisches Bundesministerium für Unterricht und Kunst: Buch – Partner des Kindes, Wien 1980
Pousset Raimund, Fingerspiele und andere Kinkerlitzchen, Reinbek 1996
Praxis Deutsch, Zeitschrift für den Deutschunterricht, Leseförderung; Klassiker der Kinder- und Jugendliteratur, Seelze, 1996
Riegel Christian (Hrsg.): Lesen, was Sache ist, Weinheim 1986
Schaufelberger, Hildegard: Märchenkunde für Erzieher, Freiburg 1987
Schmitz, Ursula: Das Bilderbuch in der Erziehung, Donauwörth 1993
Stiftung Lesen (Hrsg.): Lesen ist Familiensache, 1995

Adressen

Bücher und Filme für Jung und Alt,
Internationale Jugendbibliothek
Schloss Blutenburg
81247 München
Tel. 089/89 12 11-0

Kinder- und Jugendzeitschriften
Broschüre des Deutschen
Jugendschriftenwerks
Fischtorplatz 23
55116 Mainz
Tel. 061 31/288 90-18

Deutscher Jugendliteraturpreis
Information des Arbeitskreis
für Jugendliteratur
Metzstr. 14
81667 München

Stichwortverzeichnis

A
Abenteuerbuch 148
Abenteuerbuch,
    historisch orientiertes 151
Abenteuergeschichte
    - fantastische 152
    - utopische 151
    - völkerkundlich-geografische 150
Ablösungsprozess 52
Adventure-Comics
    (Abenteuer-Comics) 166
Andersen, Hans-Christian 45
Artikulation 20
Assoziationsmärchen 64
Auswahlkriterien 55

B
Backfischbuch
    - konventionelles 157
    - traditionelles 157
Bechstein, Ludwig 44
Behinderung 138
Bewegungsmärchen 62
Bewegungsspiel 24
Bilderbuch 69
    - praktische Umsetzung 93
    - umwelterklärendes 73
    - Vermittlung vom 86
Bilderbuchanalyse 85
Bilderbuchauswahl 82, 86
Bilderbuchecke 92
Bilderbuchgeschichte
    - fantastische 79
    - religiöse 81
    - wirklichkeitsnahe 78
Bildfolge
    - enge 164
    - weite 164
Bildgestaltungsmerkmale 164
Bildsprache 49
Brentano, Clemens 45

C
Comicfiguren 167
Comicpräsenz 173
Comics 158
    - Beurteilung von 170
    - Entstehung der 163
    - kreativer Umgang mit 174
    - Lesen von 171

D
Detektivgeschichte 152
Diskussion, pädagogische 171
Drogen 142

E
Educational Comics
    (Informationscomics) 166
Elementarbilderbuch 76
Emanzipation 159 f.
Entwicklung 156
    - kognitive 19
    - vorpubertäre 155
Erkenntnisbildung 136
Erstlesebuch, praktische
    Umsetzung vom 107
Erstlesebuchbeurteilung 103
Erzählstil 43

F
Fantasie 123
Farbgebung 83
Fingerspiele 25
    - praktische 35
Freundschaft 137 f.
Funnies (lustige Comics) 166

G
Gedicht 29
Generationskonflikt 142
Geschichte 178
Gestaltungselemente 164
Gewalt 52, 142
Grammatik 20
Grimm, Wilhelm und Jakob 43

Stichwortverzeichnis/Adressen

H
Hauff, Wilhelm 46
Hosentaschenabzählreime 34

I
Idee, lesepädagogische 128
Identifikation 76
Identität 159
Indianergeschichte 151

J
Jugendbuch 134
- Einsatzmöglichkeiten vom 143
- Themenbereiche des 138
- Beurteilung eines 142
- Erziehungsfunktion des 143
Jugendsachbuch 145
- Themenbereiche des 146
Jugendzeitschrift 177, 181
- Beurteilung von 183
- Geschichte der 178
- sozialpädagogischer Einsatz von 185
Jugendzeitschriftenmarkt,
  Überblick über den 181

K
Kinderbuch, fantastisches 122
- Klassiker im 125
- realistisches 121
- Auswahl von 127
- pädagogische Bedeutung
  des fantastischen 123
Kindercomic-Arten 168
Kindergeschichte 111 ff.
Kinderkunstlyrik 14
Kindervolkslyrik 18
Kinderzeitschrift 177
Kinderzeitschriften
- Bedeutung von 180
- Beurteilung von 183
- Geschichte der 178
- sozialpädagogischer Einsatz von 185
Kinderzeitschriftenmarkt,
  Überblick über den 178

Kitzelvers 22
Kniereiter 23
Kommunikation 21
Kriminalität 142
Kunstmärchen 44

L
Legemärchen 58
Legende 41
Leseanfänger 100
Lesenlernen 98, 102
Lesen, Bedeutung 117
Liebe 139, 143
Literaturprojekt 109
Lyrik 13
- praktische Umsetzung 35

M
Mädchenbuch 155
- emanzipatorisches 159
Malspiel 27
Märchen 41
- außereuropäisches 66
- erleben 54
- modernes 46
- praktische Umsetzung 58
Märchenalter 50
Märchenauswahl 50
Märchenbilderbuch 80
Märchenerzähler 54
Märchenkassette 57
Märchenmotiv 43 f.
Märchensammler 44
Märchensprache 49
Märchenthemen 51
Märchentypen 43 f.
Märchenvideo 57
Medienbiografie 8
Medienverbund 162
Minderheitenproblematik 136
Mitverantwortung 136
Mythen 41

Literatur

O
Orbis Sensualium Pictus 69

P
Projekt 129
Psychomotorik 26
Pubertät 137

R
Rätsel 27
Robinsonade 150
Rollen 156, 159
Rollenveteilung 53

S
Sachbilderbuch 80
Sachbuch
  - Einsatzmöglichkeiten vom 120
  - Bedeutung des 120
Sachbuch für Kinder 118
  - Beurteilung vom 118
Sage 41
Schmusevers 22
Seefahrergeschichte 150
Selbstfindung 137
Sexualität 139, 143
Sprachförderung 19 f., 26, 100
Sprachkompetenz 19
Sprachleistung 75
Sprachmelodie 13
Symbolsprache 49
Szenenbilderbuch 75, 77

T
Tierbuch 124

U
Umsetzung, praktische 35, 58

V
Verhaltensweise,
    geschlechtsspezifische 155
Vermittlungsmethode 56
Volksmärchen 42
Vorlesen 112 ff.

W
Wahrnehmung 72, 76, 83, 99
Werbung 184
Werte 14
Wesensmerkmale 42
Wortschatz 20

Z
Zeichensprache 165
Zungenbrecher 34
Zuwendungsspiel 21

Bildquellenverzeichnis

Archiv für Kunst und Geschichte, S.133
Das Märchenzelt, S.46 (3)
MEV, S.11 oben rechts, 87, 129, 156
Seifert, Michael, S.97 oben rechts

Leider konnten nicht alle Rechteinhaber ermittelt werden. Melden Sie sich deshalb bitte im Verlag, wenn wir Abbildungen von Ihnen in diesem Schulbuch veröffentlicht haben.

Wir danken dem Autoren-Team, das uns mit umfangreichem Bildmaterial zur Seite gestanden hat.